Paolo Zannoni

Moneta e promesse

Sette storie di banchieri che hanno plasmato
il mondo moderno

Rizzoli

Pubblicato per

Rizzoli

da Mondadori Libri S.p.A.

ISBN 978-88-17-18174-7

Prima edizione: marzo 2024

Titolo originale dell'opera:
Money and Promises

Traduzione di Aldo Piccato

Realizzazione editoriale: Netphilo Publishing, Milano

Moneta e promesse

Lady Debt

Vorrei iniziare con una confessione: sono un banchiere d'affari. Per più di trent'anni ho collaborato con Stati, imprese e individui per aiutarli a creare valore, a proteggere e far crescere il loro capitale.

Ci sono modi peggiori di impiegare il tempo.

Sono anche curioso: moneta e banca mi interessano e in particolare mi incuriosisce il rapporto tra Stato, banche e politica, tra la creazione di valore e l'arte del possibile. Questo interesse è nato all'università, quando studiavo scienze politiche a Bologna, Firenze e Yale.

Dopo Yale sono entrato nella Fiat, quella di Gianni Agnelli. Lavoravo direttamente per il presidente, «l'Avvocato». Per Fiat ho gestito la sede di Washington e di Mosca, da cui ho assistito al collasso dell'Unione Sovietica.

Poi sono andato a Londra, da Goldman Sachs, dove ho gestito le attività italiane e poi anche quelle russe. Da Londra, da Milano e da Mosca. Dopo due decenni come partner sono ora international advisor di Goldman e presidente di Prada Holding.

Ho potuto osservare il funzionamento di banche, governi e aziende dall'interno. *Moneta e promesse* è, almeno in parte, un tentativo di dare un senso a queste esperienze, la mia *Apologia pro vita sua*. E, cosa più importante, è il mio contributo alla descrizione del complesso rapporto tra banche e Stati.

Sette capitoli, ciascuno dedicato a un diverso periodo storico – dalla Pisa del XII secolo fino alla Russia bolscevica – guardando ai rapporti tra banche e Stato. È un'esplorazione che mostra come regimi diversi – in periodi diversi e in culture diverse – abbiano tutti collaborato con le banche per raggiungere i propri obiettivi, e come questo abbia dato alle banche – in ogni Stato e in ogni tempo – una posizione privilegiata. Conoscere il contesto storico del ruolo delle banche nella società e nella politica offre una inconsueta chiave di lettura delle turbolenze nei sistemi bancari e finanziari di oggi.

Il racconto comincia nel XII secolo, a Pisa, e segue lo sviluppo dell'attività bancaria moderna in quell'epoca e in quella città, mostrando in che modo i debiti bancari siano diventati la moneta della Repubblica. Il vero protagonista di questo capitolo è il registro di una banca privata, la Compagnia di Parazone e Donato. Il registro mostra come la chiave dell'attività bancaria siano le *promesse*: quelle che i clienti fanno ai loro banchieri, e quelle che i banchieri fanno ai loro clienti.

Da Pisa ci spostiamo a Venezia, nel XVII secolo. Lì nasce il Banco Giro, un nuovo tipo di banca che crea moneta per le istituzioni dello Stato, moneta che attraverso la spesa pubblica circola nella Repubblica e viene spesa anche da cittadini e mercanti. Questo capitolo mostra come il Banco Giro trasformasse il debito fluttuante delle agenzie di Stato in potere d'acquisto per lo Stato, e come la moneta di banco – le promesse del Banco Giro – sia diventata la principale valuta della Repubblica veneziana.

Da Venezia a Londra: il terzo capitolo è dedicato ai primi passi della Banca d'Inghilterra, modello della maggior parte delle banche centrali moderne. Qui il protagonista è il *tally*, un legnetto che è stato il principale titolo di debito pubblico dell'Inghilterra per più di sei secoli. Il tally ha giocato un ruolo chiave nella nascita della Banca d'Inghilterra, nel 1694, e nei suoi primi anni di vita.

Ma le banche non sono nate solo per aiutare gli Stati e i mercanti. Un particolare tipo di banca è nato per soccorrere i poveri, almeno quelli meritevoli. Nel quarto capitolo si esplora come, nel Regno di Napoli, questo tipo di banca si sviluppò in un modo unico al mondo. Creò istituti capaci di aiutare, oltre ai poveri, qualsiasi regime politico abbia governato Napoli, dall'impero spagnolo all'Italia unita.

L'eroe del quinto capitolo è l'Ecu de Marc, l'antenato dell'euro, una valuta privata capace di circolare in tutta l'Europa premoderna e moderna. L'Ecu de Marc è stato una valuta sovranazionale di sorprendente stabilità. Anch'esso debito bancario, promesse di una rete di banchieri di cambio al servizio di mercanti e risparmiatori, ma anche di re, principi e imperatori spagnoli.

Il sesto capitolo schiera un cast hollywoodiano – Thomas Jefferson, Benjamin Franklin e Alexander Hamilton – e racconta come il Congresso continentale, organo di governo delle tredici colonie indipendenti e antenato del governo federale, si servì del debito bancario per combattere gli inglesi. E, così facendo, fece nascere la prima valuta nazionale fatta solo di debito bancario.

Infine, il settimo capitolo narra la storia meno conosciuta: l'adozione della moneta bancaria da parte della Russia bolscevica negli anni Venti. Un esperimento veramente rivoluzionario, un cocktail di prassi bancarie capitalistiche e bolscevismo.

Moneta e promesse descrive come e perché queste banche così diverse l'una dall'altra, in culture differenti e in tempi diversi, hanno creato moneta per lo Stato. È accaduto per democrazie federali e per democrazie parlamentari, per repubbliche marinare, per imperi e per regimi bolscevichi.

La narrativa mostra il sistema bancario contemporaneo e la sua influenza sulle politiche pubbliche sotto una luce diversa e lo fa in un modo inedito, ricostruendo alcune transazioni tra banche e Stato che hanno plasmato il mondo moderno. Transazioni che qui vengono ricomposte, passo dopo passo.

Spiega per esempio come, nei secoli, gli Stati hanno pagato gli aiuti ai poveri, gli stipendi dei funzionari, le armi e le armature, i salari dei mercenari e tutti i beni e i servizi necessari al funzionamento di una nazione con le promesse delle banche. E rivela come i debiti delle banche hanno sì aumentato il potere d'acquisto degli Stati, ma hanno anche dato alle banche una posizione unica e poteri quasi sovrani. Posizione e poteri che influenzano la nostra vita di tutti i giorni.

Le ricerche che stanno alla base di questo libro si basano su fonti primarie conservate negli archivi di Venezia, Napoli, Philadelphia, Medina del Campo, Pisa e nei caveaux della Banca d'Inghilterra. Molte di queste fonti non sono mai state consultate prima d'ora e nessuno studio ha ancora trattato questi casi insieme per offrire una lettura del contributo delle banche alla nascita degli

Stati moderni che sia, al contempo, accessibile al lettore comune.

La mia speranza è che questo racconto permetta ai lettori di comprendere più a fondo cosa la banca è e cosa fa, con uno sguardo particolare sulla natura del debito bancario, perché fin troppo spesso ne abbiamo una visione sbagliata. È lo stesso linguaggio quotidiano che riflette questa concezione scorretta: andiamo in banca a ritirare denaro, prendiamo denaro a prestito dalla banca. Sembra che le banche guadagnino prestando denaro – un qualcosa di valore – che viene restituito in un momento successivo. In realtà, sia che paghiamo con un assegno, un trasferimento digitale, una carta di debito o una carta di credito, i beni e i servizi che acquistiamo vengono pagati con debiti della banca – o moneta bancaria – e questo denaro, questo valore, non è un mucchietto di moneta sonante depositata nei forzieri di un'istituzione, ma è il debito dell'istituzione, le sue *obbligazioni*, la sua *promessa* di pagamento.

Se questo è vero per i singoli lo è altrettanto per gli Stati. Oggi, tutte le monete nazionali sono soprattutto debiti bancari sostenuti dalle obbligazioni dei clienti nei confronti della banca. La moneta moderna è debito.

Non sono il primo e non sarò l'ultimo ad affermare che la moneta è debito sorretto da altro debito, ma è nel comprendere bene questa semplice verità che si capiscono molte cose. Prima di tutto diventa chiaro perché le banche hanno fallito, falliscono e continueranno a fallire: succede perché i banchieri sono e saranno sempre dei debitori. Le banche trattano debiti, sono costantemente in debito verso i loro clienti, i loro partner e i concorrenti. E, allo stesso tempo, anche clienti e concorrenti sono indebitati con la banca. In fondo, il business di una banca è scambiare debiti. Per una banca anche gli asset sono debiti, obbligazioni di clienti e concorrenti, per questo qualche acuto osservatore è arrivato a dire che le banche sono destinate a fallire.

E quando le banche falliscono, i governi le salvano o provano a farlo. Sempre.

Il 16 ottobre 2008 il mio ex capo a Goldman Sachs, Hank Paulson, allora segretario al Tesoro degli Stati Uniti, convocò i vertici delle nove istituzioni finanziarie americane più importanti e «chiese» loro di accettare una iniezione di capitale da parte del governo federale.

Hank è alto più di un metro e novantacinque e quando era nella squadra di football americano dell'università di Dartmouth era conosciuto come «Hank il Martello». Quando Hank Paulson ti chiede di fare qualcosa, può essere molto convincente – lo so bene.

Le banche fecero quanto Hank aveva «chiesto» loro e la corsa alle vendite dei titoli finanziari americani prima rallentò e poi si fermò del tutto. Gli *hedge funds* che speculavano al ribasso dei titoli finanziari capirono che nemmeno loro potevano vincere con il governo diventato azionista dei principali istituti. I mercati continuavano a soffrire e la crisi finanziaria non era finita, ma era finita l'erosione del capitale delle istituzioni finanziarie. Niente più Lehman Brothers per il momento.

Le banche, salve, ripresero a lavorare e l'economia tornò a crescere – almeno fino al prossimo ciclo di espansione, crisi e salvataggio (*bailout*).

È sempre stato così.

Quasi cinquecento anni prima, la mattina del 18 novembre 1513, sulla piazza di Rialto, nel cuore di Venezia, Girolamo Priuli si avvicinò al banco da cui conduceva gli affari, aprì il registro della banca omonima e mise in mostra sacchetti di monete d'oro e d'argento.

Sfortunatamente per Priuli quel giorno non cominciò bene. Non appena aprì il registro, i clienti affollarono il banco per convertire i debiti del banco in monete di Zecca. Priuli era consapevole di non aver abbastanza monete nei sacchetti – i debiti iscritti nel registro del banco erano molto superiori alle monete d'oro e d'argento. In fretta inviò un messaggero al Consiglio dei Dieci, il supremo organo governativo della Repubblica, che si riuniva poco distante.

Non appena fu informato dei problemi di Priuli, il Consiglio mandò nella piazza un rappresentante con la sua bandiera; questi si piazzò – con i colori ben in vista – dietro il banco, accanto a Priuli. Il messaggio era forte e chiaro: la banca avrebbe ricevuto pieno sostegno da parte della Repubblica. Rassicurati, i clienti di Priuli si dispersero e tornarono ai propri affari. La banca era salva, almeno per il momento.

Le analogie tra l'ottobre 2008 e il novembre 1513 sono sorprendenti. Di fronte a una crisi bancaria, il segretario al Tesoro degli Stati Uniti – una democrazia moderna – reagisce esattamente come il Consiglio dei Dieci – l'esecutivo di un'antica repubblica aristocratica. Nei cinquecento anni che separano le due crisi le nazioni sono diventate più ricche, la finanza si è evoluta, e i governi gestiscono in modo diverso la propria economia. Ma le banche periodicamente vanno in crisi e – oggi come allora – i governi le soccorrono. I ricercatori hanno dimostrato che, nei circa duecento anni che vanno dal 1800 al 2008, nel Regno Unito ci sono state dodici crisi bancarie con i relativi salvataggi, tredici crisi negli Stati Uniti e quindici in Francia. Non esistono altri settori industriali che abbiano avuto un tale numero di crisi e interventi statali.

Perché le banche sono soggette a crisi ricorrenti e perché quando sono in difficoltà lo Stato le salva? Ci troviamo di fronte a una cospirazione globale, come sostengono alcuni? È il cuore marcio del capitalismo? Qualche difetto strutturale del sistema?

Niente di tutto ciò. *Moneta e promesse* vuole dimostrare che la risposta a questi interrogativi sta nella straordinaria natura e funzione dei debiti delle banche. Perché i debiti delle banche sono la moneta delle nazioni, quindi non ci deve stupire che lo Stato salvi le banche quando queste rischiano di saltare.

Ma non è tutto.

In un articolo pubblicato dopo la crisi finanziaria del 2007-2008, *Banking Crises: An Equal Opportunity Menace*,[1] Carmen Reinhart e Ken Rogoff osservano che «sebbene molte economie avanzate siano riuscite a emanciparsi dalle insolvenze del debito sovrano, o dall'inflazione massiccia [...], emanciparsi dalle crisi bancarie si è rivelato, fino a oggi, praticamente impossibile».

Perché? Perché i banchieri sono *sempre* debitori: verso i loro clienti e verso altri banchieri, e – soprattutto – verso lo Stato. E i loro clienti sono perennemente in debito con la banca: un girotondo di debiti, un circolo a volte virtuoso e a volte vizioso. Un'impresa i cui asset sono soprattutto i debiti di altri non può essere sempre solida. Il continuo scambio di debiti tra banche e Stati, come vedremo, offre grandi opportunità, ma anche pericoli.

La vera natura della moneta, e il ruolo delle banche nel crearla e nel farla circolare è stato travisato a lungo. *Moneta e promesse* è un tentativo di correggere questi equivoci e questi malintesi attraverso l'analisi di episodi chiave nei rapporti tra banche e Stati.

Daniel Defoe, autore di quel magnifico ritratto dell'*homo economicus* che è *Robinson Crusoe* – o, se vogliamo citare il titolo completo dell'opera in lingua originale, *The Life and Strange Surprizing Adventures of Robinson Crusoe, of York, Mariner: Who lived Eight and Twenty Years, all alone in an un-inhabited Island on the Coast of America, near the Mouth of the Great River of Oroonoque; Having been cast on Shore by Shipwreck, wherein all the Men perished but himself. With an Account how he was at last as strangely deliver'd by Pyrates. Written by Himself*[2] – fu un commentatore acuto di ogni aspetto dell'economia, del commercio, della finanza e della politica del suo tempo. Ma anche Defoe commette un errore nel parlare di moneta. Nel 1706, un suo articolo intitolato *Of Credit in TRADE*, inizia con queste parole:

> La moneta ha una sorella minore, servitore zelante e indispensabile nel commercio, che in assenza della sorella maggiore, ma con il suo consenso, e con il presupposto della sua alleanza, l'assiste in tutto [...] Il suo nome nella nostra lingua è CREDITO, in alcuni Paesi Onore, e in altri non so quale.

Personificare il credito come sorella minore della moneta è una trovata brillante, degna del creatore di Moll Flanders e Lady Roxana, oltre che di Robinson Crusoe. Ma se Defoe avesse osservato attentamente il ritratto di famiglia avrebbe visto che la moneta ha anche una sorella gemella. *Lady Debt*: il debito.

Defoe è in buona compagnia. Molto è stato scritto su *Dame Credit*, ogni suo aspetto è stato discusso. Moneta e credito sono quasi sempre usati insieme e proprio come tra sorelle ce n'è una più matura e una un po' più giovane. Così noi accreditiamo, compriamo a credito, riceviamo credito e lo concediamo. Ma Lady Debt – la vera gemella – viene continuamente ignorata e chiunque le si accompagni è disprezzato.

«Che cos'è un debito, ad ogni modo?» si chiede David Graeber, l'antropologo anarchico, nel suo libro *Debt: The First 5000 Years*.[3] La filippica di Graeber, lunga cinquecento pagine, è uno dei pochi tentativi di reinterpretare moneta e banca, ma spesso si traduce in un atto d'accusa contro Lady Debt e tutti coloro che le si accompagnano perché «un debito» secondo Graeber «è una promessa perversa, una promessa corrotta dalla matematica e dalla violenza».

Non sono d'accordo. Al contrario di Graeber, sono convinto che gli Stati e le istituzioni pubbliche si siano serviti e si servono di un particolare tipo di debito – il debito delle banche – non come strumento di oppressione ma per far prosperare i propri cittadini, per creare valore, per assicurare beni collettivi. *Moneta e promesse* vuole non solo dimostrare che la moneta oggi è soprattutto debito bancario, ma anche provare che questo è più bene che male.

Lady Debt

Come ogni banchiere ho passato la mia vita al servizio di *Lady Debt.*

Credo che sia giunto il momento di riconoscere quanto le dobbiamo.

Capitolo primo
Promesse pisane

> Dentro al letto del tremante fiume
> Riposa l'increspata immagine della città
> Immobilmente inquieta, e sempre
> Tremola, ma non svanisce mai…
>
> Percy Bysshe Shelley, *Evening, Ponte al Mare: Pisa*

La storia della moneta di banca inizia a Pisa, nel XII secolo. Se si osserva la storia della moneta e delle banche di questa antica repubblica marinara, se si esaminano i registri dei suoi mercanti, dei banchieri, degli industriali, delle istituzioni dello Stato, si capiscono bene i fondamenti della banca e della moneta moderna e si inizia a comprendere la profonda relazione che lega moneta, Stati e promesse dei banchieri.

Problemi monetari

Pisa è, oggi, celebre per la sua torre pendente – il campanile della cattedrale metropolitana primaziale di Santa Maria Assunta – e come luogo di nascita sia di Galileo Galilei, padre della scienza moderna, sia di Leonardo da Pisa, detto Fibonacci, che introdusse la matematica moderna in Occidente. Nel tardo Medioevo, la città-stato di Pisa era una delle grandi repubbliche marinare. Principale porto della Toscana, Pisa aveva fondato colonie nell'Isola d'Elba e in Corsica, Sardegna e Minorca, e aveva fondachi e basi commerciali sulle coste della Francia, della Spagna, del Nordafrica e del Levante; i suoi vascelli si muovevano su tutta quest'area carichi di spezie, sete, tessuti, tinture. Pisa si trovava al centro dell'Europa medievale.

La città era governata da coalizioni di gruppi di interesse. Mercanti, armatori e produttori governavano insieme ad artigiani e lavoratori manuali. Di volta in volta, alcuni di questi gruppi prendevano il sopravvento sugli altri. Chiunque guidasse la coalizione controllava la Zecca, che coniava le monete d'oro e i «grossi», pesanti monete d'argento necessarie per il commercio internazionale che teneva in vita Pisa. L'argento estratto nelle miniere delle colonie dell'Elba e della Sardegna giungeva a Pisa, dove la Zecca lo trasformava in monete d'argento a pieno peso – monete che si scoprono ancora oggi in tesoretti sparsi in tutto il Mediterraneo. La Zecca coniava anche moneta spicciola a basso contenuto di metallo prezioso. L'offerta di moneta a Pisa dipendeva largamente dal funzionamento della Zecca, ma c'era un problema: la Zecca faticava a coniare una quantità di moneta sufficiente a soddisfare la domanda dei cittadini, i bisogni dei mercanti e del commercio marittimo. Questo per due ordini di motivi.

Il primo era la peculiarità del processo di offerta di nuova moneta. La Zecca acquistava metallo prezioso – oro e argento – da privati che compensava con le monete coniate dallo stesso metallo, meno una percentuale. L'offerta di nuova moneta dipendeva quindi da quanto metallo i privati cedevano alla Zecca. Tuttavia, la quantità di metallo ceduto dipendeva da quanta moneta questa restituiva. Meno moneta i privati ricevevano indietro, meno metallo portavano in Zecca: era un circolo vizioso. Il bisogno di monete e il prezzo offerto per il metallo prezioso spingevano i cittadini a vendere oro e argento alla Zecca, ma se questa offriva un prezzo troppo basso i cittadini, semplicemente, vendevano il metallo dove veniva pagato meglio. Un sistema precario che non garantiva un'offerta adeguata di moneta. Era facile che si innescasse un circolo vizioso dove scarsità di metallo e carenza di moneta si rafforzavano a vicenda.

Il secondo motivo per cui la Zecca non era in grado di soddisfare la domanda era che coniare monete era un'attività complessa e rigidamente regolamentata. I coniatori, artigiani altamente specializzati, producevano le monete manualmente, una a una, con martello e bulino. I coniatori erano membri di una corporazione esclusiva e segreta. Più simile a una casta chiusa, con procedure di ammissione convolute e un'appartenenza che si trasmetteva di padre in figlio, la corporazione dei coniatori era indipendente e potente, capace di imporre alla Zecca regole e procedure rigide che rallentavano drasticamente la produzione di monete.

I conflitti politici e sociali, poi, rendevano complessa la scelta di quali monete produrre. Sebbene i mercanti fossero il gruppo più potente, essi non erano la classe egemone. I governi cittadini erano quasi sempre di coalizione, e quando una nuova coalizione giungeva al potere, i suoi componenti cercavano di adattare l'offerta di moneta agli interessi e alle necessità dei loro sostenitori. Lavoratori, artigiani, venditori al dettaglio e contadini preferivano generalmente monete di poco valore, con bassa quantità di metallo prezioso, che offrivano un mezzo di pagamento adatto per il commercio al dettaglio e i salari dei lavoratori. Mercanti, armatori e industriali preferivano invece monete «pesanti», con un alto contenuto d'oro e d'argento, più adatte per il commercio all'ingrosso e gli scambi internazionali. Le controversie su quali monete coniare erano frequenti, accese e, a volte, cruente.

Fu proprio una profonda crisi di quantità e qualità dell'offerta di moneta che spinse Pisa verso un sistema di banca e moneta simile a quello moderno.

Ma perché potesse emergere un sistema bancario moderno erano necessari anche altri fattori.

Fibonacci e la nuova matematica

Pisa era, con Venezia, Genova e Amalfi, una delle repubbliche marinare. Non solo un centro per lo scambio di monete, ma anche per lo scambio di idee – le idee di un uomo in particolare, Leonardo da Pisa, meglio noto con il suo soprannome: Fibonacci.

La storia di Fibonacci è stata raccontata molte volte. Figlio di un funzionario pisano di stanza nella colonia nordafricana di Bugia, Fibonacci aveva viaggiato e commerciato a lungo nel Mediterraneo meridionale, dove aveva imparato numeri e matematica araba e indiana. Nel suo *Liber abaci* (*Il libro del calcolo*), pubblicato nel 1202, Fibonacci descriveva i vantaggi del sistema numerico arabico e della matematica indiana rispetto al sistema romano, introducendo idee come quella dello zero (*zephirum*) e il concetto di algoritmo. Le sue idee ebbero rapido successo e diffusione, sia localmente sia all'estero: in riconoscimento della sua genialità e della sua influenza, nel 1241 la città di Pisa iniziò a pagargli la principesca somma di 20 lire all'anno. Era un eroe locale.

È importante osservare che quella di Fibonacci non era un'impresa solamente teorica. Leonardo voleva mostrare come la nuova matematica potesse aiutare le attività commerciali: il *Liber abaci* non era un'astratta opera di logica o filosofia; era un libro per mercanti e banchieri, una guida per guadagnare denaro con il denaro. Anzi, come ha sostenuto William Goetzmann, della Yale School of Management, il *Liber abaci* può essere visto come una specie di manuale per aspiranti finanzieri. Dove – tra l'altro – si spiega come calcolare il valore presente di flussi di denaro futuri, su base giornaliera, mensile e annuale, usando l'interesse semplice e composto, e si insegna a calcolare il potere d'acquisto di valute diverse in giurisdizioni diverse.

Le idee di Fibonacci divennero il nuovo paradigma capace non solo di spiegare i numeri ma anche come utilizzarli nella pratica della finanza e del commercio: un autentico metodo. Città e corporazioni – comprese quelle di Pisa – istituirono scuole di *abaci* (aritmetica e contabilità), fondate sui principi di Fibonacci, per preparare gli apprendisti delle ditte commerciali. Gli studenti imparavano, tra le altre cose, come tenere traccia dei debiti usando appropriate annotazioni sui libri contabili di un'azienda. Un classico manuale di istruzioni pratiche per mercanti e banchieri, pubblicato nel 1292 – e oggi conservato nella Biblioteca Riccardiana di Firenze – segue pedestremente i principi di Fibonacci.

Insomma: fu la nascita e l'affermazione di nuove forme di conoscenza e di nuove istituzioni, nonché il bisogno di un nuovo tipo di denaro, a rendere la Repubblica di Pisa il luogo perfetto per lo sviluppo dell'attività bancaria.

Ma l'innovazione finanziaria doveva fare i conti con la Chiesa cattolica.

La torre pendente e il potere del debito

La migliore illustrazione del modo in cui a Pisa le pratiche bancarie iniziarono ad affermarsi con il tacito consenso della Chiesa è offerta dalla storia del più famoso monumento della città: la torre pendente.

Con il passare del tempo, Pisa e la sua popolazione si erano arricchite. Per secoli, una chiesa piccola e modesta nel centro della città era servita da cattedrale, ma nel XII secolo i cittadini desideravano ostentare la nuova ricchezza. Volevano costruire un grande tempio vicino al mare, perché le navi che attraccavano in porto o vi passavano davanti rimanessero sbalordite dalla città e dalla magnificenza della sua chiesa. La Chiesa locale e il governo repubblicano, insieme, si fecero carico dei lavori fondando un'impresa: l'Opera del Duomo.

Cittadini privati contribuirono al capitale dell'Opera del Duomo con terre agricole e edifici, ma il reddito ricavato dalle donazioni risultò inevitabilmente insufficiente per portare a termine un progetto così costoso. L'Opera pensò di ricorrere al debito, ma la Chiesa cattolica proibiva l'usura – essere compensati per prestare – dunque concedere e contrarre prestiti era difficile. Che fare?

L'Opera si diede alle attività commerciali: il suo libro mastro registra, per il solo anno 1153, dozzine di operazioni immobiliari. La cattedrale di Pisa e la sua torre pendente devono la loro esistenza proprio a queste straordinarie operazioni.

Se esaminiamo alcune delle transazioni effettuate dall'Opera possiamo capire l'eleganza e la genialità del modello pisano.

I libri contabili mostrano che nel 1153 l'Opera del Duomo vendette un appezzamento di terra a un certo Lanfranco, un signorotto locale, per 1240 scellini. Quel medesimo anno, e per il medesimo prezzo, l'Opera del Duomo acquistò, con un'altra transazione, una tenuta dal vescovo locale, Averardo.

Pochi mesi dopo riacquistò il medesimo appezzamento di terra da Lanfranco esattamente per lo stesso prezzo (1240 scellini); allo stesso tempo, con un'altra transazione, l'Opera del Duomo rivendette la tenuta ad Averardo, sempre per 1240 scellini.

Altre transazioni mostrano un analogo curioso schema: l'Opera del Duomo acquista e vende, e rivende e riacquista, apparentemente senza che nessuno guadagni del denaro in queste transazioni. Allora, a che diavolo servivano?

La risposta è che legalmente le transazioni erano compravendite ma finanziariamente erano prestiti retribuiti.

La sequenza di vendita e riacquisto garantiva tutti i vantaggi economici di un prestito con interesse; per tutto il periodo tra la vendita e il riacquisto, infatti, le proprietà generavano reddito e questo reddito andava al proprietario. Così, l'Opera del Duomo in sostanza «prendeva in prestito» 1240 scellini da Lanfranco vendendogli la terra e restituiva il capitale riacquistando la proprietà. E concedeva un prestito ad Averardo prima acquistando la sua tenuta e poi rivendendogliela.

Tutte le parti coinvolte – vale a dire L'Opera del Duomo, Lanfranco e Averardo – traevano vantaggio da questa soluzione, esattamente come fanno oggi coloro che prestano o si indebitano. Chi acquistava godeva dei frutti delle proprietà finché ne era proprietario – Lanfranco riceveva i prodotti della terra e l'Opera del Duomo il rendimento della proprietà di Averardo. E nessuno violava le norme della chiesa che vietavano l'usura: vincevano tutti. La vera – ma sottaciuta – attività dell'Opera del Duomo era il prestito non regolamentato, lo *shadow banking* di oggi o attività bancaria mascherata

Questo sistema di shadow banking funzionava perché i rischi di prestare all'Opera del Duomo erano bassissimi. La corporazione era per metà ecclesiastica e per metà statale, e rappresentava un partner affidabile per gente come Lanfranco e Averardo. Quindi chi «prestava» all'Opera si accontentava di un rendimento basso. Ma non l'Opera quando concedeva prestiti. La differenza tra il prendere e il dare in prestito era il reddito dell'Opera.

Transazioni analoghe registrate sui libri mastri dell'Opera del Duomo sono sostanzialmente dei prestiti mascherati. Una elegante scappatoia permetteva a tutte le parti coinvolte di beneficiare dal prendere e concedere denaro a prestito evitando la collera di Roma.

Le entrate dall'attività di shadow banking non erano insignificanti: con gli utili ricavati dalle transazioni l'Opera completò a tempo di record la cattedrale. E, conclusi quei lavori, iniziò la costruzione della torre campanaria, del battistero – che rimane ancor oggi il più grande in Italia – e dell'intero complesso di quella che è oggi la piazza della Cattedrale di Pisa, o piazza del Duomo. I cittadini di Pisa considerarono questa straordinaria impresa niente meno che un miracolo, e alla fine ribattezzarono la piazza con il nome di piazza dei Miracoli.

Ma il vero miracolo – come accade spesso – più che spirituale fu finanziario.

All'origine del corporate banking

Tuttavia, malgrado queste innovazioni e questi straordinari sviluppi, all'inizio del XIV secolo le fortune di Pisa iniziarono a declinare. La città-stato fu costretta a cedere a Genova le proprie colonie oltremare, mentre Firenze pose fine alla sua espansione nell'entroterra. Il commercio a lunga distanza si contrasse e il flusso di metalli preziosi rallentò. Alla metà del XIV secolo, lavoratori e artigiani avevano conquistato maggiore influenza nel governo della città e avevano convinto la Zecca a coniare una minore quantità di monete d'oro e d'argento con un'alta quantità di metallo a favore di monete di minor valore intrinseco, che si limitavano ancora a una piccola quantità. Poiché la Zecca coniava sempre meno le pesanti monete d'oro e d'argento necessarie per il commercio all'ingrosso e la produzione industriale, gli imprenditori e i mercanti faticavano ad acquistare merci e materie prime all'estero.

Ma questo non significò la fine dell'epoca d'oro della città: la recessione non durò a lungo e in breve tempo l'economia si riprese. L'attività produttiva riacquistò slancio e il commercio tornò a fiorire. Le merci prodotte a Pisa viaggiavano via terra e su navi locali e straniere dirette verso l'Italia Meridionale, la Spagna, l'Europa Settentrionale e la Francia, nonostante la Zecca coniasse soprattutto pezzi di poco valore intrinseco, con basso contenuto di metallo prezioso, e in numero modesto.

Com'era possibile tutto ciò? Il commercio non può funzionare senza moneta: come poteva quindi Pisa avere una scarsità di monete e allo stesso tempo una crescita economica?

I dati censuari ci indicano che la spiegazione si trova in quello che potremmo considerare il secondo grande miracolo pisano: lo sviluppo del corporate banking, ossia dei servizi bancari alle imprese.

Nella Pisa del XII secolo, i cambiatori di monete scambiavano monete straniere con valuta locale. Presto iniziarono a fare lo stesso con i debiti. I cambiatori diventarono banchieri. Nella seconda metà del XIV secolo, in città erano attivi circa cinquanta banchieri – un numero molto elevato per una città con una popolazione di appena quindicimila abitanti.

I registri di questi banchieri mostrano che il loro business ora era diverso da quello del XII secolo: essi non erano più semplicemente dei cambiavalute ma autentici banchieri d'affari, che trattavano debiti, valute, moneta e, occasionalmente, merci. Inoltre, erano diventati tesorieri e finanziatori di imprenditori locali e stranieri: facevano e ricevevano pagamenti per conto dei clienti e fornivano mezzi di pagamento a produttori e mercanti. A Pisa – la città dell'Opera del Duomo, di Fibonacci, delle scuole di *abaci* e sempre alla disperata ricerca di mezzi di pagamento – stava emergendo una moderna intermediazione bancaria.

La Compagnia di Parazone e Donato

Al centro di questa rete si trovava una piccola banca, la Compagnia di Parazone e Donato, che operò per appena tre anni, dal 1373 al 1376. Per chi studia banca e finanza questa piccola compagnia dalla breve vita è importante: i soci tenevano una meticolosa registrazione delle proprie attività e – fatto cruciale – uno dei suoi libri mastri, un raccoglitore con circa duecento fogli sciolti, si è conservato. Il *Libro dell'a del banco di Parazone Grasso e Donato Del Maestro Pietro* (vale a dire il libro mastro della banca di Parazone e Donato) era soltanto uno dei numerosi libri in cui i soci registravano le transazioni della banca. In questo le transazioni erano soltanto riassunte mentre altri libri – oggi perduti – offrivano probabilmente descrizioni più dettagliate di ciascuna transazione. Ma il libro contiene comunque sufficienti informazioni per rivelare i segreti che stavano al cuore delle pratiche bancarie della Compagnia, e sono esattamente gli stessi segreti che stanno al cuore del banking odierno.

La banca era gestita da due uomini, Parazone Grasso e Donato Del Maestro Pietro. Su di loro sappiamo poco. Parazone era un mercante proveniente da una famiglia locale ricca e con notevoli connessioni che si dedicava a varie attività commerciali e ricopriva importanti cariche pubbliche a Pisa; Donato era un professionista di banca e finanza che aveva lavorato per altre case bancarie prima di associarsi a Parazone. Dei due soci, Donato conosceva a fondo la finanza e l'attività bancaria mentre Parazone portava in dote un'ampia rete di relazioni importanti. Le loro doti complementari ne facevano una squadra perfetta.

La struttura del capitale della Compagnia, nata il primo giugno 1373, rispecchiava i diversi ruoli dei soci. Ciascuno fornì un capitale iniziale di 150 fiorini, che tuttavia risultarono ben presto insufficienti. Parazone, che disponeva di denaro e relazioni, aumentò il capitale con un prestito di 600 fiorini alla società, a un interesse annuo del dieci per cento. Con capitale sufficiente, i soci si misero al lavoro facendo della Compagnia una delle prime corporate bank al mondo.

Il registro è la chiave di tutto

Per comprendere come lavorava la Compagnia è necessario conoscere e capire il suo registro: allora come oggi, il registro è il cuore della banca. Il denaro è una sorta di testimone e un libro mastro – letteralmente e metaforicamente – registra le testimonianze.

Grazie al suo libro mastro sappiamo che la Compagnia offriva i propri servizi a imprese, società e singoli individui. Tra i clienti figuravano produttori di lana, tessuti, pelli e navi, nonché fornitori di servizi come albergatori, sarti, venditori al dettaglio, calzolai e proprietari di taverne. Nell'elenco dei clienti ci sono anche mercanti, navigatori e altri banchieri. Ma tutti questi clienti della Compagnia di Parazone e Donato non depositavano monete nella banca perché questa le custodisse in un luogo sicuro, la Compagnia non era questo tipo di banca. Al contrario, i clienti della Compagnia volevano servirsi dei debiti della banca per fare pagamenti e aumentare gli affari. Il libro mastro rivela in che modo.

Come altri uomini d'affari e banchieri che avevano perfezionato le loro capacità contabili alle scuole di *abaci*, ispirate da Fibonacci, la Compagnia e i suoi clienti registravano i dettagli delle loro transazioni su un libro mastro. Ma i registri della Compagnia erano fondamentalmente diversi da quelli dei clienti. I clienti che acquistavano e vendevano merci pagavano e venivano pagati con annotazioni sul libro mastro della banca. Quando vendevano le loro merci, ricevevano come pagamento tali annotazioni. Quando compravano pagavano allo stesso modo. Chiaramente, i clienti della banca consideravano i libri mastri di Parazone e Donato come qualcosa di unico, e le annotazioni riportate su di essi come moneta. Anche lo Stato considerava i banchieri e i loro libri mastri come qualcosa di speciale e li controllava con attenzione: le prime regolamentazioni bancarie emanate dalle istituzioni repubblicane di Pisa datano già dal 1162.

A Pisa e in altre città-stato repubblicane come Barcellona, Genova, Bruges e Venezia, i banchieri e i loro libri mastri avevano uno status particolare. I banchieri non erano funzionari pubblici, ma i loro libri mastri avevano valore legale. I tribunali li accettavano come prove di obbligazioni di debito e dei crediti corrispondenti e consideravano le registrazioni nei libri dei banchieri come prova delle intenzioni delle parti contraenti. Le autorità pubbliche controllavano queste registrazioni e perseguivano con rigore i banchieri approssimativi o corrotti che ritoccavano i loro libri. Non conosciamo casi di contraffazione a Pisa ma ne abbiamo per Venezia, dove le banche facevano ampio utilizzo dei libri mastri, ugualmente dotati di particolare status. Sappiamo che a Venezia dei magistrati speciali – chiamati *provveditori sopra i banchi* – controllavano e supervisionavano i registri dei banchi. Il loro controllo doveva essere piuttosto efficace perché si conoscono solo pochi casi in cui i banchieri avevano alterato le registrazioni nei loro libri. Nel corso del XIV e XV secolo abbiamo notizia soltanto di due violazioni, la prima nel 1349 e la seconda nel 1468. In entrambi i casi, i colpevoli furono prontamente puniti: esiliati, incarcerati o giustiziati.

Il libro mastro della Compagnia può essere difficile da decifrare, ma ci offre informazioni di cruciale importanza sulle operazioni della banca. Il principale ostacolo alla sua comprensione è ricomporre i singoli conti dei clienti della banca, sparsi in più di un centinaio di fogli sciolti. Fortunatamente, negli anni Cinquanta del Novecento, un gruppo di studiosi dell'Università di Pisa guidato dal celebre storico dell'economia Federigo Melis ha organizzato in maniera sistematica tutte le registrazioni del libro mastro della Compagnia: da duecento fogli, gli studiosi hanno ricostruito tredici conti bancari completi.

Per un economista, per uno storico – e per un banchiere – questi conti sono una miniera di informazioni. I tredici titolari erano molto attivi: il conto di uno di loro contiene ottanta registrazioni diverse. Perciò, anche se il libro mastro contiene pochi conti, offre informazioni su centinaia di transazioni.

Promettere

Nel libro mastro della Compagnia ci sono più numeri che parole, ma c'è un termine ricorrente che dà ai numeri significato e valore: *impromettere.*

Per capire la natura e l'uso della moneta nella Pisa del XII secolo dobbiamo comprendere linguaggio, grammatica e sintassi delle registrazioni nei libri delle banche, e per farlo dobbiamo capire fino in fondo l'uso del verbo *impromettere.*

Questa forma arcaica significa «fare una promessa formale, assicurare, garantire». Per la Compagnia una promessa registrata nel libro mastro era un debito della banca o di un cliente. Nelle registrazioni il verbo si trova alla prima e alla terza persona, singolare e plurale: io prometto, noi promettiamo, egli o ella promette, essi promettono. Queste quattro persone forniscono tutte le informazioni necessarie per capire le attività della Compagnia.

Alla prima persona, *impromettere* indicava una formale promessa della Compagnia verso un cliente. Donato registrava un debito della banca e il corrispondente credito del cliente. Debiti e crediti erano registrati sul libro mastro contemporaneamente e nella stessa pagina, uno sopra l'altro – l'antenato della partita doppia.

Alla terza persona, *impromettere* indicava un debito di uno o più clienti verso la banca. Anche l'obbligazione del cliente e il reciproco credito della banca erano riportati insieme sul libro mastro, uno sopra l'altro. L'insieme di queste annotazioni racchiude in sé l'essenza dell'attività bancaria.

Trafficare in promesse

Vediamo un esempio specifico. Molti clienti della Compagnia operavano nell'industria tessile. Sei di questi clienti – Giovanni, Arrigo, Matteo, Michele, Pietro e Betto – sono al centro di un interessante scambio di promesse.

Nel Medioevo l'industria tessile era una componente fondamentale dell'economia di Pisa. I mercanti acquistavano prodotti grezzi e semilavorati come lane, filati e stoffe in Francia, Inghilterra, Europa del Nord e altre regioni dell'Italia e le spedivano in città. A quel punto le manifatture locali li trasformavano in tessuti e, infine, i mercanti vendevano questi tessuti in tutto il Mediterraneo.

Giovanni – uno dei clienti della Compagnia – possedeva uno stabilimento. Arrigo, Matteo e Michele rifornivano lo stabilimento di filati e Giovanni li trasformava in tessuti che vendeva a Pietro, il tintore. Pietro conosceva i procedimenti chimici e le tinture necessarie per dare al tessuto il colore desiderato, conoscenze estremamente preziose, dato che era proprio il colore a stabilire il prezzo del tessuto. Il tessuto rosso, per esempio, costava il doppio dello stesso tessuto di colore nero. Il tintore giocava un ruolo chiave nell'industria tessile. Dunque Pietro possedeva e gestiva una tintoria industriale: comprava il tessuto dallo stabilimento di Giovanni, lo tingeva e poi lo vendeva a Betto, un mercante all'ingrosso, che smerciava il prodotto finale oltremare.

La struttura dell'industria tessile creava tra i sei soggetti una vasta rete di obbligazioni.

Per esempio in un dato momento Pietro, il tintore, doveva a Giovanni, il proprietario dello stabilimento, 36 fiorini d'oro; contemporaneamente Betto, il mercante, che aveva acquistato da Pietro i panni colorati gli doveva 36 fiorini. Anche Giovanni aveva debiti verso i suoi fornitori di filati: 20 fiorini ad Arrigo, 4 a Matteo e 10 a Michele. I fiorini erano monete d'oro di alto valore intrinseco e

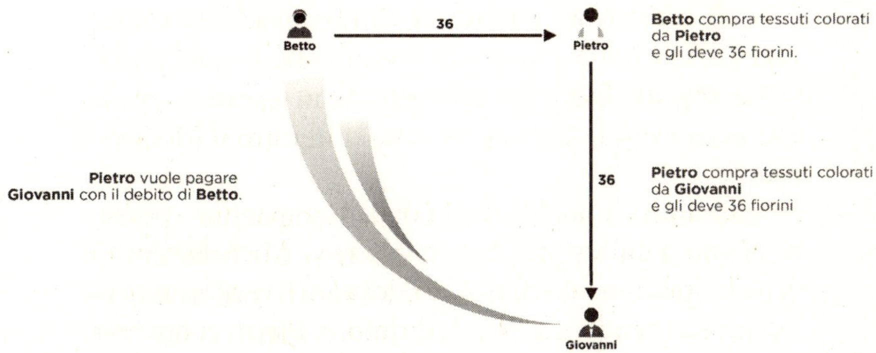

Saldare i debiti con i debiti di altre persone, non con monete.

a Pisa erano difficili da reperire. Per questo i mercanti cercavano di pagare i loro partner non in moneta sonante ma assegnando loro debiti di terzi. Facendo circolare i debiti – o promesse – si economizzava l'uso di fiorini d'oro in contanti, ma questo a patto che i debiti fossero registrati correttamente, e che i partner compensassero sui propri libri le obbligazioni reciproche.

Così, Pietro intendeva pagare Giovanni con il debito di Betto, i due debiti erano equivalenti. E 36 fiorini erano una somma più che sufficiente per coprire le obbligazioni di Giovanni. Quest'ultimo poteva a sua volta trasferire il debito di Betto ai suoi tre fornitori. Poiché i sei partner operavano nel medesimo settore industriale, pagare ciascuno con i debiti di Betto sembrava una soluzione possibile. Pietro, il tintore, e Giovanni, il proprietario dello stabilimento, si sarebbero ritrovati senza debiti. Tintoria e manifattura potevano continuare il ciclo produttivo. Tutti ne avrebbero beneficiato.

Ma c'era un intoppo.

A Pisa, trasferire debiti al di fuori di un circuito molto ristretto era difficile. La città era scossa da conflitti sociali e politici acuti, spesso violenti. I membri delle corporazioni d'arti e mestieri rivali si comportavano come nemici, non come partner o concorrenti in affari. L'affiliazione e l'identità di gruppo condizionavano atteggiamenti e comportamenti. I membri di gruppi avversari ben difficilmente avrebbero accettato le promesse di pagamento – il debito – del componente di una fazione rivale. In questa agitata e incerta situazione, Giovanni avrebbe potuto non essere in grado di saldare i propri debiti usando quelli di Betto, perché Arrigo, Michele e Matteo avrebbero potuto rifiutare la promessa del mercante, cosa che avrebbe compromesso la produzione di tessuti.

Quindi Giovanni chiese aiuto a Parazone, il banchiere. Sbrogliare la complicata matassa di debiti reciproci richiese diverse fasi, ma il libro mastro della Compagnia le espone dettagliatamente, e mostra come Parazone abbia risolto con eleganza un problema spinoso.

Il primo passo fu uno scambio di debiti tra Pietro e la banca, registrato sul libro mastro come segue:

«Pietro deve *a noi* i 36 fiorini che ci ha promesso a beneficio di Giovanni».

«*Noi* dobbiamo a Giovanni i 36 fiorini che Pietro ci ha promesso a beneficio di Giovanni.»

A questo punto, Pietro ha ancora un debito di 36 fiorini, ma con la banca e *non* con Giovanni. E ora è la banca – anziché Pietro – che deve a Giovanni 36 fiorini. Il debito totale è rimasto lo stesso (36 fiorini alla banca e 36 fiorini a Giovanni) ma lo scambio di debiti tra Pietro e la banca permette a Giovanni di pagare i propri fornitori con i debiti della banca. Questa transazione rappresenta un chiaro esempio di utilizzo di ciò che oggi concepiamo come *valuta* o *moneta bancaria*, vale a dire il debito bancario che salda un'obbligazione come fosse moneta appena coniata.

Tuttavia, il compito della banca e del suo denaro non era ancora completato. Anche Pietro, il tintore, voleva saldare il proprio debito nei confronti della banca usando il debito che Betto aveva verso di lui, così Parazone annota un altro scambio di obbligazioni sul libro mastro:

«*Noi* dobbiamo a Pietro i 36 fiorini che Betto ci ha promesso a beneficio di Pietro».

«Betto deve *a noi* i 36 fiorini che ci ha promesso a beneficio di Pietro.»

Con quest'ultima registrazione Giovanni e Pietro non hanno più debiti. Solo Betto resta indebitato, ma nei confronti della Compagnia. Grazie all'intervento di Parazone, la produzione e la vendita dei tessuti di lana colorata può procedere senza intoppi, perché tutti hanno accettato i debiti della banca, anche se non tutti sono suoi clienti. Il libro mastro spiega bene perché.

Arrigo, uno dei fornitori, era un cliente della banca, e quindi si accontenta di ricevere la registrazione sul libro mastro della promessa di Parazone. Lo stesso vale per Michele. Ma Matteo non è cliente della banca e Parazone gli consegna quattro fiammanti monete d'oro da un fiorino l'una.

Proprio quest'ultima, cruciale registrazione – la con-

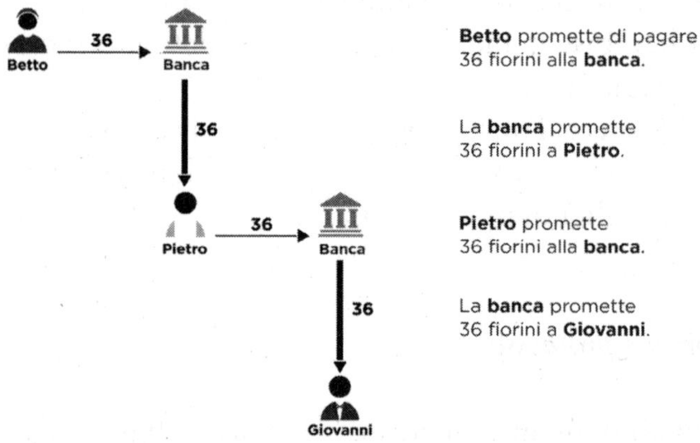

Lo scambio di promesse tra i partner e la banca.

segna dei fiorini d'oro a Matteo – mostra come i debiti dei banchieri siano diversi da quelli di chiunque altro. I debiti delle banche diventano monete d'oro sonante *on demand*, nel momento in cui il creditore lo richiede. La convinzione che ciò avverrà *ogni volta*, è «l'alchimia della banca» – la formula segreta alla base dell'attività bancaria, allora come adesso.

I tredici conti bancari registrati nel libro mastro elencano qualche centinaio di transazioni, molte delle quali sono simili a quelle che abbiamo descritto: complessi e molteplici scambi di debiti tra banchiere e clienti.

Chiaramente erano decine i mercanti, produttori, tintori, armatori, tavernieri, speziali che si fidavano delle promesse della Compagnia, certi che a richiesta Parazone e Donato avrebbero sempre scambiato le proprie promesse con fiorini d'oro, senza ritardi o sconti.

Naturalmente, il solo modo che i banchieri avevano per convincerli di ciò era procurarsi una quantità di monete sufficiente a mantenere le loro promesse.

Ma a Pisa le monete d'oro e d'argento a pieno peso scarseggiavano.

Sorge così l'ovvia domanda successiva: come facevano Parazone e Donato a rassicurare i loro clienti sulla disponibilità di moneta sonante?

Fiorini e promesse

Il conto di un altro mercante chiamato Migliore illustra perfettamente come la Compagnia si procurasse i fiorini d'oro necessari per guadagnarsi la fiducia dei propri clienti.

Cittadino di Amalfi, un'altra repubblica marinara sulla costa sudoccidentale dell'Italia, Migliore vendeva spezie e altre derrate alimentari a Pisa, dove comprava tessuti e pelli conciate che vendeva in varie regioni del Mediterraneo. Le banche facilitavano molto il commercio su lunga distanza; con l'aiuto dei banchieri, infatti, i mercanti potevano fare meno viaggi, dedicare più tempo alla gestione dei propri affari e pagare con facilità i loro acquisti dovunque.

Piccolo cliente della banca, il conto di Migliore contiene solo quattordici registrazioni. In maggior parte, i pagamenti erano fatti e ricevuti con trasferimenti tra i conti, ma alcune annotazioni riguardano transazioni effettuate in moneta sonante. Il 20 luglio 1374, per esempio, Lapo di Tommaso, un produttore di formaggio, comprò una grossa quantità di derrate alimentari da Migliore. Pagò dando 135 fiorini d'oro alla Compagnia a beneficio di Migliore. La banca promise 135 fiorini a Migliore, registrando la promessa nel libro mastro. A Pisa, Migliore vendette più merce di quanta ne acquistò, lasciando le monete ricevute nei forzieri della Compagnia. Pochi mesi dopo Migliore chiuse il conto. La Compagnia gli doveva duecento fiorini e sei denari, ma Donato conosceva il suo mestiere e trasferì la somma ad Amalfi con una lettera di cambio, o *Bill of Exchange* – un ordine di pagamento scritto – indirizzata al banchiere locale di Migliore. Nemmeno una moneta uscì dai forzieri della Compagnia: tutto avvenne con scambi di promesse.

Sia il cliente sia i banchieri erano soddisfatti: mentre Migliore poteva far crescere i propri affari usando i debiti della Compagnia, anche Parazone e Donato erano contenti di essere indebitati con lui. A prima vista, il rapporto non sembrerebbe vantaggioso per la Compagnia – Migliore, a differenza di Giovanni, non pagava commissioni per usare i debiti della banca.

Ma il suo conto era importante per la banca, perché il business di Migliore faceva affluire nelle casse della Compagnia moneta sonante. E le monete rappresentavano una preziosa risorsa per i banchieri: la banca ne aveva bisogno per soddisfare le richieste di contanti dei suoi clienti.

Guadagnare promettendo

Le registrazioni nel libro mastro smentiscono l'immagine del banchiere come custode attento dei preziosi dei clienti e avverso al rischio, come invece viene descritto nelle storie popolari anglosassoni. Nell'Inghilterra del tempo, il banchiere nasceva come orefice-banchiere; era un personaggio di cui nobili e proprietari terrieri si fidavano e a cui chiedevano di custodire oggetti di valore. Custodi di oggetti preziosi e monete altrui, gli orefici-banchieri erano considerati individui prudenti, alieni dal fare promesse avventate – l'opposto di uomini come Parazone e Donato.

Per la Compagnia, la custodia delle monete dei clienti non era essenziale all'attività bancaria. Di fatto, Parazone e Donato erano alla costante ricerca dei debiti dei clienti e si sforzavano di indebitarsi nei loro confronti perché, così facendo, generavano profitti per loro stessi. Al contempo i loro clienti, imprenditori e mercanti locali, non erano interessati a mettere al sicuro le loro monete, ma volevano disporre dei debiti della banca per fare pagamenti. Quante più promesse la Compagnia faceva ai propri clienti, tanto più il profitto dei banchieri e dei clienti poteva crescere.

Il libro mastro della Compagnia di Parazone e Donato ci rivela due caratteristiche delle banche che si sono mantenute per secoli.

Primo: il libro mastro è il cuore del business della banca. Tutto avviene lì. La forma del libro mastro – che sia vergato su pergamena o in formato digitale – conta meno degli scambi di debiti che registra. Il libro mastro è al centro non solo dell'attività bancaria ma anche dell'offerta di moneta. I debiti circolano in modo scorrevole e sicuro come registrazioni nel libro mastro delle banche.

Secondo: il libro mastro, sotto la supervisione del governo, promuove l'interscambio di debiti. Le banche non si limitano ad assumere obbligazioni, ma le scambiano come mercanti in un bazar.

Fino alla morte di Parazone, nel 1376, la Compagnia di Parazone e Donato garantì notevoli profitti. I clienti erano pronti a pagare per ricevere le promesse dei banchieri, e la banca tratteneva una commissione tra l'otto e il dieci per cento di quanto prometteva. Il libro mastro mostra che i clienti della banca utilizzavano regolarmente le registrazioni nel libro mastro come mezzo di pagamento, e questo aumentava i profitti di Parazone e Donato.

Purtroppo non si sono conservati altri libri mastri che possano informarci su quanto fosse diffuso a Pisa l'impiego della valuta bancaria, ma ci sono degli indizi. Federigo Melis e il suo gruppo di ricercatori dell'Università di Pisa, per esempio, si sono spinti oltre l'esame delle striminzite informazioni fornite dai tredici conti della Compagnia, e hanno esaminato i registri dei clienti della banca. I libri di uno di questi clienti – il Lanificio San Casciano, uno dei più grandi produttori di tessuti di lana della regione – ci offrono informazioni utili sul funzionamento dell'impresa e del commercio nella Pisa del tempo. I due terzi del materiale che il lanificio acquistava per produrre tessuti venivano pagati con i debiti di banche locali; la valuta bancaria serviva inoltre per pagare la manodopera e gli investimenti necessari per la produzione, così come per le attività e l'espansione del lanificio. Grande utilizzatore di debiti bancari, il Lanificio San Casciano era pronto a pagare il prezzo necessario per averli. L'azienda pagava tra l'otto e il tredici per cento all'anno per l'utilizzo del debito bancario – percentuale simile alle commissioni pagate dai clienti della Compagnia. Il costo del debito bancario rappresentava circa un terzo dei costi dell'azienda, ma ne valeva la pena: a Pisa la valuta bancaria era abbondante e i fiorini d'oro, invece, erano molto scarsi.

Sebbene sia difficile trarre considerazioni di carattere generale da un singolo esempio, questo ci suggerisce che nella Pisa del XIV secolo molte grandi aziende utilizzavano frequentemente la valuta bancaria – e pagavano profumatamente per farlo. E spiega il gran numero di banche attive nella repubblica.

Valuta bancaria e crescita economica

L'abbondante valuta bancaria consentì a imprenditori e consumatori di pagare beni e servizi con i debiti anziché con le scarse monete d'oro, e questo spiega perché la

Repubblica riuscì a registrare una crescita economica nonostante la grave carenza di moneta coniata.

Nella Pisa del XIV secolo i debiti delle banche locali si affiancavano alle poche monete che uscivano dalla Zecca; gli uomini d'affari più intraprendenti vi ricorrevano spesso, come pure le istituzioni dello Stato ecclesiastico. Lo scambio di promesse, così come registrato sul libro mastro, interessava non soltanto la banca e i suoi clienti, ma l'intera economia politica pisana e la comunità nel suo complesso.

Alla fine del XIV secolo, la Compagnia di Parazone e Donato non era la sola banca attiva: i ricercatori dell'università di Pisa ne hanno individuate almeno altre quarantanove. I loro libri mastri non si sono conservati ma, senza dubbio, dovevano essere analoghi a quelli della Compagnia. Molte delle monete coniate a Pisa finivano nei forzieri delle banche, dando sostanza alle promesse dei banchieri e alimentando la crescita economica dell'ultimo quarto di secolo.

Parazone e Donato «creavano moneta» esattamente come lo facevano i coniatori e gli incisori della Zecca pubblica. Anzi, creavano e facevano circolare moneta più rapidamente e liberamente dei coniatori, perché creare valuta bancaria era più facile che coniare oro e argento. Per i clienti della banca, pagare con i debiti delle banche anziché con le monete era vantaggioso sul piano economico e finanziario. Nella Pisa del XIV secolo, se un'azienda aveva bisogno di denaro in modo tempestivo, procurarsi fiorini d'oro era un'operazione lenta, costosa e a volte impossibile. La moneta bancaria, invece, era facilmente disponibile e circolava ottimamente. Ampiamente utilizzate dalle imprese locali, le promesse dei cinquanta banchieri aumentavano il potere d'acquisto di mercanti, lavoratori e imprenditori sia locali sia stranieri.

Per usare la terminologia di John Maynard Keynes, si può dire che a Pisa circolavano due tipi di moneta: «la moneta propria», ossia i pezzi coniati dalla Zecca pubblica, e la «moneta bancaria», cioè le promesse dei banchieri privati. E la moneta bancaria veniva utilizzata più spesso di quella «propria».

Lo stesso vale, in sostanza, per gli Stati e le banche di oggi. Queste ultime svolgono un ruolo speciale nelle società perché speciali sono i loro debiti – sono gli unici debiti che hanno lo stesso potere d'acquisto della moneta creata dallo Stato.

Creare moneta è una delle prerogative principali della sovranità. A Pisa questa prerogativa era suddivisa tra le istituzioni repubblicane e le banche. Questo minava il monopolio statale della produzione e della gestione del denaro, ma poter disporre di debiti che hanno il potere d'acquisto dell'oro coniato dalla Zecca avvantaggia lo Stato. Per esempio, il governo di Pisa avrebbe potuto fare come Pietro, il tintore, e scambiare il debito pubblico con debito bancario e, così facendo, avrebbe accresciuto il potere d'acquisto delle istituzioni pubbliche.

Gli Stati e le banche hanno sempre cercato dei sistemi rapidi, economici e sicuri che trasformassero il debito pubblico in moneta; Stati diversi in momenti storici diversi hanno tentato di farlo con strumenti diversi, ma alla fine tutti hanno usato il medesimo sistema. Ogni Stato ha finito per scambiare debito pubblico con debito bancario per aumentarne il potere d'acquisto. Pisa ha aperto la strada.

Capitolo secondo
Notizie da Rialto

Venezia ha stupito, stupisce e stupirà sempre. Proprio come la città, anche la storia della banca e della moneta, lì, si fa sorprendente: un dedalo di salizzade, calli e rami che si apre su scorci straordinari e piazze luminose. In *La morte a Venezia* Thomas Mann immagina che il protagonista, Gustav von Aschenbach, arrivi in città da lontano e osservi stupito «l'abbagliante insieme di fantastiche costruzioni».[1] Venezia ci sorprenderà così come sorprese Aschenbach; anche se noi non la scopriremo da lontano ma dall'interno, dal suo centro, dal cuore della città e degli affari: Rialto.

Rialto è uno dei rioni più antichi della città di Venezia. Giù dal ponte, sulla riva sinistra del Canal Grande, c'è una piccola piazza, Campo di San Giacomo di Rialto. Campo San Giacomo non ha niente di grandioso: qui non siamo in piazza San Marco o nella Venezia di Thomas Mann, dai grandi hotel e dall'«audace e sorprendente bellezza».[2] La piazza ha un aspetto dimesso – portici stretti, una piccola fontana e, sul lato orientale, la minuscola chiesa di San Giacomo, che dà nome alla piazza. Malgrado la modestia del suo aspetto, Campo San Giacomo occupa un posto speciale nella storia. Questo luogo incredibile è stato un tempo un cuore finanziario che pulsava ben oltre la Repubblica: Wall Street e la City di Londra compresse in poche decine di metri. Era qui che si facevano gli affari; qui che si trovava il fulcro del commercio locale e internazionale, delle importazioni e delle esportazioni; qui che i mercanti negoziavano i loro scambi, mentre banchieri e cambiavalute li finanziavano da dietro a banchi concessi in affitto dalle autorità cittadine. All'epoca, Campo San Giacomo era anche luogo di intrighi, pettegolezzi e notizie. Nel *Mercante di Venezia*, Solanio chiede a Salerio: «Notizie da Rialto?».[3] Non è un caso: Rialto era il luogo dove tutto accadeva.

Nel 1619 Zuane Vendramin era un personaggio ben noto a Rialto; non un banchiere ma un commerciante di oro e argento, e a Venezia chi commerciava metalli preziosi svolgeva un importante servizio pubblico. Il sistema monetario veneziano si basava sulla capacità della Zecca di fornire moneta a un prezzo stabilito dalle autorità. A quel prezzo, i mercanti e i consumatori che avevano bisogno di monete vendevano metallo prezioso alla Zecca e in cambio ricevevano le monete coniate da quel metallo meno una commissione, che corrispondeva al costo della coniazione più un piccolo signoraggio. Per la Zecca, la differenza tra il prezzo pagato per l'oro e l'argento e il prezzo delle monete restituite era reddito; per il mercante o il consumatore, quella differenza era il costo da sostenere per trasformare il metallo prezioso in moneta, mezzo di pagamento il cui valore è stabilito per legge.

Se il prezzo del metallo stabilito dalla Zecca era più basso di quello sul mercato – interno o internazionale – rivolgendosi a essa il mercante o il consumatore perdeva valore. In questi casi, il flusso di metalli preziosi si riduceva o cessava del tutto, e le monete in circolazione diminuivano. E tuttavia, il prezzo fissato dalla Zecca per i metalli preziosi non era la sola variabile che determinava l'offerta di moneta: decisiva era anche la sua velocità di coniazione. Quando la Zecca era lenta a restituire le monete coniate, il valore in mano a cittadini e mercanti diminuiva e questi sospendevano le vendite, riducendo ulteriormente la riserva di monete. Il che è esattamente quanto ci si aspetterebbe in un mercato sottoposto alle leggi della domanda e dell'offerta. Comunque, quali che fossero le vicissitudini del mercato, gli uffici pubblici di Venezia avevano bisogno di un flusso costante di monete, ed è a questo punto che entrava in gioco Zuane Vendramin. Come gli altri commercianti di metalli preziosi, Vendramin si adoperava per soddisfare i bisogni degli uffici pubblici di Venezia: acquistava metallo prezioso sul mercato mondiale e lo rivendeva alla Zecca e, esattamente come qualsiasi altro cittadino o mercante, veniva pagato con le monete coniate dal metallo ceduto alla Zecca, lasciando comunque che una certa quantità di queste monete finisse nelle casse della Repubblica.

Vendramin e i suoi colleghi erano grandi clienti dei banchieri della piazza di Rialto. Quando acquistavano metallo prezioso lo pagavano con valuta bancaria – o moneta di banco – e quando poi lo vendevano alla Zecca venivano pagati in moneta di banco; poi, Vendramin, Zecca e banca compensavano l'indebitamento reciproco sul registro. Una volta che la Zecca aveva coniato le monete queste venivano spartite tra Zecca, banca e mercante per saldare i debiti non compensati. Da questo interscambio tutti traevano beneficio: mercanti, Stato, consumatori e banche.

Quindi a Venezia la disponibilità di moneta di Zecca dipendeva in modo significativo dalla disponibilità di moneta di banco.

Erano in pochi a conoscere bene come Vendramin i complessi meccanismi che regolavano l'offerta di moneta a Venezia. Più avanti torneremo a Zuane Vendramin e alla sua creatività, oltre che al suo ruolo decisivo nello sviluppo della banca a Venezia, ma prima occorre guardare alla storia, lunga e tortuosa, della valuta bancaria nella Repubblica veneziana. E, per farlo, dobbiamo parlare di tasse.

Prestiti forzosi

Al contrario di Pisa, Venezia era una repubblica governata da un'oligarchia della ricchezza mercantile e finanziaria. Trovare capitalisti a cui piacciano le tasse è raro e i governanti di Venezia non facevano eccezione: odiavano tassare tanto se stessi quanto i propri concittadini, così per finanziare lo Stato preferivano ricorrere al debito. La Repubblica iniziò a indebitarsi a lungo termine nel 1164, con prestiti che di volontario non avevano nulla. Lo Stato stabiliva la ricchezza imponibile dei singoli individui e, semplicemente, ne prelevava il due o il quattro per cento. I prestiti erano a lunghissima scadenza, praticamente perpetui, e nessun cittadino si aspettava di vedersi restituire il proprio capitale. Ma i prestiti forzosi avevano un interesse di circa il cinque per cento, e garantivano un flusso di moneta per tutta la durata del prestito. I creditori/contribuenti potevano vendere la loro quota di debito pubblico sul mercato secondario. In questo modo potevano recuperare il capitale – tutto o in parte – oppure fare speculazioni. Nel complesso, per l'élite mercantile e per molti cittadini, il prestito forzoso allo Stato era molto più attraente che essere tassati. L'evasione era bassa e le entrate statali ingenti.

In breve si sviluppò un mercato secondario delle quote di debito pubblico. Per coloro che ne acquistavano in quantità – mercanti, imprenditori, banche – tali obbligazioni pubbliche divennero una popolare forma di investimento. I pochi registri che si sono conservati a Venezia mostrano che le quote dei prestiti alla Repubblica rappresentavano l'asset principale delle banche private della città: i prestiti forzosi furono una brillante invenzione, uno straordinario strumento finanziario per lo Stato.

Tuttavia, finanziare lo Stato con prestiti forzosi a lungo termine aveva i suoi limiti. Tanto per cominciare diventava difficile far fronte a necessità inaspettate, e poi, quando la Repubblica era in difficoltà – guerre, crisi, pestilenze – il debito pubblico scambiava a sconto sul prezzo di emissione. Contrarre prestiti in tali circostanze era molto difficile e lo Stato non si finanziava con le monete «prestate» dai cittadini, ma con la valuta bancaria – cioè i debiti delle banche private. E a Venezia, esattamente come a Pisa, la moneta bancaria si creava con delle registrazioni scritte sui libri mastri della banca. Le promesse dei banchieri avevano lo stesso potere d'acquisto delle monete coniate dalla Zecca.

Lo Stato veneziano usava la valuta bancaria in grandi quantità e la prendeva molto sul serio, supervisionando e monitorando con scrupolo le pratiche e i libri dei banchieri. Una legge del 1318 regolamentò il trasferimento dei debiti da un soggetto all'altro tramite annotazioni sui libri mastri delle banche: registrarvi informazioni false era punito severamente e i colpevoli erano perseguiti senza pietà dato che, in fondo, era come rapinare individui o imprese. I mercanti di Venezia, nel frattempo, approfittavano della comodità e dell'abbondanza di valuta bancaria, sempre pronti a scambiare i loro debiti con quelli dei banchieri. Nonostante le numerose regolamentazioni e restrizioni imposte dallo Stato, i bilanci delle banche crebbero rapidamente.

La moneta bancaria: popolare, semplice, sicura quanto basta

Con il tempo, le banche divennero i pilastri dello Stato, e a raccontarci come ciò sia avvenuto è stato Domenico Malipiero, autore di una cronaca della storia di Venezia che copre gli anni dal 1457 al 1500. I suoi *Annali veneti* dipingono un quadro vivo e brillante degli eventi più significativi della Venezia di fine Quattrocento: storie di soldati di ventura e mercanti, di ammiragli e ordinari cittadini. Ma i veri eroi degli annali di Malipiero sono i banchieri. Secondo quanto scrive, la vita pubblica e le politiche veneziane si basavano molto sulle promesse di pagamento dei banchieri, al punto da definire il manipolo di testa delle banche – Garzoni, Lippomano, Pisani e Priuli – «i quattro pilastri del tempio».[4] In poche parole, a Venezia lo Stato era sostenuto dalle banche.

Malipiero aveva una certa tendenza all'iperbole, ma un'analisi della storia della Repubblica conferma la sua affermazione.

Prendiamo per esempio la politica di difesa, funzione chiave dello Stato e sempre estremamente costosa: indipendenza e libertà si possono pagare con il sangue, ma le armi e gli uomini si pagano con la moneta.

Nella battaglia combattuta nel 1412 a Motta di Livenza contro ungheresi, tedeschi e croati, il capitano di ventura Carlo Malatesta guidava l'esercito veneziano. Malatesta non solo forniva armi e soldati, ma li guidava in battaglia; tutto estremamente costoso, e il capitano di ventura era il maggior creditore della Repubblica. Perché la guerra continuasse, Malatesta doveva essere pagato: solo così avrebbe seguitato a rifornirsi di uomini da portare sul campo, ma il conto era di circa 26.000 ducati, una somma ingente, e le monete nei forzieri dello Stato erano poche. Ebbene, Venezia saldò il debito con Malatesta, e non lo fece con l'oro ma con delle registrazioni nel libro mastro della banca dei Priuli, privata.

Un capitano di ventura che accetta di essere pagato con una iscrizione sul registro di un privato stona con l'immagine che abbiamo dei mercenari – soldati affamati di oro e argento – ma Carlo Malatesta era un uomo d'affari, ed era disposto ad accettare qualsiasi forma di pagamento che avesse lo stesso potere d'acquisto dell'oro coniato. Una qualità che le promesse sul libro mastro dei Priuli possedevano: Carlo sapeva di poterle usare per pagare i soldati e comprare rifornimenti.

Le promesse delle banche non servivano solo a pagare per la difesa di Venezia, ma venivano utilizzate da tutte le agenzie statali della Repubblica. Nella seconda metà del 1482 fu il Senato veneziano a indebitarsi con le quattro banche principali della città per 115.000 ducati. Una somma ingente, pari al dieci per cento della spesa pubblica annuale. La moneta di banco, dunque, non sosteneva solo la difesa ma contribuiva al benessere di tutta la città.

Alla fine del XV secolo, la famiglia Medici richiese la garanzia della banca della famiglia Garzoni, uno dei quattro «pilastri» di Malipiero, per fornire frumento al Collegio delle Biave (detto anche del Grano), l'agenzia che procurava le derrate alimentari per Venezia. Con le promesse dei Garzoni la compagnia dei Medici fornì abbastanza grano da sfamare la città.

Bolle

La moneta di banco era comoda e abbondante, ma non sempre sicura. A Venezia le bolle provocate da un eccesso di moneta bancaria erano tutt'altro che rare, e il governo della Repubblica – dopo ogni crisi – cercava di tutelarsi nei confronti della prossima eccessiva diffusione di moneta bancaria. La storia delle banche veneziane è anche la storia di come le autorità hanno tentato di limitarne la libertà nella creazione di moneta di banco.

Controlli, restrizioni, regole: a volte frettolose, spesso abbandonate

Un esempio di quest'altalena di regolamenti emanati e poi soppressi può essere rintracciato nella storia degli scambi internazionali di Venezia. Quella di creare moneta di banco localmente per estinguere debiti contratti all'estero era una pratica diffusa; a fronte della promessa di qualche banchiere veneziano, un mercante si indebitava su una piazza straniera scrivendo lettere di cambio pagabili a Venezia. Il banchiere, per onorarle, doveva creare moneta bancaria a Venezia. Questo sistema arricchiva mercanti e banchieri ma presentava dei rischi: le monete di Zecca che entravano nelle casse delle banche erano poche. Per una banca veneziana, trovarsi con troppe promesse e poche monete era una situazione piuttosto frequente.

Così, nel 1421, il Senato limitò la libertà delle banche di accettare queste lettere di cambio come depositi. L'obiettivo della norma era di mantenere l'equilibrio tra le promesse della banca registrate sui libri e la moneta di Zecca nei suoi forzieri. Ma gli scambi internazionali si contrassero e così pure le entrate statali. Non ci volle molto prima che il Senato allentasse le restrizioni, piegandosi alle richieste dei banchieri e dei mercanti; la valuta bancaria tornò a creare prosperità, almeno fino alla prossima bolla.

A Venezia, la lunga storia dei boom e dei crac economici, delle espansioni e delle crisi monetarie e fiscali, mostra che la valuta bancaria è sempre al centro di questi fenomeni. I decreti del Senato veneziano producono risposte prevedibili e ben note ai cicli finanziari: prima lo Stato limita la capacità delle banche di creare valuta bancaria e poi allenta queste stesse restrizioni, anticipando i comportamenti dei governi contemporanei che alternativamente restringono e rilassano la libertà che le banche hanno di creare valuta bancaria.

Ma a Venezia la situazione prese una brutta piega.

Nel 1496 erano attive e prospere circa dieci banche private; a metà del XVI secolo, quelle stesse banche erano tutte fallite. Lo Stato aveva perso i suoi «pilastri» e mercanti e consumatori ne soffrirono le conseguenze.

Era necessario trovare un modo diverso di fare banca.

Nel 1587 il Senato veneziano decise di avere un'unica banca pubblica, il Banco della Piazza di Rialto. Il Banco accettava depositi, ma la sua capacità di creare valuta di banca era commisurata alle monete di Zecca custodite nelle sue casse; in breve, per creare un debito iscrivendolo nel proprio registro, il banco doveva avere in cassa lo stesso valore in monete di Zecca. Inoltre, il Banco della Piazza di Rialto accettava in deposito esclusivamente monete a pieno peso e le scritture potevano solo trasferire valuta bancaria da un conto all'altro. Il Banco della Piazza di Rialto non era stato pensato per aumentare l'offerta di moneta ma per sostituire le monete di Zecca con le registrazioni nel suo libro mastro. Una moneta più comoda, ma non in maggiore quantità.

La buona notizia è che l'operazione funzionò: dopo anni di bolle e crisi la nuova banca pubblica, il Banco della Piazza di Rialto, tornò a rendere sicura la moneta bancaria a Venezia.

La cattiva notizia, però, è che la sicurezza può anche produrre conseguenze molto negative. Nell'attività bancaria non si può mai dare niente per scontato.

Il prezzo della sicurezza

A una recessione segue un boom e a ogni periodo di abbondanza ne segue uno di scarsità: i banchieri lo sanno bene, lo sentono nelle loro tasche. Con questa consapevolezza Hank Paulson, quando era amministratore delegato di Goldman Sachs, nell'annunciare ai partner i bonus dell'anno faceva una premessa e un'ammonizione: non spendete tutto subito, tenete qualcosa per la prossima crisi, la banca è e sarà sempre un business ciclico.

I senatori e i cittadini di Venezia sarebbero stati d'accordo con Hank: anche loro sperimentarono quella ciclicità, ma l'innovazione finanziaria li salvò sempre.

Spesso sono state le guerre ad accelerare l'innovazione finanziaria, e così accadde anche a Venezia.

L'ultima guerra terrestre della Repubblica fu la Guerra di Gradisca, detta anche degli uscocchi, dal nome dei guerriglieri che combattevano Venezia. Fu combattuta tra veneziani, inglesi e olandesi da una parte e austriaci, spagnoli, croati e sloveni dall'altra. Questa guerra rappresentò un punto di svolta nello sviluppo della banca a Venezia. La guerra durò due anni, dal 1615 al 1617. I combattimenti si svolsero vicino alla capitale, non lontano dai confini delle odierne Slovenia e Croazia. Con i nemici così vicini la Repubblica non risparmiò sforzi e risorse: assoldò mercenari e li armò. Finanziò anche gli alleati inglesi e olandesi con oro e argento. Alla fine la coalizione guidata dalla Repubblica fu vittoriosa. Venezia si scoprì ancora libera ma povera.

Nessuna sorpresa.

Rifornimenti, armi e mercenari stranieri erano stati pagati in moneta di Zecca, la quale a sua volta aveva consumato tutte le riserve di metalli preziosi. Inoltre, la guerra aveva fermato il commercio e, di conseguenza, poca moneta era entrata in città. In questa situazione consumatori e uomini d'affari esitavano a vendere il loro metallo prezioso alla Zecca.

L'offerta di moneta era molto scarsa.

Il Banco della Piazza di Rialto non poteva essere di grande aiuto, perché non era autorizzato a creare valuta bancaria che eccedesse il valore delle monete di Zecca che aveva in cassa.

La scarsità tanto di moneta di banco quanto di monete – i due principali mezzi di pagamento – si ripercosse su ogni attività della Repubblica. L'idea di coniare monete con una minore quantità di metallo non veniva neppure presa in considerazione, perché le autorità repubblicane erano da sempre convinte che ridurre il contenuto intrinseco della moneta di Zecca fosse una malattia peggiore della cura.

La situazione stava sfuggendo di mano. Anche le finanze statali erano in pessimo stato.

Questa volta il ricorso al debito era stato veramente massiccio. I titoli del debito pubblico scambiavano sul mercato finanziario a un fortissimo sconto. Indebitarsi di più sarebbe stato pericoloso, forse impossibile.

E poi nessuno voleva aumentare le tasse: lo Stato era governato da un'aristocrazia ereditaria la cui ricchezza si fondava in larga misura su patrimoni finanziari. Tassare quei patrimoni non era certo un buon modo per fare carriera nella Repubblica. E, in ogni caso, nei forzieri privati come in quelli pubblici scarseggiavano sia il metallo prezioso sia le monete.

Poco metallo affluiva alla Zecca, poca moneta veniva prodotta e lo Stato non poteva ricorrere al debito più di quanto non avesse già fatto; la Repubblica non riusciva a garantire i servizi a cui i suoi cittadini erano abituati e il consenso interno scricchiolava. Qualcuno doveva trovare una via d'uscita.

Ed è qui che entra in scena il nostro mercante di metallo prezioso: Zuane Vendramin, l'uomo della piazza di Rialto.

Una proposta brillante e interessata

Vendramin aveva un suggerimento al contempo interessato e altruista. Il suo lavoro quotidiano era vendere metallo prezioso alla Zecca e rifornire di monete gli organi dello Stato. Conosceva alla perfezione le ragioni della scarsità di mezzi di pagamento che affliggeva la Repubblica di Venezia: la Zecca con i suoi prezzi bassi e con la lentezza nel restituire le monete coniate scoraggiava l'offerta di metallo e la scarsità di monete deprimeva l'offerta di valuta bancaria. E la guerra aveva aggravato la situazione.

Il primo maggio del 1619 Vendramin scrive al Senato: «Ho argento del valore di 600.000 ducati. E sono disposto a venderlo tutto alla Zecca». Con un'apertura così diretta si assicura la completa attenzione dei senatori. Una tale quantità di argento avrebbe aumentato di molto la moneta in circolazione. Più moneta significa più transazioni, e più transazioni portano maggiori entrate fiscali. Anche lo Stato avrebbe potuto spendere di più: un vero circolo virtuoso.

Vendramin era un mercante, non un benefattore, e la sua offerta – ovviamente – aveva un prezzo. Voleva che gli fosse corrisposto il pieno valore della sua merce, ma era disposto a essere flessibile sulla modalità di pagamento. Per metà del valore dell'argento chiedeva l'equivalente in oro, ma per l'altra metà era disposto ad accettare il debito di una banca di «nuovo tipo». Nel resto della lettera, spiega come avrebbe dovuto funzionare questa banca di «nuovo tipo».

Un funzionario eletto dal Senato avrebbe avuto la responsabilità del libro mastro e le entrate registrate su di esso sarebbero state fatte secondo regole chiare a tutti e controllate dalle magistrature repubblicane. I debiti della banca scritti nel registro sarebbero stati liberamente trasferibili, e nessuno avrebbe potuto rifiutarli a saldo di debiti di valore superiore a cento ducati. Così i debiti dell'istituzione avrebbero avuto corso legale, proprio come le monete coniate dalla Zecca, e avrebbero potuto circolare con facilità, mentre la banca avrebbe aumentato l'offerta di moneta a beneficio di tutti – mercanti, consumatori e istituzioni dello Stato.

Un ottimo piano e, per giunta, presentato al momento opportuno.

Fino ad allora, il Banco della Piazza di Rialto poteva sostituire la moneta di Zecca con valuta bancaria ma non crearne di nuova, e mentre mercanti e consumatori spendevano valuta bancaria le monete restavano nei forzieri della banca; così facendo la quantità di moneta in circolazione rimaneva sostanzialmente immutata.

Il nuovo tipo di banca concepito da Vendramin, invece, avrebbe aumentato di molto la quantità di moneta circolante. Con più monete la Zecca avrebbe potuto comprare altro metallo e coniare di più, e tutta la nuova moneta – sia quella coniata dalla Zecca sia quella creata dalla banca – sarebbe andata nelle casse dello Stato, permettendo agli uffici pubblici di spendere sia la valuta bancaria sia le monete della Zecca. Vendramin suona come un keynesiano *ante litteram*.

Il Banco del Giro delle Biave

In realtà la proposta di Vendramin non era del tutto originale, il mercante si era ispirato a un precedente di successo. Nel 1607 a Venezia, quando la Guerra di Gradisca era ancora lontana, la moneta già scarseggiava e, nonostante questo, la vasta popolazione urbana – circa duecentomila abitanti – doveva essere rifornita di derrate alimentari. La responsabilità di assicurare i rifornimenti alimentari alla città lagunare era nelle mani di un'agenzia governativa, il Collegio delle Biave. Sette mercanti di grano avevano già venduto a credito al Collegio che, adesso, era fortemente indebitato nei loro confronti. I mercanti si rifiutavano di fornire altre partite di grano a credito. Chiunque facesse affari a Venezia accettava i debiti delle banche locali ma non quelli del Collegio delle Biave. Tutti i veneziani, infatti, sapevano perfettamente che la banca, con il supporto di riserve di monete, creava moneta di banco dai debiti dei propri clienti, ma il Collegio delle Biave non era una banca; dunque i suoi debiti non erano moneta.

Il Collegio delle Biave aveva sempre praticato un tipo di shadow banking accettando depositi e compensando debiti, ma questa trovata ingegnosa non funzionava più come in passato. I mercanti sostenevano di non poter pagare dipendenti, intermediari e lavoratori con i debiti del Collegio delle Biave, ma che invece avrebbero potuto farlo con moneta bancaria.

Per riuscire a usare i debiti come mezzo di pagamento, il Collegio delle Biave doveva avere una sua banca vera e propria e il Senato gliene sfornò una in tutta fretta: il Banco del Giro delle Biave, che creava moneta allo stesso modo delle banche private. Il Collegio delle Biave prometteva di pagare il Banco a beneficio del mercante che gli consegnava derrate e, a sua volta, il Banco prometteva di pagare il mercante. Le due promesse venivano iscritte nel registro e il mercante spendeva i debiti del Banco come fossero moneta di Zecca.

Il Banco aprì conti per ciascuno dei sette mercanti di grano, addebitando al Collegio delle Biave e accreditando ai mercanti quanto dovuto; a quel punto, con i debiti del Banco iscritti a registro, i mercanti potevano pagare dipendenti e fornitori. L'alchimia della banca aveva trasformato in moneta il debito del Collegio delle Biave che ora, grazie a quella trasformazione, poteva spendere quel debito consentendo ad altri di spendere dopo di lui, cosa che procurò un vantaggio all'intera società.

L'esperimento del Banco del Giro delle Biave fu un successo e l'istituzione rimase attiva per sette anni. I primi mercanti con le promesse del Banco avevano pagato lavoratori, soci e fornitori e questi avevano a loro volta fatto lo stesso. Quando il Banco chiuse, nel 1614, aveva centinaia di correntisti con conti per somme inferiori a dieci ducati. In quei sette anni, a Venezia non scarseggiò né cibo né moneta.

Vendramin proponeva di ripetere l'esperimento del Banco del Giro delle Biave, su larga scala e per sempre, così da aumentare l'offerta di moneta e aiutare le finanze della Repubblica. La banca di «nuovo tipo» avrebbe acquistato da Vendramin, con le proprie promesse, argento sufficiente a coniare 300.000 ducati. La moneta di banco così creata avrebbe circolato assieme alle monete coniate con l'argento di Vendramin. La maggior quantità sia di monete di zecca sia di moneta di banco avrebbe alleviato la penuria di mezzi di pagamento. Lo schema era un'elegante miscela di spirito pubblico e interesse personale. Per i senatori era la risposta a una preghiera.

Il Senato accettò i termini di Vendramin e ordinò alla Zecca e al Pien Collegio di procedere.

Pien Collegio: i supervisori

Venezia, come ogni altro Stato pienamente sviluppato, era governata da una vasta burocrazia e una pluralità di organismi.

Il Maggior Consiglio – l'assemblea generale dei nobili della città – era titolare del potere legislativo ed esecutivo. Dal 1293 l'appartenenza a questo corpo divenne ereditaria: solo i discendenti di coloro che sedevano in consiglio avrebbero potuto farne parte. Nel corso del tempo, per mancanza di eredi, il numero dei componenti diminuì, passando da duemilacinquecento a meno di duemila. Nonostante ciò, il Maggior Consiglio era ancora troppo grande per esercitare con efficacia tutti i suoi poteri, così si costituirono organi esecutivi ristretti sotto il suo diretto controllo. Dalla fine del XVI secolo, il Senato esercitava la maggior parte delle funzioni esecutive e legislative, ma anch'esso, composto da più di trecento membri, non riusciva a esercitare con efficacia il proprio potere.

Fu a fronte di queste necessità che nacque il Pien Collegio, uno dei più importanti organi esecutivi della Repubblica di Venezia.

Il Collegio, composto quindi da un numero ristretto di stagionati servitori dello Stato – esponenti di altri organi esecutivi e giudiziari –, arrivò ad accentrare la maggior parte delle funzioni proprie di un organo di governo. Era il soggetto ideale per supervisionare la banca ideata da Vendramin.

Il Banco Giro, una vera start-up

Come ogni start-up che si rispetti la nuova banca – il Banco Giro – nacque piccola, con solo due impiegati: il «depositario», vale a dire il custode ufficiale del registro, e il «giornalista», cioè colui che manualmente registrava le promesse, sia quelle del Banco sia quelle dei clienti.

I debiti del Banco, sotto forma di annotazioni nel libro contabile, potevano essere trasferiti da una persona all'altra, e il libro contabile era redatto in due copie: una conservata presso il Banco, e l'altra presso il Pien Collegio.

Il Pien Collegio ebbe un ruolo importante nello sviluppo del Banco. Era composto da uomini di Stato, di affari e di finanza, tutti perfettamente consapevoli dei vantaggi e dei rischi della valuta bancaria. Sapevano quanto la peculiare «alchimia della banca» avrebbe potuto essere utile allo Stato, dal momento che una banca in grado di trasformare il debito pubblico flottante in moneta aumentava la capacità di spesa degli uffici pubblici. Per secoli a Venezia i banchieri privati avevano creato moneta scambiando le loro promesse con quelle dei loro clienti, ma ora la nuova banca avrebbe creato moneta soltanto dalle promesse di pagamento degli organi statali. Il Pien Collegio non aveva idea di come i mercanti e i consumatori avrebbero accolto questo nuovo tipo di valuta bancaria e aveva tutte le intenzioni di tenere il Banco sotto stretto controllo. I suoi membri non avrebbero concesso a tutti gli uffici pubblici la licenza di creare moneta semplicemente indebitandosi con il Banco, perciò fu stabilito che solo alcuni uffici potessero farlo.

Una volta approvata la transazione, sia l'ufficio governativo sia il Banco dovevano seguire precise regole per creare e spendere la valuta bancaria. Per poter controllare che Banco e uffici pubblici si attenessero alle regole, il Pien Collegio deteneva una copia del libro contabile.

Un libro meraviglioso, una vera scoperta

Il decreto del 3 maggio 1619 istituì il Banco Giro e segnò l'inizio di un esperimento audace nella storia della banca e della finanza pubblica. L'esperimento fu duraturo: non sette anni come per il Banco del Giro delle Biave ma quasi *duecento anni*, fino alla caduta della Repubblica veneziana, nel 1797, per mano di Napoleone e degli eserciti degli Asburgo d'Austria.

Ovviamente, il modo migliore per comprendere come il Senato veneziano e il Pien Collegio siano riusciti a usare l'alchimia della banca a beneficio dello Stato per così tanti anni è quello di esaminare i registri del Banco. L'elenco delle transazioni tra organi dello Stato e Banco, e tra Banco e fornitori dello Stato, deve rivelare in che modo lo Stato beneficiava di questa peculiare alchimia, così come il ruolo giocato dal Banco nel finanziare i servizi pubblici. Quei registri sono documenti di grande valore.

Fortunatamente per noi, grazie al Pien Collegio uno di quei registri è sopravvissuto. I membri del Collegio erano pochi ma potevano contare su una burocrazia estesa e professionale che preparava le «carte», le sottoponeva al Collegio e ne annotava le decisioni. Questa enorme mole di documenti è conservata in un vecchio convento, il convento dei Frari, nel centro di Venezia, un magnifico complesso di chiostri e cortili che ora ospita un settore degli archivi di Stato. Al suo interno ci sono oltre settanta chilometri di scaffali che contengono leggi, regolamentazioni, testamenti, petizioni, brevetti, bolle di accompagnamento e documenti finanziari, compresi migliaia di contratti privati e pubblici, oltre ai registri del Pien Collegio. Questi documenti mostrano il funzionamento degli organi pubblici, delle aziende e dei privati cittadini di Venezia.

Io stesso ho studiato queste carte e, ribadisco, non sono un ricercatore di professione; sono un banchiere d'affari. Il mio lavoro consiste nel negoziare transazioni e nel finanziarle, tutto con scadenze rigide e ravvicinate. Al contrario, il lavoro di ricerca richiede di svolgere attività diverse e con un passo più lento; ore e ore di lavoro solitario negli archivi. Un'attività differente e che tuttavia mi affascina. Setacciare la documentazione di transazioni vecchie di secoli offre grandi soddisfazioni, perché – come i banchieri sanno bene – le transazioni non mentono; rivelano i veri obiettivi degli attori in gioco e il modo in cui ciascuno di essi cerchi di realizzarli, fino all'esito finale. Scavando in archivio si coglie il quadro d'insieme, e si può arrivare a scorgere la verità.

C'è da dire che frugare negli archivi non è semplice. Ci sono sempre discrepanze, lacune, documentazione incompleta. Gli archivi possono offrire risposte, certo, ma spesso si tengono stretti i loro segreti, e gli archivi di Stato veneziani non fanno eccezione. Ma ciò che essi ci rivelano sono la natura e i meccanismi della relazione tra il Banco Giro e la Repubblica di Venezia.

Conosciamo già le regole principali del Banco Giro. Sappiamo che la banca era gestita da un depositario che veniva eletto ogni tre mesi – la nuova elezione aveva questa frequenza perché il Senato voleva che nessun banchiere, nemmeno quelli pubblici, divenisse troppo potente. Al momento della nomina il nuovo depositario riceveva dal predecessore un piccolo registro che riassumeva la situazione della banca. Alcuni di questi registri si sono conservati e si trovano negli archivi. Sono delle rubriche lunghe e sottili, delle fotografie che ritraggono la situazione della banca al momento del cambio di vertice. Ci dicono quali obbligazioni la banca avesse nei confronti dei clienti e quante monete erano in cassa, ma non spiegano come facesse la banca a creare valuta bancaria né quali transazioni fossero ammesse e quali no. Per comprendere adeguatamente in che modo lo Stato sfruttava l'alchimia della banca avremmo bisogno di una descrizione delle transazioni; per capire quanto e come il Banco supportava la Repubblica dovremmo analizzare il registro, il libro mastro.

Ricorderete che il depositario doveva tenere due copie del registro: una per il Banco e l'altra per il Pien Collegio. La maggior parte della documentazione del Banco Giro è andata perduta, rubata o distrutta, quando Venezia venne conquistata e saccheggiata da Napoleone e dalle forze degli Asburgo, nel 1797. Perciò, la raccolta degli atti del Pien Collegio rappresenta la nostra migliore speranza per capire come funzionava veramente il Banco Giro e in che modo lo Stato e la società veneziana ne traevano vantaggio.

Sapevo esattamente cosa cercare negli archivi di Stato: i registri bancari depositati al Pien Collegio. Il personale dell'archivio incoraggiava e sosteneva le mie ricerche, eppure non riuscivamo a trovare niente. In tutta la documentazione del Pien Collegio – centinaia di cartelle piene di documenti di inestimabile valore – non se ne trovava traccia. Ho continuato a cercare e cercare, alla fine, la sorte mi ha sorriso. Archiviato – o meglio, *erroneamente* archiviato, dato che si celava nel contenitore sbagliato – c'era il solo e unico registro del Banco Giro che sembra essere sopravvissuto fino a noi. E il caso ha voluto che fosse il libro contabile del primo semestre di attività del Banco, con annotazioni che vanno dal maggio del 1619 fino al gennaio del 1620. Una scoperta incredibile, forse il documento più affascinante che io abbia mai studiato.

Il registro ha un aspetto elegante, rilegato in pelle e diviso in nove sezioni. Le transazioni del Banco sono annotate in bella calligrafia, chiara e leggibile. La prima sezione ripete, parola per parola, il decreto del Senato che istituì il Banco Giro e descrive con minuzia la procedura che la banca doveva seguire per creare moneta bancaria. L'ultima sezione riassume debiti, crediti e moneta sonante in cassa al gennaio 1620. Il materiale più interessante si trova nei restanti sette capitoli.

Ciascuno di essi elenca tutte le transazioni effettuate nel secondo semestre del 1619 tra un particolare ente governativo, i suoi fornitori e il Banco Giro. A separare i sette capitoli ci sono delle etichette di smalto, su ciascuna delle quali è inciso il nome dell'agenzia governativa autorizzata a indebitarsi con il Banco; il capitolo poi descrive in dettaglio le transazioni tra quell'agenzia, i suoi fornitori e il Banco. Ogni transazione in cui la banca ha creato moneta a beneficio di un'istituzione è minuziosamente annotata. Naturalmente, ciò che avveniva della moneta bancaria una volta creata dal Banco resta un mistero; ma è la transazione originaria tra agenzia governativa, Banco e fornitore che spiega come facesse la banca a creare moneta a beneficio dello Stato.

Regole e regolamentazioni

La prima registrazione sul libro mastro riguarda la vendita dell'argento di Vendramin alla Zecca. Questa transazione – quella che ha fatto nascere il Banco – illustra perfettamente come il Pien Collegio controllasse che il Banco si attenesse al principio fondamentale dell'attività bancaria: i libri devono sempre essere in pareggio.

La Zecca decise di acquistare l'argento di Vendramin in quattro rate da 150.000 ducati ciascuna. La prima di queste transazioni avvenne il 3 giugno 1619, nel momento in cui il Banco spalancò le sue porte. Vendramin consegnò alla Zecca argento per un valore di 150.000 ducati e questa lo compensò con oro per 100.000 ducati e con una registrazione di un debito della banca per 50.000 ducati in favore di Vendramin sul registro del Banco. Di fatto il Banco *creò* 50.000 ducati e li mise a disposizione della Zecca proprio come i banchieri privati avevano fatto per secoli. La valuta bancaria non è altro che un debito della banca, la sua promessa di pagamento. Ma se è vero – e lo è – che il registro deve essere sempre in pareggio, la banca prima di indebitarsi deve acquisire crediti per un valore uguale al debito che emetterà. E quali sono i principali asset di una banca? Le promesse di pagamento dei clienti.

La Zecca fu, quindi, il primo cliente del Banco, e il suo debito di 50.000 ducati fu il primo asset della banca.

Questa è la prima transazione del Banco Giro. Nelle annotazioni il giornalista addebita la Zecca e accredita il Banco per 50.000 ducati. Il Banco poi promette questa cifra a Vendramin. Così, con il registro in pareggio, il Banco ha *creato* 50.000 ducati che Vendramin può spendere.

Sono in molti a trarre vantaggio da questo scambio di obbligazioni tra Zecca, Banco e Vendramin: in primo luogo, ovviamente, lo Stato e Vendramin; ma presto i 50.000 ducati si distribuiscono tra i mercanti e i consumatori. Inoltre, le monete coniate con l'argento di Vendramin aumentano l'offerta di moneta in circolazione, di cui c'era grande necessità.

Sul registro contabile l'alchimia della banca è riportata in modo molto dettagliato: una transazione che richiederebbe soltanto qualche riga occupa più di due pagine manoscritte. Questa cura nella descrizione non serve a ostentare l'abilità del giornalista amanuense, ma a creare fiducia nel Banco Giro. Chiunque può vedere come sia stata creata la valuta bancaria e come le reciproche promesse di pagamento siano in perfetto equilibrio. Mercanti, uomini d'affari e consumatori possono verificare che il nuovo Banco crea moneta esattamente come avevano fatto per secoli le banche private, e così possono anche fidarsi della valuta del nuovo banco tanto quanto si fidavano di quella dei suoi predecessori. O forse anche di più, dato che gli asset del Banco sono debito della Repubblica, autorizzato e gestito dal Pien Collegio.

Rimane solo un *piccolo* ostacolo. Le promesse delle banche hanno il medesimo potere d'acquisto delle monete solo perché chi le riceve può, a richiesta, scambiarle con moneta sonante.

Ma il Banco Giro non iniziò le proprie attività con depositi di moneta di Zecca – come fecero, per esempio, gli orefici-banchieri inglesi o la Banca di Amsterdam. Nelle sue casse non vi erano monete di Zecca con cui scambiare le proprie obbligazioni. Se i clienti che volevano monete di Zecca non avessero potuto riceverle dal Banco, avrebbero finito con il *vendere* su mercato libero – a un prezzo ribassato – le registrazioni presenti nel libro del Banco, ma così facendo la valuta del Banco avrebbe perso potere d'acquisto.

Cosa fece, allora, il Pien Collegio? Ordinò alla Zecca di trasferire al Banco parte delle monete che erano state coniate con l'argento acquistato da Vendramin.

Quando questa riserva fu esaurita la Zecca, mensilmente, ricostruiva la riserva del Banco Giro. Ciò significava che il Banco con i debiti della Zecca come asset e con una piccola riserva di monete sonanti poteva trasformare il debito pubblico flottante in moneta in maniera ordinata e affidabile.

Il registro del Banco era aperto.

Eleganti cannoni

La seconda registrazione nel libro mastro – datata 5 giugno – è riservata alle transazioni tra la banca e il Collegio delle Biave e mostra come lo Stato sia riuscito a utilizzare le promesse del Banco per rifornire di derrate alimentari la vasta area metropolitana di Venezia, insieme agli equipaggi delle sue numerose navi.

La terza transazione registrata è probabilmente più interessante: documenta gli scambi di promesse tra il

Banco Giro e l'Ufficio delle Artiglierie. Pezzi d'artiglieria prodotti dalla Repubblica di Venezia si ammirano oggi in molte città sparse in tutto il Mediterraneo. I cannoni veneziani, perlopiù in bronzo, lucidi ed eleganti oltre che potenti, abbelliscono vecchie fortezze e musei locali; sono autentiche opere d'arte, quasi più sculture che armi. Ma, a quell'epoca, erano l'artiglieria più avanzata e letale, essenziale per la sopravvivenza della Repubblica. Venezia combatteva da sempre: era stata impegnata in guerre quasi ininterrottamente, dalle origini fino alla caduta, nel 1797, e i suoi nemici erano sempre numericamente superiori. Eppure, questi magnifici cannoni erano in grado di colmare lo squilibrio delle forze in campo.

Venezia iniziò presto ad armarsi di pezzi d'artiglieria, a partire dal 1378. La Repubblica dedicò energia e risorse alla progettazione e alla produzione di armi da fuoco: creare i cannoni più potenti e letali era una priorità assoluta per lo Stato, e l'Ufficio delle Artiglierie fu incaricato di progettare e fornire i cannoni sia alle forze armate dello Stato sia ai vascelli privati. E naturalmente nel 1619, con la fondazione del Banco Giro, anche l'Ufficio delle Artiglierie ottenne una propria sezione nel registro del Banco.

L'Ufficio delle Artiglierie ne approfittò subito, e il 13 luglio il Senato gli concesse l'autorizzazione di pagare un certo Pietro de Voghet, un mercante fiammingo, con i debiti del Banco Giro. Perché? All'inizio del XVII secolo i cannoni veneziani erano ancora di bronzo, più costosi di quelli di ferro ma con prestazioni nettamente superiori. Per produrre artiglieria di bronzo era necessario avere rame di qualità e il migliore si vendeva ad Anversa. L'Ufficio delle Artiglierie aveva creato e mantenuto una rete di affidabili fornitori di rame fiamminghi e, all'inizio del Seicento, Pietro de Voghet era uno dei più importanti. Nel luglio del 1619 De Voghet consegnò all'Ufficio delle Artiglierie una partita di rame di alta qualità del valore di 12.000 ducati, chiedendo un pagamento immediato.

La Repubblica aveva bisogno di Pietro, occorreva accontentarlo e pagare subito.

Il 13 luglio il Senato autorizzò l'Ufficio delle Artiglierie a indebitarsi con il Banco in favore di Pietro. La procedura seguita per trasformare il credito di Pietro in valuta bancaria fu diversa da quelle delle due precedenti transazioni, perché in questo caso la Zecca non venne coinvolta. Le cose andarono così: il Banco addebitò alle Artiglierie i 12.000 ducati e poi li promise a Pietro de Voghet, con il chiaro intento da parte di Senato e Pien Collegio di dare all'Ufficio delle Artiglierie il potere di creare valuta bancaria senza il controllo della Zecca.

La prassi si estese. Il Senato autorizzò quattro organi statali a indebitarsi con i fornitori e a pagare questi debiti con valuta bancaria creata *ad hoc* dal Banco. Senza il coinvolgimento della Zecca, il controllo centrale sulla creazione di moneta bancaria si affievoliva e gli enti pubblici trasformavano con maggiore libertà il debito in valuta bancaria. Allo stesso tempo, il Banco Giro creava sempre più moneta con il debito pubblico a breve.

Una flotta moderna

Ma c'è di più. Trasformare debito pubblico in moneta non permise solo alla Repubblica di acquistare argento, pane e qualche bel cannone come se avesse usato oro coniato dalla Zecca, ma consentì ai veneziani di dotarsi di una flotta moderna.

Nella Repubblica di Venezia a gestire la marina – militare e mercantile – erano due uffici statali. L'Arsenale costruiva le navi e l'Armamento le equipaggiava. Nei primi sei mesi della propria attività, il Banco Giro creò moneta di banco per entrambi: le transazioni tra l'Armamento e il Banco Giro occupano la quinta sezione del libro contabile, e sono di gran lunga le più numerose e più complesse tra quelle registrate. La cantieristica era una delle industrie fondamentali per il benessere e la sopravvivenza della Repubblica, ed era importante quanto la produzione di artiglieria, se non addirittura di più. Creare moneta per dotare la Repubblica di navi moderne era una delle priorità del Banco.

All'epoca la cantieristica veneziana viveva un momento difficile: le nuove rotte oceaniche avevano sconvolto il commercio marittimo e, di conseguenza, il volume delle merci scambiate attraverso le rotte mediterranee era diminuito. Il mercato delle spezie subì un colpo particolarmente duro. Tutto ciò portò alla contrazione della ricchezza di Venezia, e la Repubblica divenne più vulnerabile. Le rotte oceaniche non rivoluzionarono solo il commercio ma anche la tecnologia navale, dato che per attraversare gli oceani erano necessari nuovi tipi di navi. I vascelli progettati per i nuovi viaggi transatlantici erano più imponenti e più veloci di quelli impiegati nel Mediterraneo. Su quelle rotte, grandi navi dallo scafo arrotondato e dalle vele quadrate risultavano più efficienti: trasportavano un carico maggiore e un maggior numero di cannoni su distanze lunghissime. La marina veneziana, tanto per il commercio quanto per le battaglie navali, impiegava ancora galee di stazza più piccola, vascelli spinti da remi e con velature ridotte e meno efficienti. Le nuove navi, perlopiù inglesi e olandesi, si spostarono anche a sud facendo concorrenza alle galee veneziane sia lungo le tradizionali rotte commerciali mediterranee, sia in guerra.

La Repubblica non possedeva la tecnologia, i capitali e la manodopera che servivano per dotarsi rapidamente di navi capaci di solcare gli oceani, ma le nuove navi a scafo rotondo erano nettamente migliori dei vascelli che venivano prodotti nei cantieri di Stato, e minacciavano la potenza e il commercio marittimo di Venezia nel Mediterraneo e sugli altri mari. Aspettare era impossibile: la potenza marittima veneziana rischiava di essere sopraffatta. La Repubblica aveva bisogno di queste navi per il commercio e per la difesa, e ne aveva bisogno con urgenza.

Il mercato offrì una soluzione. Gli armatori e i comandanti di queste navi erano disposti a mettersi al servizio della Repubblica, ma si trattava di un'operazione costosa, oltre al fatto che i vascelli dovevano essere noleggiati in Inghilterra e in Olanda attraverso dei trasferimenti di moneta. Il governo veneziano decise di usare la valuta bancaria per risparmiare le sue preziose monete di Zecca, solo che noleggiare navi in Olanda e in Inghilterra e pagarle a Venezia con registrazioni nel libro mastro del Banco Giro presentava rischi e difficoltà. Rischi e difficoltà che la Repubblica riuscì a superare combinando l'uso della moneta bancaria con quello delle lettere di cambio.

I dettagli di queste operazioni sono affascinanti. Funzionava così: in Olanda e in Inghilterra c'erano sindacati di mercanti e finanzieri che, a loro spese e a nome della Repubblica, ingaggiavano gli equipaggi e noleggiavano le navi. Agenti veneziani a L'Aia e a Londra consegnavano a questi sindacati lettere di cambio pagabili presso il Banco Giro, in modo che i debiti contratti in Olanda e Inghilterra potessero essere saldati a Venezia senza dover ricorrere alla moneta di Zecca. Il Banco accreditava sul proprio registro l'importo delle lettere di cambio in favore dei finanzieri, e questi potevano poi utilizzare i debiti del Banco a proprio piacimento. La sezione dedicata all'Armamento nel libro contabile del Banco elenca un gran numero di operazioni simili. Il consorzio guidato da un certo Melchior Neirot, un uomo d'affari fiammingo, era particolarmente attivo e accumulò crediti consistenti presso la banca veneziana; e un tale Rodolfo Limes, londinese, non era da meno. In Inghilterra, Limes aveva noleggiato sei navi a nome della Repubblica di Venezia. Pagò i proprietari, il capitano e gli equipaggi, e il 16 luglio ricevette dagli agenti veneziani una lettera di cambio del valore di 8000 ducati, pagabili a Venezia presso il Banco Giro. Successivamente Limes, o un suo agente, andò a Venezia e presentò la lettera al Banco per l'incasso. Ma – come sappiamo – il Banco Giro non poteva creare moneta senza prima avere gli asset equivalenti: se lo avesse fatto avrebbe violato una delle regole cardine del *banking* – il pareggio del registro. Perciò la banca prima addebita gli 8000 ducati all'Armamento, poi si indebita per una cifra uguale nei confronti di Limes che, a sua volta, deposita la lettera di cambio.

Lo Stato prima contrae un debito – a Londra o Amsterdam – con finanzieri privati, e poi lo salda a Venezia con moneta bancaria creata dal debito a breve dell'Armamento: queste operazioni, con mezzi di pagamento diversi e in varie valute, costituiscono probabilmente le transazioni finanziarie più complesse dell'epoca. La Repubblica di Venezia combinava lettere di cambio e valuta bancaria creata dal Banco Giro per aumentare il potere d'acquisto di organi chiave dello Stato, e così facendo era in grado di procurarsi beni e servizi di cui aveva necessità senza dover coniare ed esportare oro o argento. Le annotazioni sul libro contabile ci permettono di seguire passo dopo passo come queste operazioni erano strutturate ed eseguite.

Queste transazioni assunsero un'importanza tale, nella vita della Repubblica veneziana, che nel 1623 divenne obbligatorio pagare le lettere di cambio con la valuta bancaria del Banco Giro.

È difficile sopravvalutare l'importanza di queste transazioni per una Repubblica marinara come Venezia. Un esempio chiarisce il punto. Nel 1645 l'impero ottomano invase Candia, un importante possedimento veneziano nel Mediterraneo Sudorientale. Tutti si aspettavano che la guerra sarebbe stata breve, data la schiacciante superiorità di uomini, navi e armi dell'impero ottomano.

Anche la logistica giocava contro Venezia: Candia distava milleottocento chilometri dalla Repubblica. I combattimenti si protrassero per oltre venticinque anni, più di un quarto di secolo, e i costi furono astronomici per entrambe le parti: gli studiosi hanno calcolato che per Venezia il costo complessivo della guerra di Candia fu pari a circa centoventicinque milioni di ducati. Le entrate annuali della Repubblica non erano in grado di far fronte a simili spese, era dunque necessario ricorrere al debito e lasciare che il Banco Giro lo trasformasse in valuta bancaria, ma perché il Banco potesse creare più moneta il Senato emanò migliaia di decreti: licenze – letterali e metaforiche – di stampare moneta.

I debiti del Banco Giro non furono usati soltanto per far fronte alle spese di guerra; anche medicine, pane e beni di prima necessità venivano acquistati all'estero e pagati con lettere di cambio poi saldate presso il Banco. Lo stesso valse per le pensioni statali di soldati, marinai e funzionari che prestavano servizio per lo Stato all'estero – tanto in periodo di guerra quanto di pace – che venivano pagate con lettere saldate con valuta bancaria. Per lo Stato, combinare moneta del Banco e lettere di cambio – come si era fatto per gli affari tra l'Armamento e Rodolfo Limes – divenne indispensabile.

L'ultimo capitolo del libro mastro

L'ultima sezione del registro conservato dal Collegio fa una specie di bilancio dei primi sei mesi del Banco Giro: i suoi debiti, i suoi asset – le promesse degli uffici statali – e la moneta sonante ricevuta dalla Zecca. Queste annotazioni ci permettono di valutare *complessivamente* il contributo della banca al potere d'acquisto dello Stato veneziano e alla quantità di moneta circolante.

Il registro mostra che nei primi sette mesi di attività il Banco Giro emise debiti – vale a dire che creò moneta bancaria – per un valore di 780.000 ducati. Naturalmente gli asset erano di ugual valore. Ma, vale la pena ricordarlo ancora una volta, gli asset del Banco Giro erano solo le promesse di pagamento dei quattro enti pubblici: la Zecca, l'Ufficio delle Artiglierie, il Collegio delle Biave e l'Armamento. Queste promesse non portavano monete nelle casse del Banco. Per dare liquidità ai debiti del Banco, la Zecca depositò nelle sue casse monete per un valore di 130.000 ducati. Questo significa che lo Stato ottenne un immediato potere d'acquisto per un valore di 780.000 ducati al costo di 130.000 ducati in monete d'oro e d'argento: tutt'altro che un cattivo affare che giovò non solo alla Repubblica, ma anche a mercanti e consumatori. L'esperimento del Banco Giro ebbe un successo istantaneo: le registrazioni nel suo libro mastro crearono rapidamente più mezzi di pagamento di quanti la Zecca riuscì a coniarne con l'argento di Zuane Vendramin.

Naturalmente, questa improvvisa espansione del potere d'acquisto ebbe delle conseguenze: il sistema monetario della Repubblica divenne in un batter d'occhio molto più complesso. Tale sistema si componeva di due mezzi di pagamento: le monete sonanti e la valuta bancaria creata esclusivamente dal debito pubblico. Tuttavia, lo Stato poteva trarre pieno beneficio dall'alchimia del Banco solo a patto che la valuta bancaria avesse lo stesso potere d'acquisto delle monete. Perciò a Venezia tutti si chiedevano, per ogni tipo di moneta, quale fosse esattamente il suo potere d'acquisto.

Moneta di Zecca, moneta corrente, moneta di Banco

Un sistema monetario di monete coniate dalla Zecca ha una debolezza innata. Per citare le parole di Sir Robert Cotton, incaricato nel 1626 da Carlo I d'Inghilterra di porre ordine nella moneta inglese: «Le monete d'oro e d'argento sono – allo stesso tempo – due cose diverse. Sono *commodities*, merce. Ma sono anche misura del prezzo di tutte le cose. Nel secondo caso il loro valore è estrinseco, e come tutte le unità di misura è fissato dal re. Nel primo caso il loro valore è intrinseco, e questo lo stabilisce il mercato».[5]

Sir Cotton sintetizza con eleganza e parsimonia il problema fondamentale della moneta di Zecca. Le monete con l'usura perdono peso, e lo Stato a volte riduce il loro contenuto di metallo prezioso senza cambiarne il valore estrinseco. Re e mercanti – o senatori veneziani e mercanti – molto spesso dissentono sul valore della moneta di Zecca. E quando il valore intrinseco diverge da quello estrinseco il commercio diventa difficile e così anche la vita di tutti i giorni, perché consumatori e cittadini perdono la fiducia nella moneta e nel re: esattamente il problema con cui aveva a che fare Carlo I.

Fortunatamente, i senatori veneziani erano uomini estremamente pragmatici e avevano escogitato un modo per rimediare alla confusione monetaria indotta dalla differenza tra il valore intrinseco e quello estrinseco della moneta. Venezia aveva non una sola valuta ma due: la moneta *di Zecca* e la moneta *corrente*. Solo le monete coniate a Venezia da pezzi d'oro e d'argento di buon peso ed elevata purezza erano «moneta di Zecca»: lo *zecchino* – 3,545 grammi di oro puro – era la moneta di Zecca per antonomasia. Naturalmente esistevano anche «monete di Zecca» d'argento, di buon peso.

La «moneta corrente», invece, era costituita da tutte le altre monete: consunte, usurate, scheggiate; monete con una minore quantità di metallo prezioso.

La differenza di corso legale di questi due tipi di moneta era stabilita per legge. La moneta di Zecca aveva come corso il valore dato dalla Zecca stessa, mentre la moneta corrente valeva il venti per cento in meno.

Questa soluzione può sembrare piuttosto bizzarra e convoluta ma nella pratica funzionava bene. Un debito di cento ducati in moneta di Zecca poteva essere saldato legalmente sia con cento ducati in monete di Zecca sia con centoventi ducati in moneta corrente. Debitori e creditori non dovevano pesare ogni pezzo d'oro e d'argento per stabilire il suo valore.

La moneta bancaria aveva lo stesso valore della moneta di Zecca. Questo era perfettamente ragionevole fino a quando l'unica banca pubblica era il Banco della Piazza di Rialto, e ogni suo debito era coperto da moneta di Zecca di ugual valore. Ma a partire dal 1619, con il Banco Giro, la moneta bancaria creata esclusivamente dal debito pubblico assunse un valore del venti per cento superiore a quello delle monete correnti: l'alchimia della banca aveva assegnato al debito pubblico lo stesso potere d'acquisto delle monete d'oro e d'argento appena coniate.

Ma affinché la moneta di Banco abbia il potere d'acquisto dei pezzi della Zecca non è sufficiente che sul libro contabile i debiti e i crediti si bilancino a vicenda: occorre anche che il Banco, a richiesta, possa convertire le proprie promesse in moneta di Zecca.

Facile per il Banco della Piazza di Rialto ma non altrettanto per il Banco Giro, che in cassa aveva una quantità limitata di monete. L'eccessiva quantità di moneta bancaria – o la scarsità di monete di Zecca nelle casse del Banco – poteva annullare il venti per cento di premio della moneta di Banco e ridurre il potere d'acquisto del debito pubblico.

Arbitraggi

Anche chi ha soltanto una conoscenza superficiale dei principi e della pratica dell'arbitraggio è in grado di indovinare quel che accadde in seguito. I veneziani erano arbitraggisti consumati. Commerciavano in molti mercati con valute diverse. Dove il valore intrinseco ed estrinseco della stessa moneta divergevano, i mercanti sfruttavano queste differenze a proprio vantaggio – compravano monete dal valore estrinseco inferiore a quello intrinseco e le rivendevano dove il valore del metallo era più alto. Classico arbitraggio.

E potevano fare lo stesso a casa propria.

Una valuta con tre tipi diversi di moneta (moneta corrente, moneta di Zecca *e* moneta bancaria) offriva grandi opportunità di arbitraggio, e una moneta di Banco sostenuta da una scarsa riserva di monete di Zecca era particolarmente vulnerabile alle speculazioni degli arbitraggisti veneziani.

Se i creditori degli enti pubblici ricevevano più valuta di Banco di quella che potevano spendere, e se il Banco non era in grado di cambiare la valuta eccedente in moneta di Zecca, i creditori la vendevano sul mercato in cambio di moneta corrente. In questo modo gli arbitraggisti si arricchivano ma il premio scendeva e lo Stato si impoveriva.

Gli anni buoni

Nel 1619 l'esperimento del Banco Giro era partito con il botto: le sue promesse di pagamento superarono presto i 500.000 ducati. Preoccupato dal rapido incremento della moneta di banco e dalla minaccia dell'arbitraggio, il Senato, con un decreto, impose subito un tetto di 500.000 ducati sul debito del Banco Giro. Il decreto all'inizio diede buoni risultati. Il prezzo della moneta bancaria rimase vicino al corso ufficiale delle monete d'oro e d'argento di nuova coniazione più o meno fino al 1623. In seguito, però, le varie agenzie spinsero il Senato ad autorizzare che si indebitassero sempre più con il Banco Giro. Così facendo la spesa pubblica iniziò ad aumentare fuori da ogni controllo, come pure la moneta bancaria. Troppo debito pubblico a breve e troppa moneta bancaria minacciavano l'aggio della moneta di Banco.

Decisi a difendere la moneta di Banco, il Senato e il Pien Collegio aumentarono i trasferimenti di monete di Zecca al Banco, ma ciò non fu sufficiente e le promesse dei banchieri sembravano destinate a perdere in modo permanente il loro venti per cento di premio. Ma tanto il Senato quanto il Pien Collegio erano popolati da finanzieri esperti che cambiarono tattica: le tasse e i dazi doganali divennero pagabili in valuta bancaria. Per un po' le cose migliorarono, ma la valuta di Banco riprese a essere venduta a sconto rispetto a quella di Zecca. Lo Stato iniziò ad accettare prestiti metà in moneta di Zecca e metà in valuta di Banco. A quel tempo i prestiti pubblici erano arrivati a rendere il sette per cento all'anno: prestare moneta bancaria indesiderata allo Stato era un affare nettamente migliore rispetto al venderla in cambio di monete correnti. Questa scelta rafforzò la valuta di Banco per un po' ma non a lungo.

Attorno al 1630 i debiti del Banco Giro avevano raggiunto la cifra esorbitante di 2,6 milioni di ducati e la moneta bancaria era regolarmente scambiata sul mercato con monete correnti, a sconto sulla moneta di Zecca. L'eccessivo debito degli uffici pubblici verso il Banco aveva messo in circolazione troppa valuta di Banco e la Zecca non era in grado di fornirgli una quantità sufficiente di monete per garantire la liquidità al corso legale. Tutto il grandioso esperimento della banca *di nuovo tipo* rischiava di naufragare.

Il Senato non stette a guardare e decise di tirare il freno, stabilizzando con un decreto il volume della passività del Banco poco al di sotto di un milione di ducati. Ma – come sempre e ovunque – i dipartimenti governativi avevano necessità di spendere di più e, come già in passato, fecero pressione finché il Banco Giro riprese ad abbondare in promesse. Nel 1643 il Senato, in un atto disperato, proibì al Banco Giro di scambiare la moneta di banco con qualsiasi tipo di moneta, corrente o di Zecca. Il corso della valuta di banco crollò e, con esso, anche il potere d'acquisto degli organi dello Stato.

Senato e il Pien Collegio fecero una pausa, presero un profondo respiro e riesaminarono da cima a fondo l'intero sistema di banche e monete.

Dal 1619 al 1637 la Repubblica di Venezia si era avvalsa del privilegio di avere non una ma due banche pubbliche, il Banco Giro e il Banco della Piazza di Rialto. Il secondo, non dimentichiamolo, era una banca di deposito: creava moneta di banco indebitandosi sul registro con i clienti che depositavano monete sonanti. Il Banco della Piazza di Rialto non poteva produrre valuta di banco in eccesso rispetto alle monete sonanti che aveva nelle proprie casse: per ogni promessa di pagamento che faceva a un cliente doveva avere in cassa l'equivalente (o quasi) in moneta di Zecca. Il Banco Giro, al contrario, era una banca che creava moneta esclusivamente scambiando – e annotando sul proprio registro – debito pubblico a breve con debito bancario: questo sistema bancario aveva funzionato bene per un po', ma l'eccesso di debito pubblico a breve iscritto nel registro del Giro lo aveva messo in crisi.

Fu a questo punto che il Senato iniziò un cambio di direzione.

Nel 1637 il Banco della Piazza di Rialto venne chiuso, lasciando così che il Banco Giro fosse la sola istituzione veneziana che creava valuta bancaria. All'inizio i privati non potevano depositare moneta di Zecca e il Banco Giro continuò semplicemente a produrre moneta di banco dal debito a breve delle agenzie statali, con la conseguente perdita di valore della valuta di Banco.

Nel 1666 il Senato veneziano e il Pien Collegio conclusero che nemmeno il nuovo sistema funzionava. Si convinsero che il solo modo per mantenere il venti per cento di aggio della valuta di banco era che il Banco Giro creasse moneta non solo scambiando debito pubblico con debito bancario, ma anche scambiando debito bancario con le monete di Zecca e le promesse di mercanti e consumatori. Così, per la prima volta, fu permesso a individui e imprese di depositare monete e scambiare debiti presso il Banco Giro. Moneta sonante e debiti di privati affluirono nel Banco Giro e presso di esso fu di nuovo possibile convertire la valuta bancaria in moneta di Zecca. Lo sconto della valuta di banco sulla moneta di Zecca diminuì per poi scomparire del tutto.

Ora il Banco Giro produceva moneta di banco dal debito pubblico fluttuante, dalle obbligazioni private e dai depositi delle agenzie statali, dei singoli individui e delle imprese. Gli asset erano costituiti da una combinazione di debiti privati e pubblici, e le monete di Zecca depositate da mercanti e consumatori davano liquidità alle promesse del Banco. Le scelte di consumatori, mercanti, imprese e Stato determinavano l'offerta di valuta di banco.

Il Banco Giro era diventata una bestia completamente diversa da quella originariamente concepita dall'intraprendente Zuane Vendramin: ora era una banca di deposito *e* di emissione che forniva i propri servizi non solo allo Stato ma anche a imprese e individui. In questa nuova forma, operò come unica banca pubblica veneziana fino a quando, nel 1797, Napoleone pose fine alla Repubblica di Venezia: un incredibile record di longevità.

L'esempio veneziano: grande a dispetto

Pur con tutti gli alti e bassi, e malgrado le emergenze cui furono esposti la Repubblica di Venezia e il Banco Giro, l'esperimento bancario veneziano può essere considerato un successo. In parte come conseguenza della guerra e in parte ispirandosi alla proposta innovativa di Vendramin – commerciante di metalli preziosi, cittadino leale, coscienzioso e scaltro uomo d'affari – la leadership veneziana riuscì a far sì che per tutto il XVII e il XVIII secolo l'alchimia della banca supportasse lo Stato. La sola copia del registro del Banco Giro giunta fino a noi, rimasta a lungo celata negli archivi di Stato, mostra esattamente come funzionava il meccanismo. Un documento straordinario che svela in dettaglio, caso per caso, il modo in cui nei primi sei mesi di vita il Banco creasse valuta bancaria a beneficio di alcuni organi della Repubblica.

Fu un esperimento coraggioso, un'impresa straordinaria che molti innovatori in altri Paesi osservarono da vicino. Nel 1753 Federico II di Prussia, per esempio, decise di fondare una banca pubblica. Federico II era un uomo al quale piaceva studiare i problemi e risolverli in prima persona; per farlo, contava molto sulla sua vasta rete di contatti a cui chiedeva informazioni e aiuto. Uno di essi era Hugo Streit, un banchiere tedesco attivo a Venezia. Il 23 marzo del 1753 Federico II scrisse a Streit per chiedere che gli mandasse un mercante veneziano che avesse buona conoscenza del funzionamento del Banco Giro: il re voleva incontrare qualcuno che insegnasse a lui stesso e ai suoi consiglieri come fare per trasformare in moneta il debito a breve dello Stato. In quel periodo il direttore della Zecca prussiana stava preparando un editto reale per fondare a Berlino la propria «Banca Reale di Giro e Cambio», e a questo proposito Federico II era convinto che l'esperimento veneziano potesse tornargli utile. Anni dopo Barthold Georg Niebuhr, egli stesso banchiere oltre che uno dei primi grandi studiosi del sistema bancario, in uno scritto del 1854 sottolinea il ruolo giocato dagli esperti italiani e olandesi nel mettere a punto il progetto prussiano. Niebuhr fa anche notare le somiglianze tra lo statuto della nuova banca e quelli delle banche – la veneziana e l'olandese – che l'avevano preceduta: l'obbligo per i mercanti di pagare le lettere di cambio al Banco e l'uso di una valuta speciale come la moneta bancaria. La Prussia imparò da Venezia.

Nel mondo delle banche, le lezioni imparate con fatica e sacrificio sono degne di essere tenute bene a mente. Per tornare in *Morte a Venezia*, mentre abbandoniamo la città vale la pena di notare che Thomas Mann accredita ad Aschenbach un'intuizione che si applica a ogni grande impresa, sia essa artistica, letteraria e persino finanziaria: «Quasi tutto ciò che esiste di grande esiste a dispetto: a dispetto di crucci e tormenti, nonostante la miseria, l'abbandono, la debolezza fisica, i vizi, le passioni e ogni sorta di ostacoli».[6]

Capitolo terzo
I tally inglesi: promesse documentali

> Tutto il denaro, propriamente detto, è un riconoscimento di debito; ma in quanto tale, può essere considerato come rappresentante del lavoro e della proprietà del creditore, oppure dell'ozio e della penuria del debitore. L'intricata complessità della questione è stata molto accresciuta dall'uso (finora necessario) di beni commerciabili, come l'oro, l'argento, il sale, le conchiglie, ecc. per dare valore intrinseco o sicurezza alla moneta; ma la definizione finale e migliore del denaro è che si tratta di una promessa documentale ratificata e garantita dalla nazione di dare o trovare una certa quantità di lavoro su richiesta.
>
> John Ruskin, *Fino all'ultimo*[1]

Un tally è un legnetto, un osso, un pezzo d'avorio: un manufatto qualsiasi che contiene informazioni. I tally più antichi risalgono addirittura al Paleolitico: l'osso di Lebombo, trovato sui monti omonimi in Africa Meridionale e datato circa al 44.000 a.C.; l'osso di Ishango, un perone di babbuino proveniente dalla Repubblica Democratica del Congo del 20.000 a.C.; il cosiddetto «osso di Lupo», scoperto in Cecoslovacchia nel corso di scavi effettuati a Věstonice, in Moravia, negli anni

Trenta del XX secolo, risalente a circa 30.000 anni fa. Questi manufatti – su cui sono state incise tacche e simboli – hanno registrato informazioni e dati, li hanno mantenuti e li hanno fatti circolare, diventando importanti documenti storici.

In Inghilterra, a partire più o meno dal XII secolo e per più di seicento anni, i tally servirono allo Scacchiere per riscuotere le imposte e per finanziarsi. Studiare questi singolari strumenti di finanza pubblica aiuta a capire non solo il contenuto delle transazioni ma anche lo sviluppo del sistema bancario inglese, il suo rapporto con lo Stato e l'evoluzione della moneta nazionale.

I tally – in legno di salice o nocciolo – registravano i dati principali di una transazione finanziaria. Su entrambi i lati di un legnetto si scrivevano i nomi delle parti, l'oggetto della transazione, la data in cui essa avveniva e si incidevano tacche le cui diverse misure indicavano diverse monete – come le sterline, gli scellini e i pence. Quelle tacche rappresentavano il valore monetario della transazione. Poi si divideva il legnetto in due parti, nel senso della lunghezza, creando due estremità uniche che avrebbero combaciato perfettamente soltanto tra loro. Quando qualcuno presentava un lato come prova di una transazione, la verifica era facile, bastava ricongiungere le due parti. Uno strumento così semplice e ingegnoso si prestava a molti usi.

I tally venivano usati fin dall'antichità per registrare debiti: nell'Inghilterra medievale erano molto comuni. John D'Abernon era lo sceriffo della contea di Surrey. Un ritratto in ottone, conservato a Cobham nella chiesa di Stoke D'Abernon, lo raffigura come un cavaliere in armatura con una grande spada. D'Abernon lasciò titolo, possedimenti e debiti a suo figlio, che si chiamava anche lui John. Nel 1293 John D'Abernon figlio versò allo Scacchiere due sterline e dieci scellini per pagare una multa del padre. Lo sappiamo con certezza perché, al momento del pagamento, il funzionario incise una serie di tacche sui due lati di un legnetto: due più grandi per indicare le sterline e dieci più piccole, una per ogni scellino. Su entrambi i lati vennero iscritte le seguenti parole: «Da John D'Abernon per la multa di suo padre» e «Ventunesimo anno del regno di Edoardo». Quindi il funzionario divise in due il legnetto: il pezzo più lungo andò a John, il più corto rimase allo Scacchiere.

Con il suo pezzo di legno John avrebbe potuto dimostrare a chiunque di aver pagato la multa di suo padre: semplice ed efficace.

Nell'Inghilterra medievale i tally erano il perno del fisco. All'epoca la riscossione dei tributi durava mesi e si svolgeva più o meno nel modo seguente: a Pasqua gli esattori raccoglievano le imposte dai contribuenti e le versavano all'erario, che però verificava i pagamenti solo tra fine settembre e inizio ottobre. A quell'epoca lo Scacchiere era diviso in due rami: superiore e inferiore. Il secondo incassava; il primo controllava. I tally servivano a controllare i flussi monetari. Non appena l'esattore versava la somma raccolta, il funzionario addetto ai tally registrava il pagamento sul legnetto e lo divideva in due. L'esattore delle tasse riceveva il pezzo più lungo, chiamato *stock*, mentre lo Scacchiere tratteneva l'estremità più corta, chiamata *foil*. Una volta all'anno, il giorno della festa di San Michele,[2] lo Scacchiere Superiore controllava l'intero processo semplicemente facendo combaciare stock e foil. Lo stock era la prova che l'esattore aveva versato quanto dovuto.

Legnetti e debito pubblico

Con il passare del tempo le dimensioni dei tally mutarono. All'inizio erano lunghi tra i sette e dodici centimetri, ma poi arrivarono a superare i sessanta centimetri e spesso di molto: più cresceva lo Stato, più aumentavano le imposte e, di conseguenza, aumentavano le tacche che lo Scacchiere incideva sui legnetti. Uno degli ultimi tally dello Scacchiere è del 1729, per una somma di cinquantamila sterline: è lungo due metri e sessanta centimetri. Una prova visiva e tangibile della crescita della spesa pubblica, della tassazione e dell'inflazione.

Oltre all'aspetto cambiò anche la funzione dei tally. Lo Stato se ne servì non solo per controllare che le imposte fossero state versate ma anche per indebitarsi: i legnetti furono i pilastri della finanza inglese pubblica e privata per molti secoli.

L'idea di indebitarsi usando la ricevuta del pagamento di un'imposta può apparire bizzarra ma ha i suoi meriti.

Il tally era essenziale per controllare e certificare il pagamento delle imposte. Non si poteva falsificare. Indicava non solo la somma da rimborsare, ma anche le entrate che dovevano servire per rimborso e chi doveva pagare. Per chi prestava allo Stato, il tally era la garanzia che il prestito gli sarebbe stato restituito semplicemente presentandolo all'esattore indicato. Il legnetto era molto di più di una generica promessa di pagamento e questo ne faceva un titolo di debito pubblico efficace, anche se la somma dovuta non era scritta sulla carta ed era espressa in tacche e non in cifre.

È difficile immaginare come lo Stato potesse indebitarsi con un legnetto, ma una transazione reale aiuta.

Richard de la Pole era un mercante che commerciava in lana, vino e cereali con la Francia e l'Europa Centrale all'inizio del XIV secolo. Aveva fama di essere un uomo che si serviva astutamente del debito per sviluppare i propri affari, e questa sua abilità attirò l'attenzione di Edoardo III che, per trarre vantaggio dalle sue capacità, lo nominò Royal Butler. In questa posizione doveva procurare alla famiglia reale e all'esercito ciò di cui avevano necessità: cibo, vino, armi. Nel 1328, De la Pole acquistò una partita di vino in Francia. Da consumato mercante e con l'autorità che derivava dalla sua carica, Richard non si sognò di pagare in contanti. Invece, si fece consegnare dallo Scacchiere Inferiore gli stock di otto tally indirizzati agli esattori delle tasse per la giurisdizione di West Riding, nella contea dello Yorkshire, con indicate anche le entrate fiscali da usare per saldare il debito. Richard de la Pole consegnò i legnetti ai mercanti che gli avevano venduto il vino i quali, dopo qualche tempo, consegnarono gli stock *agli esattori* delle imposte di West Riding ricevendo in cambio monete sonanti. Quando lo Scacchiere, a fine settembre, convocò gli esattori per certificare i pagamenti delle imposte, quelli di West Riding gli consegnarono gli otto stock ricevuti da De la Pole. I conti quadravano.

Quando un funzionario pubblico acquistava beni o servizi i tally funzionavano bene come titolo di debito. Un tally, a differenza delle monete, non saldava il debito. Chi lo riceveva accettava un pagamento posticipato da parte dello Scacchiere: il tally rappresentava la garanzia che *in futuro* sarebbe stato pagato in moneta. Per lo Stato, consegnare il tally era un modo per ottenere un prestito dal fornitore, vale a dire quello che oggi chiamiamo *vendor financing*, finanziamento del venditore: i mercanti che vendevano beni in cambio di tally finanziavano lo Stato tanto quanto coloro che prestavano monete allo Scacchiere.

Con il passare del tempo lo Scacchiere pensò di utilizzare i tally non solo per ottenere finanziamenti dai fornitori ma anche per farsi prestare monete da cittadini e risparmiatori.

Tally di «sol» e Tally di «pro»

Gli strumenti finanziari si evolvono di continuo; forma e impieghi divengono più sofisticati e così anche il tally. A un certo punto lo Scacchiere cominciò a emettere due diversi tipi di tally: il tally di «sol» e tally di «pro». I primi erano semplici ricevute delle somme versate allo Scacchiere e su di essi si scriveva – come sempre – la data del pagamento, la somma pagata, e il nome dell'esattore che versava le monete. L'unica innovazione era l'aggiunta della parola «sol», dal latino *solutum*, ossia «pagato». Il tally di «pro» invece era uno strumento finanziario complesso. Innanzitutto era un ordine di pagamento: con il tally lo Scacchiere ordinava a un esattore di pagare a un soggetto una somma e indicava con quali entrate fiscali effettuare il pagamento. La parola «pro», che in latino significa «in favore di», era seguita dal nome del beneficiario. A pagamento avvenuto il tally di «pro» tornava a essere una ricevuta che l'esattore esibiva al controllo.

Il «sol» circolava solo all'interno dello Scacchiere, mentre il «pro» circolava soprattutto all'esterno e alimentava il mercato secondario del debito e il business dei banchieri.

Fino al XVII secolo, in Inghilterra i titoli di debito privato non circolavano facilmente. I tribunali tutelavano poco i diritti del portatore di una lettera di cambio o di un titolo di credito che non fosse a suo nome. Al contrario, il possessore di un tally dello Scacchiere poteva facilmente trasferire i propri diritti. Chi acquisiva un tally era certo che il tribunale avrebbe tutelato il suo diritto a ricevere moneta di Zecca, quindi se un fornitore dello Stato che aveva ricevuto il suo frammento di tally voleva contanti, poteva – a sconto – scambiare lo stock con monete o con la promessa di un banchiere.

In Inghilterra i banchieri erano differenti da quelli che abbiamo incontrato a Pisa e Venezia. La maggior parte di essi erano orafi e commercianti di preziosi che custodivano nei loro forzieri anche monete e oggetti preziosi di clienti facoltosi. Ai clienti consegnavano particolari ricevute, promesse scritte di restituire il valore di ciò che era stato depositato. Queste promesse funzionavano da rudimentali banconote, circolavano abbastanza bene e davano liquidità al mercato dei tally. Un mercante che volesse convertire lo stock di un tally in potere d'acquisto immediato lo scambiava con le promesse di un orefice-banchiere. Naturalmente a sconto.

Ma non tutti i tally di «pro» avevano egual valore. Il flusso di cassa di un'imposta poteva essere inferiore alle aspettative. I tally tratti su imposte dal gettito scarso o imprevedibile scambiavano a valori inferiori a quelli che erano tratti su imposte con flussi prevedibili e abbondanti. E quelli tratti su tasse da riscuotere in futuro scambiavano a sconto rispetto ai legnetti tratti su imposte con flussi immediati.

Prezzare un tally non era facile, ma nel XVII secolo le prime banche londinesi, come Hoare, Child e Blackwell, costruirono le proprie fortune sulla loro capacità di prezzare correttamente i tally.

Nel giro di qualche secolo questo multiforme strumento finanziario – ricevuta, ordine di pagamento, titolo di debito pubblico, oggetto di speculazione privata – era diventato l'ossatura del mercato monetario e finanziario inglese.

Tally e riforme istituzionali

Per secoli lo Stato inglese si era indebitato a nome del re: chi prestava allo Scacchiere lo faceva perché il re aveva promesso di estinguere il debito, e a dare sostanza alle promesse reali erano i tally.

Mercanti, cittadini e risparmiatori non sempre avevano piena fiducia nelle promesse del re e i prestiti reali richiedevano complicate trattative. Re e regine spesso chiedevano monete o garanzie alla City of London Corporation – l'organo di governo della *City* – ma questa non concedeva facilmente né le une né le altre. Nel 1392, per esempio, si rifiutò di concedere un prestito a re Riccardo II per la modesta somma di mille sterline.

Questo perché il potere di imporre tasse e imposte non spettava al re ma al Parlamento. I regnanti sapevano bene che una promessa congiunta di re e Parlamento sarebbe stata accolta meglio di una promessa fatta solo dal re. Con il coinvolgimento del Parlamento ci si poteva indebitare di più e a condizioni migliori. Alcuni re si sforzarono di contrarre prestiti con l'approvazione del Parlamento, ma i rapporti tra i due non erano sempre amichevoli, anzi, come sa perfettamente ogni scolaro inglese, le tensioni fra monarchia e Parlamento peggiorarono al punto che le due parti si scontrarono in una guerra civile che durò quasi un decennio, dal 1642 al 1651. Da una parte le forze del Parlamento, le cosiddette Teste Rotonde; dall'altra i sostenitori del re, i cavalieri.

Naturalmente la guerra civile non era solo un conflitto sul potere di spendere e tassare ma, dopo anni turbolenti – dall'esecuzione di Carlo I, nel 1649, alla restaurazione della monarchia – nel 1660 un accordo finanziario fu un elemento necessario all'armistizio tra Carlo II e il cosiddetto Parlamento della convenzione. Tale accordo lasciava al Parlamento il potere esclusivo di tassare e quello, quasi totale, di spendere; in cambio, il Parlamento garantiva a Carlo II entrate fiscali di un milione e duecentomila sterline all'anno, che il re era libero di spendere a proprio piacimento.

Sembrava una buona soluzione, eppure il compromesso ben presto vacillò. I proventi delle imposte destinate al re erano inferiori a quanto promesso e, comunque, il re spendeva più di quanto concordato. Nuove guerre facevano lievitare la spesa pubblica e il Parlamento era riluttante ad aumentare le tasse. I conti non tornavano e la corte si diede alla finanza «creativa».

Eccone un esempio. Nel 1664 alcune navi della flotta reale avevano bisogno di andare in cantiere per delle riparazioni e la marina naturalmente chiese allo Scacchiere la somma necessaria per i lavori. Le casse pubbliche erano vuote, ma il funzionario incaricato non si perse d'animo e iscrisse sul registro due transazioni: un pagamento della tassa doganale e un versamento in moneta di Zecca alla marina. Nessuna moneta era entrata nelle casse dello Scacchiere e nessuna ne era uscita, ma l'addetto ai tally incise un legnetto e ne consegnò lo stock al tesoriere della marina, il quale a sua volta lo diede al cantiere navale come pagamento per il lavoro. Dal cantiere navale, il tally passò di mano in mano finché un orefice-banchiere lo scambiò con il proprio debito e infine lo incassò – ben tre anni dopo che il tally era stato intagliato.

Pagare con ricevute di fittizi versamenti di monete funzionò, ma non per molto. I tally iniziarono a essere pesantemente scontati ogni volta che cambiavano di mano. Alla fine, un banchiere li acquistava con le proprie promesse di pagamento, a un prezzo fortemente scontato, e per riscuotere attendeva che l'esattore designato disponesse di sufficienti entrate fiscali. I banchieri si arricchivano, i possessori dei tally si impoverivano e il debito pubblico in circolazione cresceva a dismisura. Man mano che il valore dei tally scendeva, si riduceva anche la disponibilità di mercanti e cittadini ad accettarli come forma di pagamento.

Per parecchi anni i tally erano stati utilissimi allo Stato, ma ora il sistema era entrato in crisi.

Il Parlamento sovrano

Dopo la Gloriosa rivoluzione del 1688 – con la quale fu deposto Giacomo II e sostituito dalla figlia Maria II assieme a suo marito Guglielmo III d'Orange – tasse, spese e prestiti pubblici dovevano ricevere l'approvazione del Parlamento, organo supremo dello Stato in tutto, anche nella finanza pubblica.

La Guerra dei nove anni (1688-1697) viene descritta – a ragione – come la prima guerra globale. Si combatté in Europa, in Nordamerica e in India. Da una parte la Francia, dall'altra una coalizione di Inghilterra, Spagna, Portogallo, Sacro romano impero, repubblica olandese e ducato di Savoia. Una guerra tra nemici potenti, combattuta su tre continenti, che mise il nuovo Parlamento sotto pressione.

Prima della guerra, la spesa pubblica inglese era di circa due milioni di sterline all'anno; alla fine della guerra, questa spesa era triplicata raggiungendo quasi sei milioni di sterline annui. Tra il 1688 e il 1697 lo Stato inglese accumulò un debito pubblico che superava i trentadue milioni di sterline.

La spesa aumentava vertiginosamente e le tasse non riuscivano a tenere il passo con i debiti. Il personale incaricato di intagliare i tally faceva gli straordinari e lo sconto sui tally cresceva di continuo. Ciononostante gli orefici-banchieri continuavano a scambiare tally con i propri debiti, macinando profitti. La finanza pubblica aveva necessità di una riforma radicale.

Così, nel 1694 nacque la Banca d'Inghilterra.

La Banca d'Inghilterra

La Banca d'Inghilterra nacque da un progetto, la cui buona realizzazione ne fece una delle innovazioni più importanti del XVII secolo, l'epoca dei grandi progetti.

Nel suo *An Essay Upon Projects*, pubblicato nel 1697, Daniel Defoe – autore di *Robinson Crusoe*, ma anche mercante, panflettista e colui che presentò *Dame Credit* come sorella della moneta – definì il suo secolo «Projecting Age», un'epoca in cui personaggi di ogni tipo gareggiavano nel proporre progetti per ogni immaginabile scopo. Lo stesso Defoe si fece promotore di tanti progetti diversi: infrastrutture stradali, banche, fondi pensione, accademie per le donne, società di mutuo soccorso. Inoltre lodò – anche se con un certo scetticismo – gli inventori delle campane subacquee e delle strade a pagamento, i costruttori di mulini a vento, gli operatori di borsa e i promotori bancari. Uno di questi promotori «imbonitori» e «stravaganti progettisti» era William Paterson, uno scozzese geniale e carismatico, colui che immaginò la Banca d'Inghilterra.

Paterson era un uomo del suo tempo, visionario e avventuriero. Aveva iniziato la propria carriera nelle Indie Occidentali, dove era stato un mercante e, forse, un bucaniere. In seguito fu l'ideatore della Hampstead Water Company e del fallito tentativo scozzese di colonizzare Panama. La Banca d'Inghilterra fu il suo progetto più ambizioso e meglio riuscito.

Alla fine del XVII secolo la nazione inglese aveva seri problemi: rivoluzioni e guerre richiedevano grandi somme di denaro. Lo Stato doveva riuscire a trarre beneficio dal business della banca e dal mercato del debito pubblico e Paterson aveva alcune idee interessanti su come farlo. Tra il 1691 e il 1694 presentò al Parlamento tre diversi progetti che avrebbero permesso allo Stato di indebitarsi senza dover rimborsare il capitale. Tutti e tre i progetti ruotavano attorno a un'idea chiave: creare un fondo di debito perpetuo. Il Tesoro assicura a dei *trustees* un flusso continuo e costante di entrate; i trustees capitalizzano i flussi futuri, prendono a prestito la somma e la versano subito allo Stato. Paterson aveva calcolato con attenzione i valori in gioco; secondo i suoi calcoli, i trustees avrebbero potuto pagare allo Scacchiere un milione di sterline in cambio di sessantacinquemila sterline di entrate fiscali all'anno. Il prestito sarebbe stato perpetuo. Né Stato né trustees avrebbero restituito ai risparmiatori quanto essi avevano prestato, ma avrebbero pagato loro gli interessi, le sessantacinquemila sterline. Se coloro che prestavano desideravano recuperare il capitale, potevano vendere le proprie quote del fondo sul mercato secondario. Paterson era certo di aver trovato il Santo Graal della finanza pubblica: un prestito che non va restituito.

L'idea non era nuova – la Repubblica di Genova aveva fatto qualcosa di simile quando, nel 1390, aveva fondato la Compagnia di San Giorgio – ma era certamente ingegnosa. Tuttavia, quando Paterson sottopose il progetto al nuovo Parlamento, lo Scacchiere lo rifiutò non una e nemmeno due volte, ma addirittura tre. La matematica finanziaria di Paterson non era abbastanza convincente, ma lui non era un uomo che si scoraggiava facilmente. Cercò consiglio e aiuto.

Michael Godfrey era un finanziere che godeva di ampi appoggi nella City: aveva accesso a capitali; Charles Montague era il cancelliere dello Scacchiere, e aveva un'influente rete di rapporti. Entrambi erano convinti che l'idea di Paterson fosse buona, ma suggerirono alcuni cambiamenti. Godfrey, in particolare, consigliò a Paterson di raccogliere capitale permanente vendendo quote di una società per azioni che poi avrebbe prestato tutto il suo capitale allo Scacchiere. Rispetto al progetto originario di Paterson quella era una modifica semplice ma fondamentale.

A Londra c'era abbondanza di capitale di rischio, e molti di coloro che avevano i capitali sedevano in Parlamento. Una società per azioni (Corporation) con statuto (Charter) approvato dal Parlamento sarebbe stata accolta con successo.

I sottoscrittori avrebbero pagato le azioni con moneta di Zecca, tuttavia la società non avrebbe prestato allo Stato queste monete ma le proprie promesse, banconote. Le monete sarebbero rimaste nei forzieri della società per essere scambiate – a richiesta – con le banconote.

Così modificato, il progetto di Paterson fu un successo. Il Parlamento lo approvò come parte del Tonnage Act del 1694, una legge che autorizzò nuove tasse per 1,5 milioni di sterline e un prestito – garantito da queste future entrate – di 1,2 milioni di sterline. Anziché prendere a prestito dal pubblico, lo Stato si sarebbe indebitato con la Corporation che si era finanziata vendendo quote della propria *equity* al pubblico. Lo statuto della Corporation, approvato dal Parlamento, definiva i privilegi e gli obblighi della nuova società per azioni e dello Stato: l'accordo sarebbe scaduto nel 1705, quando lo Scacchiere avrebbe dovuto restituire il prestito. Se il Parlamento avesse voluto abrogare lo statuto prima del 1705, avrebbe dovuto prima saldare il debito.

La Corporation era autorizzata a «commerciare in lingotti d'oro e d'argento, trattare lettere di cambio e concedere prestiti su pegni e ipoteche». Gli azionisti della banca potevano trasferire o vendere le loro azioni sul mercato. Queste sembravano un buon investimento, e il 21 giugno 1694 Godfrey iniziò a ricevere le sottoscrizioni per le azioni: quella del re fu una delle prime. Il 2 luglio gli investitori avevano già sottoscritto l'intera somma di 1,2 milioni di sterline, e avevano pagato il sessanta per cento del capitale in monete sonanti. Lo statuto della Corporation fu approvato dal Parlamento il 24 luglio e ratificato il 27 dello stesso mese: la Corporation poteva iniziare le attività. La settimana seguente gli azionisti elessero il consiglio d'amministrazione, chiamato Corte Generale. La Corporation – la Banca d'Inghilterra – era in affari.

Nella prima settimana di attività la Corte Generale si riunì tutti i giorni per definire il proprio *modus operandi*. Scelse la sede, assunse il personale, stabilì procedure e regole di comportamento. E lo Scacchiere le presentò il conto: 1,2 milioni di sterline. La Banca mantenne i patti e consegnò 1,2 milioni in banconote, promesse di pagamento con il sigillo ufficiale della società.

I tally della Banca d'Inghilterra

Molti erano convinti che il progetto sarebbe fallito clamorosamente: il piano era approssimativo e l'esecuzione frettolosa. I centri di spesa del governo inondati di banconote le spesero immediatamente e troppo debito in circolazione avrebbe sicuramente affondato la start-up. Ma, contro tutte le previsioni, lo schema si rivelò vincente.

Le storie popolari della banca attribuiscono il successo dell'esperimento di Paterson alla «fiducia» e al «credito». In realtà, la banca dovette il proprio successo al modo in cui i due partner strutturarono le prime transazioni, la cui chiave furono i tally.

Il Parlamento aveva creato la banca perché questa eseguisse la più semplice delle operazioni bancarie: scambiare il debito di un cliente (lo Stato) con il debito della banca. In questo modo il debito pubblico avrebbe avuto il potere d'acquisto della moneta di Zecca; ma i sottoscrittori, al momento, avevano versato solo il sessanta per cento del prezzo delle azioni, e quindi la Corte aveva appena 720.000 sterline in moneta di Zecca, a fronte di debiti per 1,2 milioni di sterline, e molte di queste monete sarebbero state scambiate con delle banconote. Per reggere, la banca doveva anche avere una solida posizione patrimoniale.

Nei registri bancari gli attivi e i passivi devono essere in pareggio: in caso contrario «fiducia» e «credito» non durano a lungo. Come abbiamo visto, Venezia si impegnò a fondo affinché sul registro del Banco Giro per ogni debito fosse iscritto un asset adeguato. E per la Banca d'Inghilterra, come per il Banco Giro, questo attivo doveva essere un titolo di debito pubblico. L'unico disponibile era il tally ed è proprio questo strumento che spiega perché l'esperimento inglese ebbe successo.

Purtroppo, per un curioso incidente, pochi tally sono sopravvissuti.

I creditori, in cambio di monete di Zecca, consegnavano i tally ricevuti a garanzia del debito agli esattori delle imposte, i quali li restituivano allo Scacchiere che conservava le due metà come prova del pagamento. Secoli di bastoncini occupavano spazio e i funzionari pubblici trasferirono provvisoriamente tutti i tally in loro possesso a Westminster, nelle cantine del Parlamento. Nell'ottobre del 1834 un incendio distrusse tutto, tally e Parlamento. Gli unici sopravvissuti sono i tally che erano altrove, i titoli di debito pubblico che non erano stati rimborsati.

Alcuni di questi sono conservati in un lungo contenitore di legno nel caveau del museo della Banca d'Inghilterra. Sono in tutto trentanove e coprono il periodo che va dal 1694 al 1816.

Miracolosamente, sei di questi trentanove tally si riferiscono alla prima transazione tra lo Scacchiere e la banca, il prestito di 1,2 milioni di sterline. La maggior parte di essi sono in frammenti, ma uno è praticamente completo e leggibile. Le iscrizioni, in latino, sono chiare e stringate. In poche linee, il funzionario addetto all'intaglio dei tally riassume la prima transazione tra la Corporation e lo Stato inglese:

> Dal governatore e dalla Compagnia della Banca d'Inghilterra parte di un milione e duecentomila sterline (L 1.200.000) pagabili da loro per i benefici e vantaggi ricevuti come menzionato in un atto del parlamento del quinto e sesto anno di Guglielmo e Maria, per mano dei commissari incaricati di ricevere le sottoscrizioni per l'ammontare del suddetto pagamento, in pieno pagamento di L 300.000 da loro ricevute in precedenza. / inghilterra [sic]
> Easter (Exchequer Term) primo settembre, sesto anno di Guglielmo e Maria.

Con i sei tally in mano possiamo ricostruire la prima transazione tra Scacchiere e Banca d'Inghilterra e capire come fu che quest'ultima si guadagnò la fiducia del pubblico.

Il 27 luglio 1694 il Parlamento approvò lo statuto della Corporation. Quel medesimo giorno Montague, cancelliere dello Scacchiere, ricevette le richieste di denaro più urgenti da parte dei tesorieri delle forze armate. La marina aveva immediata necessità di 24.000 sterline, ai fabbricanti di armi ne servivano 5000 e all'esercito irlandese 3.000. L'esercito che combatteva nel continente necessitava di ben 80.000 sterline. Montague chiese alla banca di indebitarsi con lo Scacchiere per un totale di 112.000 sterline.

La Corte acconsentì, ma per consegnare le banconote doveva prima iscrivere nel registro attivi per 112.000 sterline e ricevere le dovute garanzie. Quindi il funzionario incaricato di emettere i tally ne preparò cinque – quattro da 25.000 sterline ciascuno, e uno da 12.000 sterline. I tally furono consegnati alla Banca. Un'innovazione radicale.

Nel vecchio sistema – come al tempo di Richard de la Pole, il Royal Butler del XIV secolo – lo Scacchiere consegnava il tally a un pubblico ufficiale responsabile degli approvvigionamenti, il quale lo dava a un fornitore dello Stato a garanzia del debito. Il fornitore lo scontava con un banchiere in cambio di banconote e il banchiere, dopo qualche tempo, consegnava il tally all'esattore incaricato in cambio di monete. Ma in quel sistema ogni volta che il tally passava di mano veniva scontato – perdeva valore – e tutto il debito pubblico si deprezzava, con grande danno dello Scacchiere.

Ora, invece, lo Scacchiere scambiava semplicemente tally con banconote, subito e alla pari. Se ne avesse ricevuto richiesta, la Banca avrebbe scambiato le banconote con le monete che aveva in cassa. Nello scambio diretto tra tally e banconote lo Stato non perdeva nulla del proprio potere d'acquisto e, al contempo, la Banca ci guadagnava, perché per questo scambio riceveva dallo Scacchiere una commissione. Dunque, scambiare i tally con le banconote era un buon affare per entrambi, e le banconote erano un buon titolo di debito: i tally ne garantivano la sostanza e le monete davano loro liquidità.

La Corte Generale sapeva benissimo che era questo processo ciò che creava «fiducia» e «credito» nella loro istituzione, e il primo agosto 1694 si riunì per assicurarsi che tutto procedesse come doveva. Per prima cosa mise al sicuro i cinque tally – gli asset – poi discusse di quale titolo di debito consegnare allo Scacchiere.

Alcuni direttori volevano emettere banconote che non pagavano un interesse al possessore, così la banca avrebbe guadagnato di più, ma la Corte voleva evitare di dover riscattare banconote con le poche monete in cassa: se chi riceveva banconote guadagnava mentre queste erano in suo possesso era incentivato a tenerle. Quindi le prime banconote emesse dalla Banca d'Inghilterra pagavano il cinque per cento annuo.

Inoltre, per scoraggiare le contraffazioni, le banconote si numerarono, si impresse su di esse il sigillo della società e si citarono i beneficiari per nome. Una volta concordate le caratteristiche del titolo di debito da emettere, la Corte ordinò al cassiere di registrare la transazione sulla prima pagina del registro. Questo primo scambio di promesse tra la Corte e lo Scacchiere è il prototipo delle transazioni tra lo Stato inglese e la Banca per i trecento anni a seguire.

Il registro ci offre una visione completa e panoramica dello scambio di promesse. Su una pagina sono indicate le promesse dello Stato, gli asset della banca – garantiti e rappresentati dai cinque tally. Sulla pagina a fronte sono indicate le promesse della banca – i suoi debiti – rappresentati da milleduecento banconote con il sigillo della Corporation.

Di queste, Lord Ranelagh, il commissario per l'esercito ne ricevette ottocentocinquanta. Antony Stevens, commissario della marina, duecentoquaranta. Charles Bertie, responsabile di arsenali, armi e munizioni, ne ebbe cinquanta e Charles Fox, dell'esercito irlandese, trenta.

Sono soltanto dei numeri su un registro, ma rappresentano uno scambio di promesse che ha fatto storia.

Proprio come a Venezia nel 1619, la Banca aveva creato denaro dal debito pubblico scambiando le promesse di pagamento dello Stato (i tally) con le proprie (le banconote). Per lo Stato, scambiare tally per banconote direttamente con la Banca era una soluzione migliore rispetto all'antica pratica di indebitarsi consegnando tally ai fornitori. Lo Scacchiere scambiava i tally alla pari e i debiti che riceveva in cambio avevano il potere d'acquisto delle monete di Zecca: in un batter d'occhio, i tally si erano trasformati in moneta e lo Stato aveva ricevuto potere d'acquisto per 1,2 milioni di sterline. Entrambe le parti della transazione avevano ottenuto qualcosa: lo Scacchiere maggior potere d'acquisto e la Banca commissioni e il diritto di svolgere l'attività bancaria in una situazione vicina al monopolio. Il piano di Paterson aveva funzionato.

Seguirono molte transazioni dello stesso tipo. Gli uffici governativi spendevano le banconote appena le ricevevano; alcune di esse ritornavano alla Banca in cambio di oro e argento, ma la maggior parte continuava a circolare e aumentava il potere d'acquisto di innumerevoli soggetti, con soddisfazione tanto dei mercanti quanto dei consumatori. Anche gli azionisti della banca erano soddisfatti – avevano versato monete di Zecca solo per il sessanta per cento del prezzo delle azioni ma ricevevano il cento per cento dei benefici della loro quota.

Tutti vincitori.

Più debito bancario

Ai vincitori, si sa, piace continuare a vincere.

Le promesse della Banca circolavano bene e parte delle monete ricevute dagli azionisti rimasero nelle sue casse. Queste monete erano una forte tentazione, l'esperienza dimostrava che potevano servire a fare più profitti. Emettere banconote senza interesse permetteva di comprare asset a buon mercato e le monete in cassa garantivano supporto alle banconote. I tally in mano ai privati erano numerosi e il consiglio d'amministrazione voleva approfittare dell'abbondanza di tally (cioè di debito pubblico) che circolava a sconto: acquistarli con nuove banconote era un'occasione d'oro.

C'era un solo problema: era proibito.

Il Parlamento voleva evitare che la Banca praticasse ciò che chiamiamo *fractional reserve banking*, dove le riserve (e a volte il capitale) valgono meno dei debiti emessi, temendo che questa prassi non si confacesse a una banca pubblica che doveva essere un'icona di stabilità e affidabilità. Il Parlamento, quindi, aveva imposto il tetto di 1,2 milioni al debito che la Banca poteva emettere a favore dello Stato, ma lo Scacchiere e la Corte non erano d'accordo.

La Corte era convinta che scambiare debito bancario con il debito pubblico fosse il modo migliore per aumentare i profitti.

Montague, il cancelliere dello Scacchiere, voleva vedere molti più tally nel caveau della Banca, dove sarebbero rimasti fino a quando la Banca li avesse consegnati agli esattori delle tasse. In questo modo il debito pubblico non avrebbe circolato a sconto.

Infine i consumatori, le aziende e gli uffici pubblici volevano che si ponesse fine alla scarsità di moneta, e volevano dei mezzi di pagamento che avessero lo stesso potere d'acquisto delle monete d'oro e d'argento coniate dalla Zecca.

In sostanza, in molti volevano che la Banca si indebitasse per un valore che superava capitale e riserve e la Corte ne approfittò rapidamente. L'8 agosto 1694 il consiglio di amministrazione approvò la stampa di «banconote per uso proprio», una formula volutamente ambigua. Poco dopo furono messe in circolazione delle banconote per una cifra che superava di 500.000 sterline il capitale autorizzato della Banca. Fu una mossa coraggiosa e criticata da molti commentatori; le pressioni dello Scacchiere sul Parlamento si aggiunsero al fatto che la proibizione per la Banca a indebitarsi più del capitale e delle sue riserve era ambigua. Finì che il Parlamento non impedì alla Banca di emettere debiti per un importo superiore al suo capitale e i direttori, liberi di emettere più debito, cominciarono ad andare a caccia dei tally in mano ai privati.

Tally sicuri, debiti affidabili

In una delle prime riunioni della Corte Generale, i direttori discussero quali tally rappresentassero un buon asset per la Banca. Erano consapevoli che, nel corso degli anni e senza l'approvazione del Parlamento, i re avevano emesso moltissimi tally, molti dei quali circolavano a forte sconto. Avrebbero potuto essere un buon investimento, ma la Banca d'Inghilterra, istituita e regolata dal Parlamento, poteva avere come asset debiti che non erano stati approvati dal Parlamento stesso? La questione era delicata e stava al centro del dibattito politico, finanziario e costituzionale. La Corte sapeva di dover prendere una posizione netta: quali tally avrebbe accettato, e perché? Il 30 agosto 1694 la Corte annunciò sulla «London Gazette» che la Banca avrebbe accettato soltanto tally che rappresentavano «un credito su prestiti sanciti con atti del Parlamento». Mossa intelligente: la Banca si era schierata al fianco del suo cliente e regolatore, il Parlamento.

Ma la «giusta» autorità non era sufficiente a fare di un tally un buon asset. Anche i tally sanzionati dal Parlamento erano titoli di debito e potevano essere rischiosi per una banca. La Corte quindi adottò dei criteri molto rigidi per stabilire quando un tally era un buon asset per la banca. Come regola generale, si preferivano le cosiddette *sin taxes*, le imposte sui vizi – tabacco e alcol. Infatti si potevano accettare tally che dovevano essere riscattati da imposte su vino e tabacco fino a 660.000 sterline. La Corte però era scettica sui ricavi della Compagnia delle Indie e dunque era proibito scontare tally sulle imposte sulle importazioni dell'East India Company per più di 460.000 sterline.

La Corte e lo Scacchiere agivano di concerto. La Banca accettava solo tally su tasse votate del Parlamento e lo Scacchiere desiderava che la Banca togliesse dalla circolazione quanti più tally possibili. I tally erano stati di grande aiuto alla finanza pubblica ma erano anche un problema.

Perché? La spiegazione viene ancora da uno degli esemplari conservati nei sotterranei del museo della Banca d'Inghilterra e datato 1695. Lo Scacchiere aveva dato il tally a un privato che non aveva venduto niente allo Stato ma comprato qualcosa: un vitalizio. Lo Stato inglese si finanziava spesso vendendo vitalizi. Un individuo pagava in moneta una somma concordata con lo Scacchiere; in cambio, lo Stato gli pagava una somma fissa per il resto della sua vita o di quella della persona indicata. I risparmiatori potevano comprare vitalizi su una, due o persino tre vite. Nel caso di un vitalizio su più vite, lo Stato avrebbe pagato fino a che l'ultima delle persone indicate fosse stata in vita. Per chi comprava quel vitalizio le probabilità di incassare i pagamenti per più tempo erano più alte; vendendolo, lo Stato incassava di più, ma allo stesso tempo l'obbligo di effettuare pagamenti durava più a lungo, pertanto i vitalizi su più di una vita rendevano meno. I vitalizi su una vita sola pagavano ogni anno il quattordici per cento della somma versata, quelli su due vite il dodici per cento e quelli su tre vite il dieci. Nel XVII secolo molti sovrani europei si finanziavano vendendo vitalizi ma in Inghilterra questa pratica era peculiare.

Quando un individuo acquistava un vitalizio riceveva lo stock di un tally. Questo dava all'investitore grande flessibilità. Se il compratore del vitalizio desiderava recuperare il capitale poteva scontare il tally con un banchiere. Sia prima sia dopo il 1694, lo Scacchiere vendette vitalizi per diversi milioni di sterline e questi vitalizi continuavano a passare di mano a sconto, danneggiando le nuove emissioni. Ecco, dunque, che lo Scacchiere era felice di vedere i tally stabilmente al sicuro nei caveau della Banca.

Il nuovo statuto

Alla fine del 1696 la Banca aveva in pancia tally per un valore di 3,3 milioni di sterline. I debiti di privati verso la Banca erano solo di circa 121.000 sterline, quindi la maggior parte degli asset erano titoli di debito pubblico. Effettivamente la Banca era riuscita a creare moneta dal debito pubblico a favore dello Scacchiere, ma questa politica aveva dei limiti. I tally in circolazione erano troppi e lo Scacchiere continuava a emetterne di nuovi; inoltre, il legame tra debito pubblico e valuta bancaria cominciava a minare la fiducia nelle banconote. Nel 1697 i tally erano scambiati con uno sconto che superava del quaranta per cento il loro valore nominale, ma le banconote cambiavano di mano al venti per cento in meno del loro valore nominale. La Banca generava profitti e pagava dividendi importanti agli azionisti, eppure l'alchimia della banca non funzionava come Paterson, Montague e Godfrey avevano immaginato.

Così, il Tesoro propose alla banca di convertire un buon numero dei tally in circolazione in azioni della Banca. Una mossa aggressiva in cui il debito pubblico veniva scambiato con equity in una società per azioni. Il Tesoro proponeva alla Banca di vendere azioni in cambio di tally: i possessori sarebbero diventati azionisti della Banca e avrebbero goduto di tutti i benefici di quella posizione (i dividendi per esempio) ma la Corte si opponeva perché non voleva che gli azionisti esistenti venissero diluiti a vantaggio di creditori dello Stato. Il negoziato fu molto duro, entrambe le parti trattavano da posizioni di forza. Alla fine la Banca e il Parlamento raggiunsero un compromesso: la prima accettò di vendere nuove azioni per un milione di sterline, azioni che i sottoscrittori potevano pagare per l'ottanta per cento in tally e per il venti per cento in banconote; il secondo avrebbe approvato un nuovo statuto della Banca – detto *Charter* – che ne aumentava i privilegi.

Il compromesso era buono per tanti. Chi possedeva tally o banconote poteva acquistare azioni della Banca con uno sconto significativo; era un buon affare anche per lo Stato, il cui indebitamento si riduceva. Anche gli azionisti esistenti finirono per guadagnarci: le concessioni che la Banca aveva ottenuto dal Parlamento erano molto significative. Il 24 giugno 1697 il Parlamento estese lo statuto della Banca per altri cinque anni. Questo rafforzava il monopolio della Banca d'Inghilterra sull'attività bancaria, almeno a Londra. Anche il compenso che lo Scacchiere versava alla Banca perché scambiasse debito pubblico con valuta bancaria aumentò significativamente e i nuovi privilegi concessi alla banca non passarono inosservati. Nel settembre del 1697, lo sconto delle banconote rispetto alle monete era di appena l'un per cento, e all'inizio dell'anno successivo era scomparso del tutto.

Gli azionisti potevano anticipare ottimi dividendi, il prezzo delle loro azioni saliva; lo Stato era meno indebitato e la valuta bancaria che riceveva in cambio di debito pubblico aveva maggiore potere d'acquisto. L'alchimia della banca aveva ripreso a funzionare.

Il Tesoro sfida la banca

All'inizio del XVIII secolo in Inghilterra due istituzioni creavano moneta. La Zecca produceva monete con l'oro e l'argento e la Banca d'Inghilterra emetteva valuta bancaria scambiando debito pubblico con debito bancario.

Il Parlamento era grato alla Banca perché scambiava tally con banconote alla pari e le banconote che riceveva avevano lo stesso potere d'acquisto delle monete della Zecca. In più la Banca aveva stabilizzato il prezzo dei tally in circolazione.

La finanza pubblica era in ripresa.

Ma il Parlamento era riluttante a concedere alla Banca d'Inghilterra il monopolio di creare moneta dal debito pubblico. Dopotutto, il governo della moneta spetta allo Stato, e non solo con la Zecca. Nel 1707 il Parlamento chiese allo Scacchiere di presentare un piano che facesse funzionare il debito pubblico come moneta senza l'aiuto della Banca d'Inghilterra. I tally non funzionavano bene come moneta: erano titoli di credito sulle future entrate fiscali, ma non avevano il potere d'acquisto delle monete della Zecca. Soltanto i debiti delle banche lo avevano. Perciò lo Scacchiere decise di imitare la Banca e di emettere debito che avesse il potere d'acquisto delle monete di Zecca e mise in circolazione Certificati dello Scacchiere – *Exchequer Bills* – che di fatto volevano essere moneta bancaria senza una banca.

Questa non era la prima volta che lo Scacchiere cercava di funzionare come banca. Altri tentativi di emettere l'equivalente di moneta bancaria erano stati fatti nel 1672 e nel 1696. Un terzo tentativo, nel 1697, aveva dato risultati migliori. Lo Scacchiere si era rivolto a un consorzio di finanzieri privati e li aveva incaricati di impegnarsi a scambiare su richiesta i Certificati dello Scacchiere con monete di Zecca in cambio di una commissione, creando in sostanza una banca senza *Charter* e senza banconote. Il governo emise quasi 2,7 milioni di sterline di questi Certificati, che circolarono bene quanto le banconote della Banca d'Inghilterra. L'esperimento non soltanto funzionò ma, meglio ancora, non infrangeva la legge. Lo statuto, con gli emendamenti introdotti nel 1697, aveva dato alla Banca d'Inghilterra un monopolio sull'emissione di banconote a Londra: i suoi concorrenti non potevano emettere le proprie banconote, ma nulla impediva loro di scambiare titoli di debito pubblico con monete di Zecca. Quando lo Scacchiere emetteva i propri Certificati, con l'aiuto del consorzio, diventava un rivale della banca.

Fu la guerra di successione spagnola a salvare la Banca d'Inghilterra dalla concorrenza dello Scacchiere. Il conflitto scatenato dalla morte, nel 1700, del re di Spagna Carlo II d'Asburgo, portò a uno scontro per il controllo dell'impero spagnolo nel quale furono coinvolte la Spagna, l'Austria, la Francia, la repubblica olandese, la Savoia e la Gran Bretagna. Gli inglesi avevano schierato un grande esercito sul continente. La campagna, guidata dal duca di Marlborough, fu vittoriosa ma terribilmente costosa. Era necessario emettere una grande quantità di Certificati e lo Scacchiere temeva che il consorzio di finanziatori privati non riuscisse a trovare abbastanza monete per dare a questi la liquidità necessaria. Quindi la soluzione migliore fu, ancora una volta, quella di stringere un accordo con la Banca d'Inghilterra. Questa si offrì di scambiare i Certificati con le proprie banconote. La proposta poteva funzionare: la moneta bancaria, dopotutto, ora era ampiamente accettata, alla pari delle monete di Zecca. In questo modo lo Scacchiere poteva emettere un numero maggiore di Certificati senza impatto sul loro prezzo. E così, la Banca e lo Scacchiere si accordarono per scambiare i tally con la valuta bancaria.

Nel marzo del 1707 vennero creati tally per un valore di 1,5 milioni di sterline e la Banca li ricevette come garanzia per l'emissione delle banconote necessarie. In cambio, avrebbe scambiato su richiesta i buoni dello Scacchiere con le banconote. L'operazione ricalcò la prima transazione del 1694. Con i tally nelle sue casse, la Banca aveva gli asset necessari per emettere debiti sufficienti a dare liquidità ai Certificati. Naturalmente, la Banca venne ben compensata per trasformare una grande quantità di debito pubblico in valuta bancaria: il Tesoro accettò di pagare in suo favore il 4,5 per cento del valore dei Certificati scambiati con banconote.

Ma la Corte voleva ancora di più. Non voleva correre il rischio di avere rivali, autorizzati o meno dallo Stato: voleva un solido monopolio sull'attività bancaria e il Parlamento accettò. Il nuovo statuto della Banca, opportunamente emendato, proibiva

> a qualsiasi ente politico o societario già costituito o da costituire (a eccezione del suddetto governatore e della Compagnia della Banca d'Inghilterra) o a qualsiasi altra persona, in società con più di sei persone in quella parte di Gran Bretagna chiamata Inghilterra, di prendere in prestito, prestare o ricevere qualsiasi somma o somme di denaro in cambio di titoli di debito pagabili a vista o entro un periodo inferiore ai sei mesi.

Soltanto la Royal Bank of Scotland, sorella settentrionale della Banca d'Inghilterra, fondata nel 1697, fu esentata dalla proibizione.

Il prestito del 1707, come quello del 1694, non venne mai restituito e i tally rimasero nella Banca. Anche uno di questi tally è sopravvissuto, conservato nel caveau. Lungo due metri e venti centimetri, ha cinquanta tacche, ciascuna delle quali rappresenta mille sterline, per un debito di cinquantamila sterline dello Scacchiere verso la Banca. È una testimonianza concreta e tangibile della transazione che ha garantito alla Banca d'Inghilterra il ruolo nella finanza pubblica e privata e che suggellò il dominio della moneta bancaria come valuta nazionale dell'Inghilterra. Non solo: questo tally testimonia anche l'ammissione da parte del Parlamento inglese che, come moneta, i debiti dello Stato non potevano funzionare bene quanto il debito bancario.

La malattia inglese

In fondo la transazione tra il Parlamento e la Banca non era una questione di sterline, scellini e pence: era un conflitto attorno al potere di creare moneta.

Il ricorso alla peculiare alchimia della banca per trasformare il debito pubblico in moneta fu di grande aiuto allo Stato – e ai suoi cittadini. Attraverso la Banca d'Inghilterra i tally giocarono un ruolo di primo piano nella moneta e nella finanza inglese. Aziende e privati iniziarono a scambiare titoli di debito e lettere di cambio con il debito della Banca d'Inghilterra; mercanti e cittadini depositavano le loro monete per avere in cambio le promesse della Banca e questa creò moneta dai debiti dei consumatori, delle aziende e del governo. Così, i debiti della Banca d'Inghilterra divennero autentica valuta nazionale, l'annoso problema della scarsità di moneta venne risolto e il Paese prosperò.

Ma – come abbiamo già visto – scambiare il debito pubblico con il debito bancario aveva i suoi inconvenienti.

Nei primi anni di vita della Banca d'Inghilterra, gli unici asset presenti nei suoi libri contabili furono i tally – e la moneta bancaria costituita esclusivamente dal debito sovrano è fragile. Inoltre, la crescita del debito pubblico incoraggiò la Banca a creare più moneta di quella che l'economia era in grado di utilizzare, rendendo la banca stessa ancora più vulnerabile. Ma presto essa creò moneta dal debito dei privati oltre che da quello pubblico, e la situazione migliorò.

Anche così, però, i successivi tre secoli dimostrano chiaramente che la moneta bancaria, per quanto conveniente, non è sempre sicura, e che suddividere il potere di creare moneta tra lo Stato e le banche richiede una vigilanza costante e continui aggiustamenti per trovare il miglior compromesso tra moneta sicura e moneta abbondante.

Come vedremo nei prossimi capitoli, anche Stati Uniti, Russia e altri Paesi si trovarono a dover affrontare lo stesso problema.

Capitolo quarto
Monete in affitto: il banco buono è il banco che non paga

> Sebbene fosse vero che il banco buono è il banco che non paga, è vero altresì che il banco accreditato è quello che non è restio a pagare.
>
> Ferdinando Galiani, *Della moneta*[1]

Le banche napoletane – istituzioni benefiche capaci di creare moneta – sono uniche, singolari; non assomigliano ad alcuna altra banca, proprio come Napoli non assomiglia ad alcuna altra città. Nella prima età moderna a Napoli – allora la città più grande d'Europa, dopo Costantinopoli – si sviluppò un tipo di moneta bancaria che non era né una semplice annotazione su un registro, come a Venezia, né una banconota, come in Inghilterra. Era una fede di credito, un'attestazione formale che la banca era in debito verso chi possedeva il titolo. La fede circolava abbastanza bene ed era sicura: consumatori, imprese e istituzioni dello Stato la usarono per secoli. Fedi di credito e monete d'oro e d'argento formavano la massa monetaria del Regno di Napoli.

Ripercorrere lo sviluppo di questa singolare moneta bancaria e delle istituzioni benefiche che la emettevano è un po' come camminare per i vicoli di Napoli: un'esperienza affascinante, talvolta sconcertante; fatta di sviluppi inattesi e popolata da improbabili personaggi e operatori astuti. Innovatori che sperimentarono quanto le banche potessero fare, sia sul piano pratico sia su quello teorico. L'esame dettagliato dei libri contabili di queste singolari istituzioni bancarie e benefiche – oggi conservati in uno dei più straordinari archivi del mondo – permette di illustrare come il debito bancario possa contribuire alla prosperità di uno Stato e dei suoi cittadini, e di sottolineare come istituzioni che trasformano il debito pubblico in moneta possano essere al contempo utili e rischiose.

Come abbiamo visto, quando le banche scambiano il debito pubblico con il proprio creano moneta a uso e beneficio dello Stato. Le banche napoletane – un po' enti di beneficenza e un po' vere e proprie banche – sono un interessante esempio di questa pratica. Nei secoli, regimi differenti hanno governato Napoli e le banche hanno creato moneta a favore di ciascuno di essi: Spagna imperiale, Francia rivoluzionaria, Regno delle Due Sicilie, Regno d'Italia, regime fascista, repubblica italiana. Per secoli, chiunque abbia governato la città ha scambiato il debito pubblico con il debito di questi peculiari istituti bancari. La storia delle cosiddette «banche buone» di Napoli è un esperimento duraturo, da cui tutti noi possiamo probabilmente imparare.

Ma, per arrivare a Napoli, dobbiamo passare per Roma.

Il papa guerriero

All'inizio del XVI secolo la Chiesa cattolica, come spesso accadeva, era divisa in riformatori e tradizionalisti. Nel dicembre del 1511 alcuni cardinali ribelli, appoggiati dal re di Francia Luigi XII, si erano riuniti a Pisa con l'obiettivo di mettere in dubbio l'autorità di papa Giulio II. Per tutta risposta, nel 1512, Giulio II – Giuliano della Rovere, papa guerriero, che aveva, di persona, guidato campagne militari contro le repubbliche ribelli e la Francia – convocò a Roma un concilio ecumenico, il Concilio Lateranense V. Già nella prima sessione del concilio, il 10 maggio 1512, le fazioni diedero battaglia. Egidio da Viterbo, un agostiniano alleato del papa, pronunciò un arroventato discorso nel quale denunciò i mali della Chiesa e i cardinali scismatici. Una settimana dopo, nella seconda sessione, lo pseudo-concilio di Pisa venne condannato e tutte le sue decisioni dichiarate nulle e invalidate.

Il concilio durò cinque anni fino al 1517, oltre il papato di Giulio II prolungandosi in quello del suo successore papa Leone X. Lo scontro tra tradizionalisti e riformatori non fu l'unico. Un altro fu su moneta e banche. I domenicani – il cui motto era «*Laudare, benedicere, praedicare*» – erano in conflitto con i francescani – il cui motto era «*Pax et bonum*» – sull'usura. L'esito di questa controversia, che a prima vista potrebbe sembrare piuttosto *recherché*, avrebbe influenzato l'attività bancaria, e in particolare lo sviluppo di un singolare tipo di banca: la cosiddetta «banca buona», un'istituzione benefica che opera anche come banca. Per comprendere la genesi di queste straordinarie istituzioni dobbiamo fermarci a Roma e seguire il turbolento Concilio Lateranense V.

I Monti: monete in affitto

I francescani da tempo sponsorizzavano istituzioni finanziarie che prestavano ai bisognosi. Le opere pie francescane raccoglievano donazioni di monete per prestarle senza interesse ai poveri meritevoli, a coloro che erano caduti in disgrazia, agli anziani, ai disabili e ai malati. Le monete raccolte venivano ammucchiate nelle sedi degli enti di beneficenza, e proprio i monti di monete diedero nome a quelle istituzioni: Monti di Pietà.

All'inizio del XV secolo le congregazioni francescane avevano già fondato Monti di Pietà in numerose città; il sistema era ovunque il medesimo e molto semplice: le monete arrivavano e i Monti le prestavano. Ma i Monti non avevano mai abbastanza monete per soddisfare le richieste di tutti i bisognosi. Man mano che le richieste di monete aumentavano i mucchi diminuivano.

Sempre più comunità chiedevano monete per i loro artigiani malati, i dipendenti disoccupati, i contadini colpiti da un cattivo raccolto – o da qualsiasi altra disgrazia temporanea. Bisognosi meritevoli che potevano sia prendere in prestito le monete sia restituirle. La domanda superava l'offerta, e al Concilio Lateranense V i francescani chiesero di essere autorizzati a chiedere una modesta commissione a chi riceveva in prestito le monete. Inoltre, volevano compensare i mercanti e i benestanti che affidavano monete ai Monti. I mucchi di monete sarebbero cresciuti e i Monti avrebbero potuto aiutare più bisognosi meritevoli.

Ma autorizzare i francescani a compensare ed essere compensati per prestare e farsi prestare monete non era semplice. All'epoca la Chiesa cattolica considerava farsi pagare un prestito una forma di usura, un peccato mortale.

«E se prestate a coloro da cui sperate ricevere, quale gratitudine vi è dovuta? Anche i peccatori concedono prestiti ai peccatori per ricevere altrettanto. Amate invece i vostri nemici, fate del bene e prestate senza sperarne nulla, e la vostra ricompensa sarà grande e sarete figli dell'Altissimo, perché egli è benevolo verso gli ingrati e i malvagi» si legge in *Luca* 6, 34-35. Chiedere un compenso in denaro a chi riceveva monete in prestito era proibito. In sostanza, i francescani chiedevano che la loro versione di quella che oggi chiameremmo «microfinanza» fosse esentata dalle norme contro l'usura, perché i poveri meritevoli di essere aiutati erano sempre più numerosi. Ma i domenicani e i loro alleati non volevano indebolire in alcun modo la condanna dell'usura: un peccato è un peccato.

I francescani però avevano pronta una risposta. I domenicani avevano ragione: farsi pagare per prestare denaro era peccato, ma non lo era chiedere a qualcuno di pagare un affitto per l'uso di una proprietà altrui. I francescani sostenevano che le transazioni tra i Monti e chi riceveva monete erano due, non una. La prima, cioè dare le monete in prestito, era gratuita, e i francescani non si sarebbero mai sognati di farsi pagare per questo; con la seconda transazione i Monti permettevano a chi riceveva le monete di farne l'uso che voleva. Questo utilizzo secondo i francescani non avrebbe dovuto essere gratuito. I Monti avrebbero dovuto essere compensati per permettere a chi aveva ricevuto monete di usarle a suo piacere. In fondo, chiunque utilizzasse temporaneamente un bene altrui pagava un canone.

Sottile e intelligente ma, non dimentichiamolo, Guglielmo d'Ockham, famoso per la sua *lex parsimoniae*, l'euristico rasoio di Ockham, era francescano. Tuttavia la logica dei francescani si spingeva ancora oltre. Il loro argomento si applicava anche a chi affidava le proprie monete ai Monti. Anche il deposito era composto di due contratti: custodia e utilizzo. La custodia delle monete doveva essere, ovviamente, gratuita, ma se i Monti volevano utilizzare le monete depositate nelle loro casse dovevano pagare un canone ai proprietari.

I domenicani contestavano queste argomentazioni, che si possono considerare capziose o brillanti: questione di gusti. Fortunatamente per i francescani, il Concilio Lateranense V ammirava la genialità e l'audacia delle loro argomentazioni; i domenicani persero la partita e nella bolla pontificia *Inter multiplices*, emanata il 4 maggio 1515, Leone X benedì le monete in affitto.

All'inizio il noleggio delle monete serviva solo a coprire le spese dei Monti – questa non era usura, dopotutto. Ma il passo tra un canone d'affitto sufficiente a coprire le spese operative e commissioni che generano profitto è breve. Ben presto i Monti di Pietà divennero effettivamente delle banche, «banche buone». E, tra le banche buone, le istituzioni finanziare benefiche di Napoli sono l'esempio migliore.

Un pezzo di cielo caduto in terra

Finalmente da Roma – la città eterna, sede del dibattito teologico e finanziario – arriviamo a Napoli, la città della sirena Partenope, «un pezzo di cielo caduto in terra», secondo Jacopo Sannazaro. Napoli: con le sue strade strette e affollate, la magnifica baia, Ischia e Capri. Napoli: celebre per le opportunità che un tempo offriva a mercanti e marinai, per povertà e corruzione e malgoverno. Fu dopo l'epidemia di colera del 1884 che l'allora primo ministro italiano De Pretis dichiarò che Napoli doveva essere demolita: «Bisogna sventrare Napoli» disse.

«Gli stranieri sanno molte cose di Napoli anche senza bisogno di visitarla» scrive Peter Gunn nel suo saggio *Napoli, un palinsesto.* «La vista della baia, la musica, allo stesso tempo vivace e sentimentale; l'esuberanza dei suoi colori; la povertà e i bassifondi [...] sanno qualcosa della sua variegata storia.»[2]

Storia che riassumo in breve: la Spagna aveva annesso il Regno di Napoli nel 1507 e la città di Napoli era diventata il centro dell'amministrazione pubblica, della finanza e del commercio. Dal 1507 fino alla fine della dominazione spagnola, nel 1707, il Regno di Napoli fu governato da un viceré inviato da Madrid e da un consiglio eletto localmente. Metropoli e centro del governo e dell'amministrazione, più Napoli cresceva e più aumentava la gente che lasciava le campagne e cercava lavoro in città. Il processo di urbanizzazione accelerò e si moltiplicarono disoccupati, poveri, individui senza arte né parte. Le istituzioni religiose e le opere pie della città cercavano di alleviare povertà e sofferenze di questo sottoproletariato urbano.

A Napoli operavano sette associazioni benefiche e assistenziali: tre di esse gestivano ospedali, due erano orfanotrofi e le ultime due, il Monte di Pietà e il Monte dei Poveri, affittavano monete ai poveri. Tutte queste associazioni avevano bisogno di moneta per le proprie attività. Più la popolazione cresceva e più cresceva il numero di poveri e bisognosi meritevoli di aiuto, e ben presto le sette opere pie si ritrovarono a corto di monete. A Napoli banchieri d'affari erano numerosi, ma questi servivano mercanti e uomini d'affari, non i poveri. Fu per questo che le opere pie decisero di imparare dai banchieri come si crea moneta e di sfidare lo status quo, come i francescani al Concilio Lateranense V.

Le sette associazioni benevole chiesero licenza di istituire banche di emissione e circolazione. Volevano aggiungere al Monte che affittava monete ai poveri una banca vera e propria, capace di creare moneta, di creare valuta bancaria. Le autorità spagnole acconsentirono in fretta: un piccolo gesto per loro, ma con enormi conseguenze per le opere pie, che avrebbero potuto non solo accettare depositi ma anche far circolare i loro debiti – le promesse – con il potere d'acquisto delle monete. Abbiamo già visto ciò che questo tipo di potere consente di fare alle banche, e quello che fecero gli enti bancari di beneficenza di Napoli fu davvero notevole.

Le sette istituzioni benefiche gestivano due tipi di banca. Il primo era il classico Monte che prestava monete ai bisognosi meritevoli; il secondo era una banca di deposito che scambiava promesse con i propri clienti. Clienti diversi da quelli del Monte di Pietà. Non bisognosi meritevoli di aiuto che chiedevano poche monete ma mercanti, professionisti, industriali, uomini d'affari. Clienti che non volevano mettere al sicuro le proprie monete ma ricevere le promesse della banca per spenderle con facilità e sicurezza. Le licenze bancarie permettevano alle istituzioni benefiche di creare valuta bancaria in eccesso delle monete che avevano in cassa. E così questi nuovi clienti aumentavano il proprio potere d'acquisto.

I due diversi tipi di banca stavano bene insieme: da un lato le monete depositate da mercanti e uomini d'affari finivano in una cassa comune e potevano essere prestate ai poveri; dall'altro i beni che i Monti ricevevano in garanzia per le monete prestate erano un buon asset per una banca. Se chi riceveva monete non le restituiva la banca vendeva questi oggetti all'asta.

Per gli enti di beneficenza fare promesse permetteva di accumulare asset che, a loro volta, producevano profitti. Le opere pie si accorsero che, mettendo insieme i due tipi di banca, potevano in un colpo solo aiutare i poveri *e* guadagnare. Un miracolo. A Napoli, pietà e avidità sembravano sostenersi a vicenda.

Forse Napoli è un'eccezione, o forse no.

Don Juan

Le autorità spagnole erano pienamente consapevoli di quanto il nuovo tipo di banca potesse servire il Regno di Napoli e tutto l'impero.

Nel 1580 Don Juan de Zúñiga – il viceré spagnolo a Napoli – confermò con ordinanza reale i privilegi bancari della Casa Santa dell'Annunziata, una delle sette opere pie della città. Don Juan scrisse nell'ordinanza che le autorità spagnole vedevano di buon occhio che la banca ricevesse monete da coloro che desideravano spenderle e, più ancora, che la banca emettesse a favore dei propri clienti debito bancario, promesse che questi potevano usare come mezzi di pagamento al posto delle monete di Zecca.

Don Juan era furbo, capiva che un'istituzione benefica religiosa che crea moneta scambiando promesse di pagamento con i clienti poteva essere molto utile all'impero. Nel Regno di Napoli le monete di Zecca erano scarse. Le promesse di pagamento delle opere pie avrebbero potuto sostituire le monete d'argento, le sole ad avere corso legale nel regno. Ma l'argento coniato valeva di più come merce sul mercato internazionale che come moneta nel regno. Quindi le monete della Zecca lasciavano il regno per andare dove valevano di più. A Napoli le attività economiche e il gettito fiscale soffrivano per la mancanza di monete e Don Juan sperava che i debiti di banche gestite da enti benefici potessero fornire i mezzi di pagamento di cui i cittadini e i pubblici ufficiali avevano disperato bisogno. Così l'impero spagnolo avrebbe beneficiato dell'assistenza delle istituzioni benefiche quanto i poveri meritevoli della città. Lo Stato appoggiava la Casa Santa dell'Annunziata perché questa lo aiutasse. Don Juan voleva che imperialismo e carità cristiana si sorreggessero a vicenda. Più avanti torneremo sulle conseguenze della scarsità di moneta d'argento a Napoli. Qui voglio far notare che l'ordinanza di Don Juan segnò l'inizio di una stretta collaborazione tra le banche emanazioni di enti benefici e lo Stato. Una collaborazione che durò – in varie forme e con molti aggiustamenti – per più di quattro secoli.

L'uomo più impossibile del suo secolo

Napoli ha dato i natali a molti grandi pensatori, tra cui Giambattista Vico, autore della *Scienza nuova*. La città ha anche generato economisti brillanti, noti e meno noti, come Carlo Antonio Broggia, autore del *Trattato de' tributi, delle monete, e del governo politico della sanità*, pubblicato nel 1743, che contiene una teoria completa della tassazione; Giuseppe Palmieri, con il suo *Riflessioni sulla pubblica felicità relativamente al Regno di Napoli*, pubblicato nel 1788; Antonio Genovesi, il primo professore di Economia politica all'Università di Napoli e, forse il più grande di tutti, Ferdinando Galiani, che Nietzsche, in *Al di là del bene e del male* (1886), definisce «il più profondo, più acuto e forse più impossibile uomo del suo secolo».[3]

Nietzsche era animato da uno spirito profondamente polemico, incline all'esagerazione e all'iperbole – l'*Übermensch*, la volontà di potenza, la morte di Dio eccetera. Quando descrive Galiani come l'uomo «più impossibile del suo secolo» in realtà esprime parole d'elogio e non di biasimo per l'esagerato cinismo di Galiani, atteggiamento che Nietzsche apprezzava particolarmente. A Galiani vizi e debolezze non facevano difetto; uno di questi, il più innocente, era un debole per i dolci. Adorava i dolci, specialmente il cioccolato, che comprava nelle migliori cioccolaterie di Napoli e pagava raramente in monete, preferendo i debiti bancari. Quali che fossero il suo fascino o la sua mancanza di fascino, Galiani era un uomo che capiva le banche di Napoli meglio di chiunque altro, prima o dopo di lui.

Nato nel 1728, nipote di un cardinale, Galiani diventò presto l'abate di un monastero nei pressi di Napoli, ma aveva aspetto e abitudini peculiari e non si adattava bene alla curia locale. Alto appena un metro e sessanta, *bon vivant* e donnaiolo, amava i piaceri terreni: rimanere a letto fino a mezzogiorno mangiando cioccolato e intrattenere gli ospiti con il suo umorismo e la sua saggezza. Libero pensatore, aperto a idee nuove e alle tendenze culturali del suo secolo, i suoi interessi andavano dall'archeologia alla politica. Galiani – l'uomo impossibile – scrisse nel 1751, poco più che ventenne, *Della moneta*, un saggio che gli diede fama internazionale.

Nel 1759, in pieno secolo dei lumi, si trasferì a Parigi come segretario dell'ambasciata del Regno di Napoli dove fu accolto con tutti gli onori e in breve fece amicizia con Diderot e altri enciclopedisti. Come altri illustri scrittori e intellettuali dell'epoca, tra cui Jean-Jacques Rousseau, mantenne una relazione con la celebre *saloniste* Madame d'Épinay. Galiani scrisse molto e su argomenti diversi ma fu *Della moneta* a dargli celebrità e a garantirgli una fama che si diffuse ben oltre i salotti del XVIII secolo e la menzione di Nietzsche – onorevole o meno.

Karl Marx, rintanato nella British Library, studiò *Della moneta* con attenzione. Trovò molte cose di suo gusto, e lo citò ripetutamente nel suo saggio del 1859, *Per la critica dell'economia politica*. L'ammirazione di Marx deriva dalla teoria del valore di Galiani che, in *Della moneta*, sostiene che è il lavoro umano a dare valore a tutti i beni. I manufatti di maggior valore sono quelli che, per essere prodotti, richiedono una maggiore quantità di lavoro. L'oro e l'argento possono rappresentare e misurare il valore, ma non lo creano. Se queste affermazioni suonano familiari è perché Marx le fece proprie e le sviluppò come premessa alla sua teoria del capitale.

Ma se sulla moneta Galiani era bravo, sulle banche era geniale. Studiando la moneta aveva capito come funziona. Nel quarto libro del suo *Della moneta* scrive: «Sebbene fosse vero che il banco buono è il banco che non paga, è vero altresì che il banco accreditato è quello che non è restio a pagare».[4] Questo è il Galiani di Nietzsche, non quello di Marx, «l'uomo impossibile» con i suoi paradossi. Ma il senso è chiaro: una banca che deve pagare dividendi agli azionisti e restituire monete ai suoi clienti è spinta a rischiare troppo, a esporsi, e se è a corto di moneta di Zecca è destinata a fallire. Al contrario, una banca che non remunera gli azionisti e non restituisce le monete ai clienti ha meno probabilità di trovarsi in difficoltà e fallire. Di conseguenza quella banca può, alla fine, contribuire di più al bene comune. Una tale istituzione – generosa, comoda e sicura – è, secondo Galiani, una vera «banca buona».

Galiani sottolinea che le banche di Napoli – gestite da enti religiosi e benefici – sono istituzioni di questo tipo: non restituiscono i depositi e non pagano i dividendi; ai loro clienti fanno promesse che questi usano come mezzi di pagamento. Queste banche non pagano dividendi ai loro azionisti, le opere pie, ma sotto la loro direzione usano i profitti per il bene comune. I Monti noleggiano monete ai poveri meritevoli, mentre la banca gestisce ospedali, ostelli e ospizi, oltre a finanziare nobili cause come riscattare cattolici catturati dai pirati musulmani o pagare le cauzioni di cittadini incarcerati per debiti.

Galiani sapeva benissimo che le banche di Napoli non erano le uniche «banche che non pagano» in attività. La Banca di Amburgo, la Banca di Amsterdam e persino il Banco Giro non restituivano monete ai depositanti né pagavano dividendi ai loro azionisti. Ma queste banche non facevano profitti. Non *pagavano* moneta ma nemmeno ne *guadagnavano*, e l'assenza di profitti limitava quanto bene potevano fare. Non erano «buone» quanto quelle di Napoli.

Gli enti bancari/benevoli di Napoli erano radicalmente diversi, facevano di tutto per essere redditizi: acquisivano asset che producevano reddito e profitti e impiegavano questi profitti non per pagare dividendi ma per sostenere la comunità e lo Stato. Gli enti bancari/benefici erano così «buoni» e così fuori del comune che, secondo Galiani, facevano onore alla città di Napoli. E Galiani non era un grande ammiratore di Napoli: non vedeva l'ora di lasciare la città, e quando fu richiamato a casa da Parigi disse ai suoi amici che «era rientrato nel regno vegetale». Ma, in questo caso suggerisce a Stati e comunità di imitare l'esempio di Napoli.

Ma le banche napoletane non erano buone soltanto nella mente o nelle pagine del libro di Galiani; funzionavano così *per davvero*. Attive per oltre quattro secoli, sopravvissero a innumerevoli shock, scossoni e cambiamenti di ogni tipo: occupazioni straniere, guerre, rivoluzioni e numerosi cambi di regime – il genere di cose che normalmente spazza via anche le istituzioni più solide. Qualsiasi cosa accadesse, gli enti bancari/benevoli seppero adeguarsi e adattarsi, in partnership con chiunque governasse: l'impero spagnolo, i francesi, le repubbliche e il Regno d'Italia. Nel 1861 le banche si fusero in un'unica istituzione, il Banco di Napoli, che rimase di proprietà di una fondazione benefica fino al 1996, quando si trasformò in società quotata. Oggi il Banco di Napoli è di proprietà di Banca Intesa e fondazioni benefiche sono tra gli azionisti. E nell'archivio della Fondazione del Banco di Napoli sono conservati storia e segreti di come una «banca buona» funziona veramente.

Vedi Napoli e poi muori

Tutti conoscono il detto «vedi Napoli e poi muori». Per molti questo significa vedere la baia di Napoli – una vista grandiosa che ha ispirato generazioni di artisti – ma per pochi fortunati, come me, ha significato frequentare gli archivi del Banco di Napoli. Nel centro della città, celate in un vissuto palazzo barocco, ci sono non meno di trecento stanze piene fino al soffitto di registri e documenti accatastati con ordine. Cinquecento anni di storia, documenti che spiegano come funzionava la valuta bancaria delle banche «buone»: tutti riuniti in un unico luogo. Difficile da descrivere. Sono un banchiere, non un artista, ma fidatevi: è una vista incredibile. Lo stesso

Galiani si sarebbe sentito venir meno: file, file e file di fedi di credito, promesse degli enti bancari/benefici, accatastate con ordine in attesa di essere decifrate. Se si vuole capire il funzionamento delle banche buone, c'è una sola cosa da fare: esaminare questi archivi.

La moneta bancaria emessa dagli enti bancari/benefici funzionava diversamente da quella del Banco Giro e da quella della Banca d'Inghilterra. I debiti delle banche napoletane non circolavano come annotazioni nei registri o come banconote, ma come speciali titoli di debito, le *fedi di credito.*

Queste fedi di credito circolavano bene, accettate come mezzi di pagamento in sostituzione della moneta di Zecca e poi depositate o incassate presso uno degli enti bancari/benefici. Per secoli, gli impiegati di questi enti archiviavano le fedi di credito restituite alla banca. E oggi, questa enorme mole di promesse fatte ai clienti delle banche è in questi archivi.

Pagare Caravaggio

Nei primi giorni di ottobre del 1606 un giovane artista arrivò a Napoli in piena notte, da fuggitivo: era scappato da Roma in fretta e furia. Un tribunale lo aveva condannato a morte per avere ucciso un uomo in un duello. Funzionari della legge e amici dell'uomo ucciso gli davano la caccia; qualsiasi cittadino era autorizzato a ucciderlo a vista. La condanna avrebbe dovuto dissuadere chiunque dal dargli ospitalità, eppure tutti i collezionisti d'arte e i mecenati di Napoli offrirono al giovane rifugio e protezione. Perché? Perché non era semplicemente un artista: era un *grande* artista. Possedeva un talento straordinario, la sua innovativa associazione di soggetti sacri e figure profane, assieme al suo uso della luce, erano molto richiesti. Il giovane pittore era convinto che a Napoli, grazie al suo talento e alla sua fama, sarebbe stato al sicuro e avrebbe trovato clienti. Aveva ragione. Con il suo quadro intitolato *Sette opere della Misericordia*, dipinto nel 1606, divenne il primo pittore a Napoli pagato più di quattrocento ducati – una piccola fortuna – per una singola opera. L'attaccabrighe, genio, fuggitivo era Michelangelo Merisi, Caravaggio.

Grazie agli archivi possiamo scoprire molte cose su cosa dipinse e sulle somme che Caravaggio guadagnò a Napoli. Per esempio, conosciamo Niccolò Radulovich, un mercante di Ragusa (oggi Dubrovnik), la repubblica mercantile sulla costa adriatica della Croazia. Radulovich commerciava molto nel Mediterraneo e con il Regno di Napoli; si era trasferito in città e voleva entrare a far parte della élite locale.

Diventare un patrono delle arti era – allora come oggi – la via migliore per salire la scala sociale ed essere accettati da chi conta. Radulovich voleva da Caravaggio un grande dipinto a olio con la Vergine Maria e vari santi attorno a lei ritratti in pose diverse. Dal canto suo Caravaggio voleva guadagnare il più possibile in fretta. Si mise a dipingere freneticamente e consegnò il dipinto a Radulovich a tempo di record.

Ma noi non possiamo ammirarlo: di questo quadro non vi è traccia, è come se non fosse mai esistito. Eppure sappiamo che è stato completato e consegnato a Radulovich. Lo sappiamo perché Caravaggio fu pagato con una «fede di credito» del Banco di Sant'Eligio, ossia con il peculiare tipo di valuta di banca degli istituti napoletani, e la documentazione che lo prova è nell'archivio di Napoli. La fede di credito poteva essere consegnata *soltanto* se le condizioni del pagamento fossero state soddisfatte – vale a dire, se il quadro fosse stato completato. E infatti, nel registro del Banco di Sant'Eligio c'è un'annotazione che registra che Caravaggio ha ricevuto la fede di credito e che l'ha cambiata in moneta di Zecca. Avrebbe potuto fare a meno di convertire la valuta di banca in monete, dato che a Napoli molti accettavano le fedi di credito con la stessa facilità – e allo stesso prezzo – con cui accettavano monete d'oro e d'argento, ma Caravaggio spendeva la maggior parte di quanto guadagnava al gioco e con donne di dubbia moralità: è probabile che le sue controparti fossero poco inclini ad accettare le fedi di credito. Per ciò che Caravaggio voleva, le monete d'oro e d'argento erano meglio delle promesse delle banche.

Radulovich non era l'unico mecenate che pagava Caravaggio con fedi di credito; un altro era Tommaso de Franchis, che commissionò diverse opere a Caravaggio, tra cui *Le sette opere della Misericordia* e *La flagellazione di Cristo.* De Franchis veniva da un'antica, ricca e potente famiglia napoletana, una famiglia di mercanti, magistrati e membri dei consigli di amministrazione degli enti benefici. Tutti i De Franchis si servivano abitualmente di fedi di credito per pagare beni e servizi e altrettanto fece Tommaso, che pagò Caravaggio nello stesso modo. Le fedi di credito usate per pagare Caravaggio non si sono conservate – ma le registrazioni delle fedi date a

Caravaggio e poi depositate o scambiate con moneta di Zecca sono nei libri mastri delle banche. Altre fedi di credito dei De Franchis sono sopravvissute, e ci permettono di capire come questo peculiare tipo di valuta di banca funzionasse davvero.

L'ascesa – e l'ascesa – della fede di credito

All'inizio del XVII secolo Antonio de Franchis gestiva gli affari di famiglia. Era il patriarca. Normalmente pagava e veniva pagato con polizze tratte sui Banchi. Queste polizze – scritte a mano su carta intestata della banca – erano un ordine alla banca di effettuare un pagamento; potevano circolare, ma in maniera limitata. La polizza non era un debito della banca ma di Antonio, e la sua accettazione dipendeva dalla fiducia che il destinatario aveva in Antonio, non nella banca. La polizza era l'equivalente di un moderno assegno bancario.

Antonio de Franchis apprezzava la comodità delle polizze ma non la loro limitata accettazione, e spesso pagava con fedi di credito, vero debito della banca, un titolo di debito che è, invece, un'invenzione delle banche napoletane. Per vedere come funzionava prendiamone uno del Banco dei Poveri usato da Antonio de Franchis nel 1600. Si tratta di un'attestazione formale del Banco che recita:

> Noi, i governatori del Banco dei Poveri facciamo fede di tenere Antonio de Franchis come creditore in nostro detto Banco di ducati 28, dei quali potrà disporre a ogni suo piacere colla presente firmata e suggellata.

La fede, con il sigillo della banca e la firma del cassiere, *era* un debito della banca, autentica moneta bancaria, ma non era una banconota: non passava di mano in mano, bensì di nome in nome. La banca pagava soltanto il legittimo possessore della fede, non il portatore. Era quindi necessaria l'accettazione scritta di entrambe le parti: quella che faceva il pagamento e quella che lo riceveva. E per tenere traccia di questi debiti la banca annotava tutti i passaggi nominativi su speciali libri contabili. Per questo le fedi circolavano più lentamente delle banconote ma erano più sicure. E così aumentarono la quantità di moneta del Regno di Napoli, permettendo a individui come Caravaggio di chiedere di essere ben pagati per dipingere, e ai Radulovich o ai De Franchis di pagare quanto richiesto. I registri degli enti bancari/benefici registrano molti di questi pagamenti fatti a Caravaggio dai committenti, e dallo stesso Caravaggio a terze parti, con fedi di credito. Le fedi dei Banchi napoletani funzionavano benissimo come mezzi di pagamento.

I cittadini di Napoli si fidavano delle fedi di questi istituti bancari gestiti da enti religiosi di beneficenza. La natura del debitore e le procedure che ne regolavano i passaggi di mano erano tali da ispirare fiducia. Le «banche buone» di Galiani – in parte istituzioni benefiche e in parte banche – erano riuscite a fare delle loro promesse un tipo di valuta di banca con un buon compromesso tra comodità e fiducia, e i clienti non mancavano.

All'inizio del XVII secolo Napoli aveva circa duecentosessantamila abitanti; di questi trentacinquemila – circa un sesto – erano clienti dei sette Banchi e riceveva le loro promesse, e quasi tutti gli altri cittadini del regno le accettavano volentieri. Le fedi contribuirono certamente ad accrescere la quantità di moneta del regno; ma di quanto e con quali effetti?

Francesco Balletta, dell'Università di Napoli, ha studiato le fedi di credito dei Banchi napoletani per una vita; le sue ricerche coprono un arco di due secoli, dal 1587 al 1806. In questo periodo, secondo Balletta, la quantità di fedi emesse dalle banche fu ciclica, aumentò e si contrasse per guerre, ribellioni, cicli economici, politiche imperiali, epidemie, carestie eccetera. Ma nel complesso i Banchi emisero un numero molto significativo di moneta di banco. Dal 1607 al 1622, per esempio, il numero delle fedi emesse dal solo Banco dei Poveri aumentò di oltre settanta volte, passando da 4742 a 343.038, e il valore delle fedi dei sette Banchi passò da 47.000 ducati nel 1587 a sette milioni di ducati nel 1622. La crescita non fu lineare ma fu massiccia: a Napoli la moneta di banco era un mezzo di pagamento molto diffuso.

Balletta è andato oltre: ha calcolato la riserva metallica di ogni singola banca e dell'intero sistema. Queste riserve fluttuarono da un massimo del 55 per cento nel 1587 a un minimo dell'8,34 per cento nel 1610. In media furono il venti per cento della quantità di valuta di banco in circolazione; le promesse delle banche costituivano una larga fetta della quantità di moneta del Regno di Napoli.

Questo ebbe due effetti principali. Primo: le fedi di credito nominative che venivano trasferite con annotazioni sui registri delle banche avevano creato una valuta di banca abbondante e sicura, riducendo la dipendenza del regno dalla moneta di Zecca e permettevano quindi all'argento di andare dove valeva di più. Secondo: le fedi di credito aumentarono la quantità di moneta circolante favorendo le attività economiche. Napoli non sfuggì ai cicli di boom e recessioni causati dai massicci aumenti di debiti dei Banchi ma questi cicli, e le loro conseguenze, furono forse più gestibili.

Se vogliamo comprendere perché la moneta dei Banchi napoletani funzionò e perché le fu data fiducia così a lungo, dobbiamo esaminare il funzionamento di queste istituzioni un po' enti benevoli e molto banche.

Dietro le quinte: vendite e riacquisti

Ferdinando Galiani aveva ragione, aveva capito benissimo che gli enti bancari/benefici non si limitavano a scambiare la moneta di Zecca con valuta di banco come i loro omologhi ad Amsterdam e Amburgo, ma creavano moneta e generavano profitti. Era questo a dare loro un ruolo centrale nella città e nel regno. Ma come potevano fare profitti?

La Chiesa consentiva ai Monti di farsi pagare l'affitto delle monete ma proibiva di farsi pagare le promesse. I francescani al Concilio Lateranense V erano riusciti a fare breccia nel divieto e le autorità spagnole avevano concesso agli enti bancari di beneficenza vari privilegi. Tuttavia queste aperture non erano sufficienti a creare istituti bancari che guadagnavano scambiando i loro debiti con quelli dei clienti. Nel XVII secolo il Regno di Napoli era una provincia della Spagna, il più cattolico di tutti gli imperi, e le banche stesse erano di proprietà di opere pie cattoliche. E la Curia di Roma, a soli centonovanta chilometri di distanza, considerava gli interessi sui prestiti una vera e propria usura. Affittare monete era sì lecito, ma i Banchi facevano molto di più. In realtà, quando consegnavano una fede di credito a un cliente, barattavano debiti e intascavano profitti: un comportamento che assomigliava molto all'usura. Com'era possibile? Come potevano i Banchi guadagnare barattando i loro debiti con quelli dei clienti senza incorrere nell'ira della Chiesa e rimanendo nel rispetto della legge? È un mistero che gli storici hanno cercato di risolvere per molto tempo. Fortunatamente, i libri contabili dei Banchi svelano anche questo.

Antonio de Franchis non era il solo aristocratico napoletano che si serviva dei debiti dei Banchi per i propri affari. Un altro era il conte Fabrizio di San Severino.

Il conte, cliente del Banco dei Poveri, era quello che oggi chiameremmo un immobiliarista. Acquistava immobili per ristrutturarli e poi rivenderli o affittarli, un'attività che assorbe molto capitale. Il conte, come gli immobiliaristi dei nostri giorni, finanziava gli investimenti con tanto debito e poca equity.

Nel 1616 voleva acquistare un palazzo per mille e duecento ducati usando solo debito bancario. Il conte possedeva, tra l'altro, un grande edificio adiacente alla chiesa di Santa Maria, nel centro della città, affittato per novantadue ducati all'anno. Con due transazioni contemporanee il conte vendette al Banco l'edificio adiacente alla chiesa per mille e duecento ducati e con il ricavato acquistò il palazzo da ristrutturare. Sei mesi dopo il conte ricomprò dal Banco l'immobile che gli aveva venduto allo stesso prezzo.

Né la banca né il conte persero o guadagnarono dalle due transazioni, ma nel periodo in cui la banca era stata proprietaria dell'edificio aveva incassato l'affitto di quarantasei ducati – e le entrate del conte erano diminuite della medesima cifra.

Le due transazioni sono, dal punto di vista legale, una vendita e un acquisto; ma insieme hanno le conseguenze finanziarie di un prestito all'otto per cento di interesse annuo – in altre parole, tre transazioni perfettamente legali avevano avuto per le due parti le conseguenze finanziarie di una transazione proibita. Questo sotterfugio permetteva alle due parti di ottenere quanto volevano: il conte poteva disporre di debito bancario sufficiente all'acquisto e il Banco veniva compensato per aver messo capitale a disposizione del cliente. L'esame dei libri delle sette banche, conservati negli archivi di Napoli, contiene i dettagli di innumerevoli transazioni di vendita e riacquisto di beni che producono flussi di cassa. Flussi che per la durata del «prestito» andavano ai Banchi, così che questi riuscissero a generare profitti senza infrangere le leggi della Chiesa o dello Stato.

Il modello di business degli enti bancari/benefici è ora chiaro. I clienti depositavano in banca monete di Zecca e – in più – promettevano di pagare la banca per servirsi dei suoi debiti come mezzi di pagamento. In cambio, la banca emetteva a loro favore fedi di credito – promesse scritte – che questi utilizzavano al posto della moneta di Zecca. Il Banco, poi, dava in affitto a bisognosi «meritevoli» una parte delle monete mentre ne tratteneva altre come riserve per poter scambiare a richiesta le fedi di credito con la moneta di Zecca. Queste attività, però, non producevano profitti, quindi la banca acquistava e rivendeva – con moneta di banco – asset che producevano reddito. Il tutto senza infrangere né il diritto canonico né il diritto civile.

Un meccanismo ingegnoso, tranne che per un particolare: a Napoli i clienti come il conte Fabrizio di San Severino non erano abbastanza numerosi da sostenere sette enti bancari e benefici che, quindi, rivolsero le loro attenzioni a un cliente molto facoltoso: lo Stato.

Un debito pubblico perpetuo

Ripassiamo un po' di storia: nel 1556 Filippo, personaggio autoritario e capace amministratore, divenne re di Spagna. Anche Napoli, Milano, l'Olanda e le colonie d'oltremare erano sotto di lui, e un anno dopo si aggiunse anche il Portogallo. Il tutto diventò l'impero spagnolo.

Era un impero nato pieno di debiti e Filippo II – noto come Filippo il Prudente, uomo meticoloso anche se non sempre saggio – iniziò una politica di espansione internazionale aggressiva. I debiti crescevano in fretta e Napoli dovette farsi carico della propria parte e anche di più.

La spesa pubblica del Regno di Napoli passò da 1,3 milioni di ducati nel 1550 a 4,7 milioni nel 1626. Nel 1636 raggiunse la rispettabile cifra di 7,5 milioni. Le entrate fiscali non crescevano abbastanza e il regno, per soddisfare le richieste dell'amministrazione imperiale, si indebitò fino al collo.

Fin qui niente di nuovo. Il fatto sorprendente è che il Regno di Napoli, grazie a un'amministrazione finanziaria estremamente capace ed efficiente, sia riuscito a soddisfare per quasi due secoli la fame di risorse dei conquistatori spagnoli.

La capacità del regno di indebitarsi in modo massiccio fu un'arma a doppio taglio: da una parte aumentò le risorse disponibili e dall'altra ridusse la discrezionalità della spesa.

L'esempio migliore è dato dalle spese militari. All'inizio del periodo in esame, queste erano il grosso della spesa pubblica. Ma con il passare del tempo le spese militari scesero dal quarantacinque al ventitré per cento del totale; nello stesso periodo il servizio del debito passò dal trentuno per cento a un astronomico cinquantasei per cento della spesa.

Il regno finanziò per diversi anni le politiche imperiali spagnole con debito consolidato, ma il ricorso continuo al prestito finì per creare un mostro. All'inizio del XVII secolo la macchina finanziaria era costretta a fare gli straordinari semplicemente per riuscire a nutrire il mostro: più del cinquanta per cento delle entrate del regno era destinato al pagamento degli interessi.

Ma come succede spesso le percentuali offrono una visione distorta della realtà.

È vero che la percentuale della spesa totale destinata alla macchina bellica imperiale si era dimezzata, tuttavia il suo valore assoluto era raddoppiato. L'impero spagnolo traeva, quindi, enormi benefici dalla capacità del regno di indebitarsi. I cittadini, invece, ne beneficiarono molto meno, dato che le spese militari e quella per gli interessi lasciavano poche risorse al governo per sostenere la crescita economica e l'assistenza sociale.

Ma noi non dobbiamo sottovalutare le capacità dell'amministrazione finanziaria del Regno di Napoli. Pochi Stati europei nel XVII secolo sono stati capaci di accumulare un debito consolidato così ingente. Gli investitori privati – nazionali e stranieri – continuarono a comprare debito pubblico del regno anche quando era chiaro che il regno non sarebbe riuscito a restituire il capitale. Perché? Siamo di fronte a uno dei primi esempi di follia finanziaria, o si tratta di un comportamento razionale? Capire come il Regno di Napoli riuscì ad accumulare e gestire un debito consolidato di quelle dimensioni rivela alcune caratteristiche del debito pubblico di qualsiasi nazione che sono attuali anche oggi.

Il regno aveva cominciato a indebitarsi a lungo termine nel 1510 – e già era debito consolidato.

L'amministrazione aveva compreso presto che una buona parte di chi prestava allo Stato non cercava plusvalenze ma un flusso di cassa il più costante possibile nel lungo termine per sé, la propria famiglia e gli eredi.

Un debito pubblico perpetuo avrebbe soddisfatto sia le esigenze di questi piccoli investitori sia le domande di Madrid.

L'amministrazione finanziaria mise a punto accorgimenti che permisero al regno di soddisfare le domande dei risparmiatori di Madrid con un debito consolidato quasi perpetuo. Ma raccogliere e sostenere un debito quasi perpetuo non è facile oggi, e lo era ancora meno allora. Nel XVII secolo pochi Stati riuscirono a farlo: il Regno di Napoli ci riuscì grazie all'aiuto – ancora una volta – dei Banchi.

Gli arrendamenti

Il Regno di Napoli aveva un modo tutto suo di indebitarsi. L'amministrazione finanziaria appaltava a privati la riscossione delle imposte indirette in concessioni che duravano cinque anni, venivano assegnate tramite asta e potevano essere rinnovate. Il vincitore pagava una cifra fissa in anticipo e teneva per sé le imposte che riusciva a riscuotere.

L'amministrazione aveva il diritto di riacquistare la concessione restituendo quanto pagato in anticipo. Fin qui nulla di strano: anche Spagna, Francia e Inghilterra appaltavano la riscossione di alcune tasse, tanto è vero che a Napoli la pratica si avvaleva di termini e concetti di derivazione spagnola: la concessione si chiamava «arrendamento» e i concessionari «arrendatori».

Ma a Napoli l'appalto delle imposte indirette permetteva all'amministrazione di emettere uno speciale titolo di debito pubblico. I pagamenti periodici degli arrendatori venivano suddivisi in quote; ogni quota dava diritto a una percentuale del canone che il concessionario pagava allo Stato. L'amministrazione poi vendeva le quote ai risparmiatori: così facendo il Tesoro incassava il canone in anticipo e il risparmiatore poteva contare su un flusso di cassa stabile per un periodo prolungato. Il Tesoro poteva riacquistare le quote restituendo il pagamento anticipato, il capitale. Ma raramente aveva le risorse per farlo, e il debito diventava perpetuo. I titoli di debito pubblico erano un buon investimento per i risparmiatori. I privati che avevano in concessione la riscossione delle imposte pagavano il canone con regolarità per non perderla, ed era improbabile che il Tesoro riacquistasse le quote. Chi investiva in questi titoli poteva contare su una lunga sequenza di pagamenti periodici, un reddito perpetuo o quasi. Le quote del canone di una concessione erano spesso parte dell'asse ereditario. Se un risparmiatore voleva denaro liquido, poteva facilmente vendere le proprie quote sul mercato secondario, dove gli investitori disposti a comprare un flusso di pagamenti quasi perpetuo non mancavano mai.

La capacità di spesa del regno dipendeva largamente da questo ingegnoso schema. I Banchi si accorsero presto che questo modo di indebitare lo Stato offriva loro opportunità di fare profitti e insieme aiutare il regno. Le quote dei pagamenti degli arrendatori di un'imposta erano un ottimo asset per una banca, perché assicuravano un rendimento stabile per un lungo periodo. La banca le acquistava con moneta di banco e le vendeva ai suoi clienti. E proprio qui sta il punto cruciale. Senza l'intermediazione degli arrendamenti il regno non avrebbe avuto le risorse richieste da Madrid e i Banchi avrebbero fatto meno profitti.

Anche oggi le banche sono i principali intermediari del debito pubblico, ma i Banchi napoletani – metà banche e metà enti benefici – facevano molto di più di quanto fanno i *primary dealers* del debito pubblico oggi. Nel Regno di Napoli il rapporto tra Stato e Banchi era più articolato di quello che esiste oggi tra Stato e intermediari del debito pubblico. Quando i Banchi negoziavano le quote degli arrendamenti per conto dello Stato, agivano tanto da enti benefici quanto da istituzioni finanziarie.

Ogni arrendamento era come un'impresa, in partnership tra pubblico e privato.

Queste imprese occupavano dipendenti, pagavano salari, riscuotevano tasse e pagavano un canone allo Stato. E, come tutte le imprese, avevano bisogno di servizi di tesoreria e di finanziamenti. A questi pensavano i Banchi, che erano i tesorieri e i finanziatori delle imprese che gestivano gli arrendamenti.

Ciascuna concessione aveva conti presso una o più banche. In questi conti i contribuenti versavano le imposte e da questi uscivano le spese operative e il canone d'affitto per lo Stato.

Per le banche era un ottimo business. I contribuenti pagavano le imposte in moneta di Zecca che rimanevano nei forzieri dei Banchi o che venivano date in affitto ai bisognosi; i Banchi invece pagavano in moneta di banco e spesso riuscivano a incassare commissioni sui finanziamenti che facevano agli arrendamenti.

Un altro esempio di collaborazione efficace tra banche e Stato, che si aiutavano a vicenda.

Il reciproco sostegno tra lo Stato e gli enti benefici e bancari non finiva qui ma andava ben oltre. Gli archivi della Fondazione del Banco di Napoli, con i suoi registri e le fedi di credito, ci offrono innumerevoli prove del patto di ferro che legava i Banchi e lo Stato.

Liquidità, profondità – e la maledizione del debito pubblico

Altamura era una delle regioni più ricche del Regno di Napoli. Produceva abbondanza di grano duro pregiato.

Il regno tassava pesantemente il grano, e il carico fiscale per i cittadini di Altamura era elevato. Le entrate da questa regione garantivano un costante flusso di denaro nei forzieri del regno.

Questi flussi permettevano all'amministrazione finanziaria del regno di darsi alla finanza creativa. Nel 1630 l'amministrazione finanziaria del regno appaltò la riscossione delle tasse sul grano di Altamura a Gaspare Romer, un finanziere fiammingo che si era trasferito a Napoli.

Romer era un mercante e finanziere abile e ricco e Altamura generava un flusso di imposte molto significativo. Le quote dell'arrendamento di Altamura erano ricercate dagli investitori che desideravano un flusso costante e duraturo di cassa. L'arrendamento delle imposte sul grano di Altamura aveva una struttura standard: l'investitore acquistava le quote pagando in anticipo la somma concordata e in cambio riceveva pagamenti annuali corrispondenti al sette per cento della somma versata. Non male.

Una volta assegnata la concessione, l'amministrazione del regno poteva: riacquistare le quote della concessione che erano state vendute agli investitori, restituendo la somma che aveva ricevuto e rimettere all'asta la concessione, oppure alla scadenza rinnovare la concessione e usare il canone per pagare annualmente gli interessi agli investitori. A quanto risulta, le quote della concessione sulle tasse di Altamura vendettero piuttosto bene, persino quando – attorno al 1630 – apparve chiaro che il regno non avrebbe avuto le risorse per riacquistarle e quasi tutti dubitavano che sarebbe anche stato in grado di continuare a effettuare i pagamenti annuali. Allora perché mai gli investitori continuarono a comprare questo singolare strumento di debito pubblico?

Il Banco di Santo Spirito aveva acquistato una larga fetta del canone di Romer. Divise la quota acquistata in frazioni più piccole che vendette ai propri clienti. Uno di questi clienti era Carlo D'Aloisio. Una persona comune, tipico cliente della banca, come la maggior parte dei trentacinquemila cittadini di Napoli che ricevevano le promesse dei Banchi. La famiglia D'Aloisio era cliente di vecchia data del Banco di Santo Spirito. Luciano, il padre di Carlo, aveva aperto un conto presso la banca nel 1599. Una delle sue prime transazioni era stata l'acquisto, per duecento ducati, di quote dell'arrendamento della tassa sul grano. Nel 1630 Carlo pagò alla banca quattrocento ducati per acquistarne un'altra quota. La famiglia D'Aloisio – come tante altre – acquistava regolarmente lo speciale debito pubblico del regno dal Banco di Santo Spirito. Quest'ultima transazione spiega il perché.

Mentre il Tesoro pagava al Banco di Santo Spirito il sette per cento del pagamento anticipato, il Banco pagava a Carlo soltanto il cinque per cento, trattenendone il due. Uno spread abbastanza alto. Ma un esame dei registri rivela che la banca faceva molto di più che vendere a D'Aloisio una quota dell'arrendamento e incassarne lo spread. Il Banco, infatti, si impegnava a pagare a Carlo il suo cinque per cento *indipendentemente* da ciò che faceva il Tesoro. L'ente continuava ad accreditare puntualmente sul conto di Carlo le somme concordate quando il Tesoro pagava in ritardo, meno di quanto promesso o non pagava del tutto. In altre parole, in cambio del due per cento, il Banco garantiva ai propri clienti i pagamenti degli interessi su questo tipo di debito statale. E non era solo il Banco di Santo Spirito a offrire questa garanzia, ma tutti e sette i Banchi facevano la stessa cosa: assicuravano a chi investiva nelle quote degli arrendamenti venduti da loro un flusso costante di pagamenti per lungo tempo.

La garanzia dei Banchi spiega perché, nel Regno di Napoli, la domanda di questa forma di debito pubblico non diminuì mai.

I Banchi diedero al Tesoro la flessibilità di cui aveva estremo bisogno – lo Stato poteva pagare meno del dovuto o in ritardo senza intaccare la domanda di debito pubblico. Il Tesoro sfruttò pienamente questa flessibilità. I registri dei Banchi sono pieni di pagamenti mancati e ritardati da parte dell'amministrazione finanziaria del regno; questi debiti si accumulavano anno dopo anno e raggiunsero cifre considerevoli. Le promesse di pagamento dello Stato cessarono di essere asset e divennero passività. Ma gli enti bancari – e benefici – erano «banche buone», continuavano a pagare ai loro clienti quanto pattuito assorbendo le perdite causate dall'inadempienza dello Stato.

Qualsiasi mercato dei capitali, per funzionare, ha bisogno di qualcosa di più che di venditori e compratori: ha bisogno di intermediari disposti a comprare e vendere anche quando la domanda o l'offerta ristagnano. Quando Carlo D'Aloisio voleva comprare o vendere quote degli arrendamenti si rivolgeva al Banco, e migliaia di persone come lui – clienti della banca – facevano la stessa cosa. I debiti bancari fornivano il denaro di cui i clienti avevano bisogno per gli acquisti, mentre le garanzie della banca rendevano certi i pagamenti futuri. Per esprimerci nel linguaggio della finanza, diremo che gli enti bancari di beneficenza «facevano il mercato» – vale a dire, assicuravano liquidità e profondità al mercato del debito pubblico. Anche le banche commerciali e i broker di oggi svolgono questa funzione, ma i Banchi napoletani facevano di più: garantivano il pagamento degli interessi quando lo Stato non onorava le proprie promesse di pagamento. Le commissioni che le banche facevano pagare ai clienti per il servizio attutivano il colpo, ma non coprivano le loro perdite.

Ancora una volta, Galiani ci aveva visto giusto: i Banchi erano «banche buone», soprattutto buone per lo Stato.

Una finanza pubblica dove la riscossione delle imposte è appaltata ai privati ha molti gravi difetti, ma dobbiamo riconoscere che il singolare meccanismo ideato a Napoli sosteneva un debito pubblico molto elevato e pressoché perpetuo. Lo Stato non aveva necessità di restituire il capitale perché gli investitori erano alla ricerca di un costante flusso di pagamenti, e gli enti bancari di beneficenza garantivano ai propri clienti proprio questo flusso costante. Gli investitori continuavano ad acquistare il debito del regno, e la moneta di banco – le promesse dei sette istituti – era la linfa vitale del sistema. Tuttavia la realtà era che oltre il cinquanta per cento della spesa pubblica era destinato a chi aveva investito nel debito pubblico: alla fine, il Regno di Napoli non poteva far altro che pagare gli interessi sul debito che aveva accumulato. Questa, naturalmente, è la maledizione del debito pubblico perpetuo, ed è vera oggi come allora. Questo problema – il problema di un debito eterno, sempre più costoso, in una vertiginosa spirale – avrebbe potuto minare la relazione tra lo Stato e le banche.

L'astuta Isabella

Le entrate fiscali riuscivano a malapena a pagare gli interessi sui debiti del regno, ma per governare era necessario trovare risorse nuove, e il modo migliore per raccogliere nuovi fondi era diminuire gli interessi sul debito accumulato. Al contempo però bisognava evitare di scontentare gli investitori riducendo unilateralmente i pagamenti concordati. Meglio sarebbe stato riacquistare le obbligazioni in circolazione ed emetterne di nuove con un rendimento più basso. La domanda di debito pubblico era forte e il Tesoro era convinto che gli investitori avrebbero acquistato i titoli del debito pubblico anche con rendimento minore, tuttavia ricomprare i titoli in circolazione era costoso e le casse dello Stato erano vuote. Perciò il Tesoro si rivolse ai Banchi.

Torniamo negli archivi: il registro del Banco di Pietà ci racconta come andò. Non tutti i clienti della banca erano parsimoniosi risparmiatori alla ricerca di un flusso stabile. Alcuni erano scaltri investitori che speculavano sul debito pubblico con la valuta dei banchi. Tra essi molte donne, come Isabella Preite, una signora benestante, cliente del Banco di Pietà nei primi anni del XVII secolo. L'astuta Isabella era attiva sul mercato del debito pubblico. Una delle sue transazioni mostra in che modo i Banchi aiutavano il Regno di Napoli a ridurre il costo del debito senza spaventare gli investitori.

Nel 1613 Isabella si era assicurata un reddito annuo di duecento ducati pagando al Tesoro duemilacinquecento in anticipo. Un rendimento dell'otto per cento sul capitale investito. Questo rendimento era più elevato di quello che prendeva, per esempio, Carlo D'Aloisio, ma l'investimento era più rischioso perché nel suo caso la banca non garantiva il pagamento annuale. Isabella però amava rischiare e capiva la logica del debito pubblico: era convinta che se il governo avesse voluto ridurre il costo del debito avrebbe dovuto ricomprarlo, quindi il suo capitale era al sicuro. Isabella aveva visto giusto. Un anno dopo il suo investimento iniziale la banca si offrì di riacquistare le sue quote di arrendamenti al costo di duemilacinquecento ducati. Isabella accettò. Ora la banca era proprietaria delle quote. Ma era una banca «buona» e dopotutto anche un'istituzione benefica, sempre pronta ad aiutare la comunità e le istituzioni dello Stato. E quando il Tesoro ridusse il rendimento dall'otto al sette per cento, abbassando i propri pagamenti da duecento a centosettantacinque ducati, fu la banca ad accollarsi la perdita. La scaltra Isabella, invece, aveva recuperato il capitale e incassato il suo otto per cento per dodici mesi.

Isabella non era un caso isolato. I registri dei sette enti – le banche «buone» – sono pieni di transazioni come questa, che spiegano come fece il regno a ridurre il costo degli interessi dall'otto al sette per cento senza rovinare il mercato del debito pubblico e senza che nei suoi forzieri ci fosse moneta di Zecca. Una mossa scaltra. Gli investitori tornarono in possesso del loro capitale e con esso tornarono a comprare titoli di debito pubblico, anche a un rendimento leggermente minore, con i Banchi che si fecero carico dei costi dell'operazione.

Gli archivi mostrano che non fu un caso isolato, e che i Banchi aiutarono lo Stato in questo modo più e più volte. Pochi anni dopo, analoghe transazioni permisero al Tesoro di portare gli interessi sul debito pubblico dal sette al sei per cento – e il costo del riacquisto gravò ancora sui bilanci dei Banchi e non sul Tesoro. Galiani aveva ragione ancora una volta. I Banchi mostrarono nuovamente la loro natura di istituzioni bancarie e insieme enti benefici. Ne beneficiarono lo Stato e l'ampia fetta della comunità le cui entrate dipendevano dagli interessi sul debito pubblico. Tutto questo sarebbe stato impossibile senza la moneta di banco. I Banchi acquistavano titoli di debito pubblico con le loro promesse intascando commissioni, ma usavano i profitti anche per aiutare lo Stato riacquistando il debito pubblico in circolazione. Poi aiutavano lo Stato a collocare il nuovo debito, garantendo nuovamente i pagamenti.

Senza i Banchi – metà banche e metà opere pie – sarebbe stato impossibile per il Regno di Napoli emettere le quantità di debito necessarie a soddisfare le richieste della corte imperiale.

I bilanci delle banche mostrano l'impatto delle migliaia di transazioni simili a quelle effettuate con Isabella e Carlo sul mercato del debito pubblico. Tra il 1587 e il 1622 non meno del cinquanta per cento degli asset dei sette enti bancari di beneficenza erano costituiti dalle quote degli arrendamenti. La maggior parte degli altri asset era rappresentata da transazioni con privati e dagli oggetti di valore depositati nei Monti dai poveri meritevoli che desideravano noleggiare monete. Successivamente le quote degli asset nei bilanci della banca, costituite dal debito pubblico, si ridussero, ma rimasero considerevoli. Gli enti bancari di beneficenza creavano denaro scambiando il loro debito con il debito pubblico, gli arrendamenti e, come volevano i francescani, aiutando i poveri meritevoli.

Monete d'argento e moneta di Banco

La moneta di banco costituiva una parte molto rilevante della moneta che circolava a Napoli.

Tutto ciò, però, non era sufficiente a ridurre gli effetti della scarsità di monete. La moneta di Zecca era la valuta ufficiale del regno e solo il ducato d'argento coniato dalla Zecca di Napoli misurava il valore dei beni e dei servizi che circolavano nel regno. Nonostante la massa di debito bancario che circolava a Napoli la moneta di Zecca – l'argento coniato a Napoli – era il solo mezzo per saldare un debito a norma di legge. Le monete di grande valore erano d'oro e d'argento, mentre quelle di piccolo taglio contenevano meno metallo prezioso; ma nel regno vigeva il monometallismo argenteo. In teoria, l'attività della Zecca era regolata dalla legge della domanda e dell'offerta. La Zecca di Napoli comprava metallo che pagava con le monete coniate da esso al prezzo ufficiale, meno le spese e il signoraggio (la differenza tra il valore nominale della valuta e il costo sostenuto per produrla). Così il regno – come la maggior parte degli Stati europei – creava moneta, ma nella pratica il sistema monetario non funzionava così bene come postulato dall'equilibrio tra domanda e offerta. La domanda globale di oro e argento disturbava l'equilibrio domestico tra domanda e offerta d'argento per la Zecca. L'argento andava dove valeva di più, e questo era vero per il metallo grezzo ma ancora di più per quello coniato. Quando il valore sul mercato internazionale di una moneta coniata a Napoli era superiore al suo corso legale nel regno, non appena usciva dalla Zecca quella moneta lasciava Napoli.

Nessuno dei viceré spagnoli che si sono susseguiti riusciva a comprendere appieno questo fenomeno.

L'uomo che per primo capì e spiegò cosa accadeva alla moneta di Zecca napoletana fu Giovanni Turbolo. Nato a Napoli nel 1570, Turbolo entrò in affari da giovane, prima come appaltatore di tasse e in seguito come mercante e banchiere. Turbolo di moneta ne capiva – tanto che gli fu affidata la gestione della Zecca di Napoli.

Appena entrato in carica, Turbolo si concentrò sulla moneta d'argento. Da uomo metodico quale era, cominciò dai fondamentali: il peso. Prima pesò le monete coniate a Napoli, poi quelle coniate nelle nazioni concorrenti. Successivamente esaminò il tasso di cambio della valuta del regno napoletano nelle fiere di cambio europee – ossia i mercati valutari (i *Foreign Exchange Markets*) di quell'epoca. Questo era il vero problema. Un pezzo d'argento coniato a Napoli, valeva più all'estero che in patria, e di conseguenza le monete d'argento sparivano dal regno non appena uscivano dalla Zecca. I mercanti si arricchivano semplicemente comprando monete sottovalutate in patria e per rivenderle all'estero. Questo significa che i meno abbienti a Napoli soffrivano per la scarsità di mezzi di pagamento, e che lo Stato ne soffriva altrettanto.

Fatto curioso: quando venne nominato direttore della Zecca reale inglese, nel 1696, Isaac Newton fece la stessa cosa. Si mise a pesare le monete inglesi e quelle delle nazioni concorrenti, poi confrontò il loro corso legale nelle giurisdizioni di appartenenza. Newton, come Turbolo, voleva capire perché le monete d'argento appena coniate fuggivano dall'Inghilterra e trovare un rimedio. Ma Turbolo viveva a Napoli, non a Londra, e poteva contare sulle «banche buone», a cui chiese aiuto. Ancora una volta gli archivi spiegano come le istituzioni bancarie (e benefiche) aiutarono la moneta di Zecca e, con essa, l'intera cittadinanza di Napoli, tanto la borghesia quanto il proletariato. Una dimostrazione di altruismo che mostra come a volte lo scopo originario di queste istituzioni – la beneficenza – prendesse il sopravvento sul profitto.

Per alleviare la scarsità di argento coniato, le banche acquistarono metallo sul mercato internazionale e lo vendettero alla Zecca pubblica di Napoli. Lo sappiamo perché anche la Zecca aveva conti bancari presso tutti gli enti bancari di beneficenza e i libri contabili registrano moltissime transazioni fatte per sostenere la moneta di Zecca. Nel maggio del 1613, per esempio, quattro banche unirono le proprie risorse e comprarono argento per duecentocinquantamila ducati. I registri del Banco di Pietà offrono i dettagli maggiori su questa transazione, e mostrano la banca comprare metallo sul mercato e venderlo alla Zecca a un prezzo inferiore.

La transazione causò al Banco una perdita significativa. Buono sì, ma fesso no: il Banco chiese al viceré di usare molta più moneta di banco e meno moneta di Zecca negli uffici pubblici. Se gli uffici pubblici avessero depositato l'argento coniato dalla Zecca in banca, questa avrebbe potuto creare più valuta a beneficio di tutti.

Questo genere di politica aveva funzionato bene in una repubblica mercantile come Venezia, e avrebbe potuto alleviare la scarsità di moneta che opprimeva Napoli. Anche se interessato l'argomento era buono, ma il viceré spagnolo non era il Senato veneziano e la proposta fu bocciata. Ciononostante, fedele ai suoi principi e senza scoraggiarsi, la banca continuò a sostenere la Zecca acquistando a prezzo elevato e vendendo in perdita alla Zecca, nel tentativo di mettere argento coniato nelle tasche della popolazione napoletana e nei forzieri dello Stato. Così facendo dava ancora una volta ragione a Galiani: «Sebbene fosse vero che il banco buono è il banco che non paga, è vero altresì che il banco accreditato è quello che non è restio a pagare».

Sostenere una difettosa politica monetaria, dare liquidità al mercato del debito pubblico, garantire il pagamento degli interessi degli arrendamenti, accollarsi il costo della riduzione degli interessi e, naturalmente, aiutare i bisognosi: la creatività finanziaria dei Banchi napoletani, istituzioni nate da opere pie religiose, sembra infinita. Banche buone di nome e di fatto.

Capitolo quinto
L'empia arte del cambio: l'Ecu de Marc

> Abbiamo inventato il denaro e lo usiamo, eppure non possiamo né comprendere le sue leggi né controllare le sue azioni. Ha una sua vita propria, che di fatto non dovrebbe avere [...]. È empio, critico delle realtà sociali esistenti, e ha l'effetto di diminuire il loro grado di realtà.
>
> Lionel Trilling, *Art and Fortune*[1]

Oggi, i registi che immaginano scene fantastiche – passate o future – girano a Dubrovnik; grandi portali, archi gotici, scalinate di pietra, chiostri e bassorilievi romanici, fortificazioni imponenti. Un'autentica fortezza naturale circondata dal mare su tre lati e arroccata su un crinale, Dubrovnik è la location perfetta per la fantascienza e il fantasy, da *Star Wars* a *Game of Thrones*, ma la sua vera storia è altrettanto incredibile.

Fondata da profughi provenienti dalle città greche di Epidauro e Salona e con una costituzione risalente al XIII secolo – che si dice essere stata il modello a cui si ispirò Oliver Cromwell per il suo *Commonwealth* inglese – Dubrovnik, allora chiamata Ragusa, capitale dell'omonima repubblica marinara, dominò la penisola balcanica per secoli. Punto di incontro tra l'Oriente e l'Occidente, tra la cultura slava e quella latina; collocata sulla costa meridionale della Dalmazia, Ragusa rimase indipendente e ricca per oltre mille anni.

Fonte della sua forza e della sua fama era la *ragosie*, una nave mercantile capace di trasportare grandi quantità di merci su lunghe distanze; per secoli, queste navi affollavano i porti di tutti i Paesi, tanto che Shakespeare usa il termine «argosy» (*ragosie* in inglese) come sinonimo di nave mercantile. Nel suo *Etymological Dictionary of the English Language*, Walter W. Skeat osserva che questa parola «indica un grande vascello, generalmente una nave mercantile [...]. Si è supposto che la parola sia una corruzione di *ragosie*, una nave di Ragusa».[2]

Nel momento della sua massima potenza, la città-stato di Ragusa era governata da un'oligarchia mercantile, la cui Casa più illustre era quella dei Gundulić – in italiano, Di Gondola, che aveva il motto *Tout o rien*, «o tutto o nulla». Le vicende di questa famiglia e delle sue *ragosie* ci fanno conoscere delle pratiche e degli strumenti finanziari che proprio come Ragusa – o Dubrovnik, che dir si voglia – trascendono lo spazio e il tempo per essere usate anche ora, e che sono state utili a banchieri, principi, Stati e mercanti per i loro scopi.

Vedremo anche come questi titoli di debito flessibili e duraturi abbiano permesso a Filippo II e alla Spagna di finanziare una guerra lunga ben ottant'anni in un territorio ostile, con mercenari che volevano essere pagati regolarmente, e come abbiano aiutato Elisabetta I a procurarsi argento senza scontrarsi con la Spagna. Questi strumenti, infine, diedero alla Chiesa cattolica la flessibilità dottrinaria sufficiente a finanziarsi senza violare le proprie stesse norme contro l'usura.

Lana e seta

Nel 1540 era Benedetto Di Gondola a gestire gli affari di famiglia, sfruttando al meglio le *ragosie*. A Venezia comprava seta da Camillo & Lorenzo Strozzi e la spediva a Londra, per rivenderla. A Londra comprava lana di jersey – molto richiesta nel continente – e la spediva a Firenze e Roma. Benedetto conosceva bene il commercio internazionale e le sue navi non viaggiavano mai vuote: le stive erano piene sia all'andata sia al ritorno.

Ma procurarsi la merce da caricare sulle navi non era facile. A Venezia, Benedetto doveva pagare la seta all'acquisto, ma incassava il ricavato della seta a Londra e solo al momento della vendita. Con il jersey avveniva lo stesso: pagamento a Londra all'acquisto e incasso a Firenze se e quando il tessuto veniva ceduto. La sfida per Benedetto non era solo logistica. Per riempire le stive delle *ragosie* doveva muovere valore nello spazio e nel tempo. Cosa che è sempre difficile e che lo era particolarmente nel 1500.

Benedetto non poteva trasferire valore con la moneta – le monete d'oro e d'argento erano scarse e muoverle tra Londra, Venezia, Roma e Firenze era difficile e rischioso: occorreva trovare un'alternativa.

A Venezia si accordò con gli Strozzi per il prezzo, la data e il luogo del pagamento consegnando alla famiglia un documento scritto di poche righe. Benedetto per prima cosa riconosceva il proprio obbligo a pagare il prezzo concordato al momento e nel luogo stabilito; poi ordinava a uno dei suoi rappresentanti di effettuare il pagamento concordato.

Il documento dato agli Strozzi era una lettera di cambio, uno strumento finanziario usato in tutto il mondo – per la prima volta forse dai cinesi all'epoca della dinastia Song, tra il 960 e il 1279, e comunemente impiegata anche dai mercanti arabi e di altri Paesi in tutto il Vicino Oriente. Fonti diverse descrivono la lettera di cambio in maniera non sempre uguale. Il *Dizionario di Storia* di Treccani definisce la lettera di cambio come segue:

> Atto notarile con il quale un banchiere (prenditore) che aveva ricevuto un versamento da un cliente (datore) ordinava a un altro banchiere operante su un'altra piazza (trattario) di pagare un beneficiario. Questo tipo di documento, che apparve verso la metà del XII secolo, costituì la prima forma rudimentale di cambiale. L'utilizzo delle lettere di cambio permetteva il movimento di capitali da una piazza all'altra evitando il più rischioso trasporto del denaro contante.

La definizione mostra chiaramente la necessità di dedicare tempo a chiarire cosa questo significhi in pratica. Per ora è sufficiente rilevare che le lettere di cambio, pur non essendo un'invenzione europea, né in Cina né altrove hanno svolto un ruolo cruciale quanto in Occidente.

Erano le lettere di cambio che permettevano a Benedetto Di Gondola di spostare valore nello spazio e nel tempo – comprare seta a Venezia *oggi* e venderla a Londra *domani*, e poi comprare a Londra jersey da vendere in futuro a Firenze. Questo strumento consentì inoltre, all'inizio dell'epoca moderna, lo sviluppo di un mercato finanziario e valutario europeo. La lettera di cambio è uno strumento straordinario, in parte ordine di pagamento e in parte debito. E, come abbiamo visto, i debiti hanno una caratteristica fondamentale: non sono necessarie monete per saldarli. Un debito può essere saldato compensandolo con un altro debito. In questo modo si saldano due debiti con una sola transazione.

Così facendo, Benedetto poteva saldare i debiti contratti per comprare jersey e seta con i debiti che altri mercanti avevano nei suoi confronti, invece che con le monete, e poteva usare le monete che riceveva dalla vendita della seta e del jersey per fare altri affari. Grazie alle lettere di cambio, quindi, Benedetto poteva non soltanto spostare valore nel tempo e nello spazio, ma aumentare il proprio potere d'acquisto ben oltre quello consentito dalle monete d'oro e d'argento, che scarseggiavano sempre.

Tutto ciò mostra l'utilità di questo strumento finanziario. Ma come abbiamo visto a Pisa, non è facile pagare i propri debiti con quelli di altri. Per fortuna, Benedetto Di Gondola non era il solo a comprendere il potenziale delle lettere di cambio. Presto il commercio internazionale cominciò a dipendere in misura sempre maggiore dal loro utilizzo. Così i compratori potevano comprare di più e i venditori vendere di più, dove e quando volevano. Nella prima età moderna, le lettere di cambio cominciarono a circolare con sempre più frequenza e, grazie a loro, mercanti, banchieri, Stati, avventurieri e anche la Chiesa cattolica riuscirono a fare grandi cose.

Fiere di cambio

Le lettere di cambio risolvevano molti problemi, ma davano anche tanti mal di testa. Compensare debiti di soggetti diversi, in valute diverse, in luoghi differenti e con scadenze molteplici richiedeva innumerevoli accordi *ad hoc.*

Per semplificare le cose, i mercanti-banchieri del tardo Medioevo si inventarono le fiere di cambio, regolari raduni dove non si commerciavano solo beni ma anche lettere di cambio. Le prime Fiere si tennero nella regione di Champagne, nel Nordest del Regno di Francia, nelle antiche città di Troyes, Provins, Bar-sur-Aube e Lagny. Documenti e resoconti sul funzionamento e l'attività di queste fiere sono giunti fino a noi, quindi sappiamo come si svolgevano. Era un'iniziativa congiunta di principi e mercanti-banchieri. I signori della regione di Champagne garantivano la sicurezza fisica dei partecipanti, la loro uguaglianza di fronte alla legge e un sistema legale che proteggeva i diritti dei partecipanti. In cambio, i mercanti-banchieri, con il loro business e le loro imposte facevano crescere la ricchezza dei principi e l'economia locale.

Le prime fiere di cambio si tenevano nella Champagne alcune volte all'anno e con scadenze fisse: la fiera di maggio si teneva a Provins, a giugno c'era la «fiera estiva»[3] a Troyes, eccetera. I convenuti compravano e vendevano merci – seta, spezie, pelli, tessuti – ma, soprattutto, trattavano lettere di cambio e compensavano i debiti reciproci. I debiti che non si potevano compensare erano pagati in moneta di Zecca o estesi per essere saldati nella fiera successiva.

Con il passare del tempo queste fiere divennero più strutturate, si ingrandirono e iniziarono a spostarsi, dalla Champagne a Bruges, poi a Colonia e a Ginevra; nel 1420 si erano stabilmente insediate a Lione, antica capitale dei Galli e centro principale per il commercio di beni di lusso.

I mercanti-banchieri si erano accorti che potevano guadagnare di più – e più facilmente – e rischiare meno commerciando lettere di cambio anziché beni di lusso. In breve tempo Lione divenne non soltanto il mercato principale dei beni di lusso, ma un importantissimo mercato di capitali, debiti e valute. Ed era proprio a Lione che il nostro Benedetto Di Gondola, il mercante dalle navi con le stive sempre piene, scambiava, compensava e saldava i suoi debiti.

Vieux Lyon

Tra i commercianti e i banchieri di base a Lione, i più numerosi erano italiani: così tanti che la città vecchia acquisì l'atmosfera distintamente italiana che mantiene ancora oggi. Gli abitanti di Lione costruivano palazzi in stile italiano, con decorazioni in terracotta e stucco. E non poche strade e piazze presero nome dalle famiglie di mercanti e banchieri italiani, soprattutto in quello che è oggi il quinto arrondissement della città, Vieux Lyon.

A Lione, Benedetto Di Gondola aveva aperto un conto presso una banca d'affari, la filiale locale del Banco Salviati, compagnia di mercanti-banchieri fiorentini. Quando comprava seta a Venezia, Benedetto consegnava agli Strozzi la lettera di cambio con cui ordinava a Salviati di pagare la loro filiale alla prossima fiera. Quando, a Londra, la seta veniva finalmente venduta, l'acquirente dava a Benedetto una lettera con cui ordinava al proprio banchiere di pagare Salviati a Lione, in occasione della prossima fiera, a beneficio di Di Gondola. In quella fiera, Salviati e i banchieri dei compratori della seta e degli Strozzi compensavano i debiti dei loro clienti e regolavano le differenze con moneta di Zecca.

Verso la metà del Cinquecento – quando Benedetto Di Gondola le frequentava – la struttura e l'organizzazione delle fiere di cambio di Lione, così come le procedure che i banchieri utilizzavano per compensare e saldare i debiti dei loro clienti, erano molto regolate e formalizzate.

Si tenevano fiere in tutta Europa: non soltanto a Lione, ma anche ad Anversa, Medina del Campo, Lisbona e Francoforte. Queste fiere facevano parte di una vera e propria rete; le principali banche avevano sedi o rappresentanti in ognuna di queste città e servizi di posta e corrieri facevano circolare nella rete le lettere di cambio.

Le fiere duravano mediamente una settimana e autorità speciali ne supervisionavano lo svolgimento. I banchieri di cambio ammessi a partecipare erano un numero limitato. Per prima cosa si registravano; poi dichiaravano i debiti dei loro clienti, dei loro soci e i propri, che dovevano essere saldati in quella fiera. Infine, dovevano dichiarare il valore esatto delle monete di Zecca che avevano con sé per saldare i debiti che non potevano essere compensati. Dopo, i banchieri si riunivano per calcolare il tasso di cambio delle valute in cui i debiti erano espressi. I tassi di cambio si fissavano sulla base della domanda e dell'offerta delle valute necessarie per saldare i debiti. Soltanto dopo che i cambi erano stati fissati, ciascun banchiere saldava i propri debiti e quelli dei suoi clienti. I debiti che non si riusciva a compensare si saldavano con monete di Zecca oppure si rinnovavano con lettere di cambio pagabili in una prossima fiera.

Con il passare del tempo, a Lione e nelle altre fiere si negoziavano più lettere di cambio che merci. Questo strumento era ormai utilizzato non per vendere e comprare beni ma debiti. Banchieri, governi e risparmiatori si servivano delle lettere di cambio e del mercato di questi titoli di debito per finanziarsi; gli Stati avevano iniziato a raccogliere finanziamenti a breve termine proprio alle fiere di cambio. Le necessità di principi e re erano enormi e la domanda di debiti (e di lettere di cambio) era cresciuta moltissimo. I mercanti-banchieri guadagnavano molto di più negoziando lettere di cambio che merci. Così, con il passare del tempo, questi mercanti-banchieri si trasformarono progressivamente in banchieri «di cambio», finanzieri che trattavano lettere di cambio in valute diverse. I tempi e i ruoli cambiavano e il commercio internazionale si adeguava: banchieri invece che mercanti e strumenti finanziari invece che beni.

Vedere con gli occhi della mente e quelli sulla fronte

Il miglior modo per comprendere con chiarezza cosa succedeva a Lione è vederlo. Un diagramma ben fatto non è solo un'illustrazione ma una vera e propria spiegazione, una tesi la cui forza esplicativa supera quella delle parole. E la spiegazione di come si usassero le lettere di cambio – *il* grafico che spiega perché banchieri, risparmiatori e principi vi facevano ricorso – è stato pensato e disegnato più di quattro secoli fa da un banchiere italiano: Bernardo Davanzati.

Davanzati era un personaggio strano, un uomo con interessi molto vicini ai miei: un banchiere curioso che amava studiare e capire quando costruire ed eseguire transazioni.

Dopo aver lavorato a Lione per la banca dei Capponi, Davanzati rientrò a Firenze per studiare e scrivere a tempo pieno, attività che amava. Tradusse le opere di Tacito e scrisse un trattato di viticoltura, un saggio sulla moneta e uno sullo scisma d'Inghilterra. I suoi concittadini lo consideravano noioso, presuntuoso e arrogante. Forse avevano ragione ma, comunque fosse, Davanzati aveva un'intelligenza acuta e un grande talento nel rendere chiari ragionamenti complessi. Queste qualità sono evidenti nel saggio del 1581, *Notizia de' cambi*. Colto e celebre in vita, oggi Davanzati è sconosciuto ai più. Ma non si deve sottovalutare l'influenza delle sue idee.

Nel 2017, per celebrare il sessantesimo anniversario della firma del Trattato di Roma, e la nascita della Comunità economica europea, la Bibliotheca Wittockiana di Bruxelles – un museo dedicato all'arte del libro – ha riunito ed esposto i «Libri che hanno fatto l'Europa». Si tratta di centoquaranta opere di economia, politica, finanza, storia e filosofia, fondamenta dell'identità europea. Tra questi gli scritti di Sant'Agostino, Senofonte, Tacito, Hobbes, Locke, Mill, Voltaire, Bentham, Marx, Ricardo: insomma, tutti i pensatori e le opere che ci aspettiamo di trovare. Ma c'è anche Davanzati con il suo *Notizia de' cambi*. Una scelta giusta, è un testo che meritava di essere incluso.

Il saggio di Davanzati è ancora oggi la spiegazione migliore di come la lettera di cambio fosse usata dai finanzieri dell'età moderna e non solo. *Notizia de' cambi* dovrebbe essere una lettura obbligatoria nei corsi di finanza di qualsiasi *business school*. Secondo i pochi che lo conoscono il contributo di Davanzati alla storia della finanza è simile a quello di un suo conterraneo e quasi contemporaneo – Niccolò Machiavelli – alla storia del pensiero politico.

Bernardo Davanzati sarà anche stato arrogante e noioso, ma era un pensatore brillante e un innovatore. Soprattutto, fu uno dei primi a capire che immagini e illustrazioni possono rivelare e spiegare l'architettura finanziaria di transazioni complesse meglio delle parole da sole.

La combinazione di testo e immagini fu senza dubbio una delle innovazioni del Rinascimento. Galileo Galilei, come ben noto, usò questa tecnica nella sua *Istoria e dimostrazioni*, scritta nel 1613 sotto forma di lettere indirizzate a Marcus Welser d'Asburgo. Nel riportare la scoperta degli anelli di Saturno, Galileo inserisce accanto alle parole un piccolo disegno che mostra come gli anelli circondino il pianeta. Quando leggiamo Galileo usiamo contemporaneamentc due strumenti: la mente e gli occhi. È un approccio più completo per la comprensione di quello che lo scienziato cerca di comunicare.

Anche Davanzati, al centro del suo saggio, inserisce un grafico completamente integrato nel testo. Per capire come funziona veramente la lettera di cambio, l'autore vuole costringerci a vedere al contempo con gli occhi della mente e quelli sulla fronte.

Per certi aspetti, le ventidue pagine di testo sono soltanto una nota al grafico. Un grafico di appena quattro linee: due parallele e due diagonali; quattro linee che spiegano le lettere di cambio attraverso il tempo e lo spazio, il loro prezzo, l'uso del debito. Insomma: ogni aspetto, l'intera storia. Come Galileo, Davanzati aveva capito che lettere e linee ben integrate nello spazio della pagina spiegano più di grafici e parole separati. Nel caso di Davanzati, diagramma e testo spiegano come i banchieri e i loro clienti crearono moneta con le lettere di cambio. Ecco il diagramma, leggermente modificato rispetto all'originale.

A Firenze, Bernardo (B) prende in prestito da Giulio (A) 100 Ecu de Marc, che promette di restituire a Lione. Bernardo consegna a Giulio una lettera di cambio, dove riconosce di essere in debito per 100 Ecu de Marc, e chiede a Salviati (C), il suo corrispondente a Lione, di pagare la somma a Sertino (D), il rappresentante di Giulio nella città francese.

Giulio spedisce a Sertino (D) la lettera originale e Bernardo spedisce una copia a Salviati. Quando la lettera e la sua copia arrivano a Lione, Salviati promette i 100 Ecu a Sertino.

A Lione, Piero (E) prende in prestito da Sertino 100 Ecu da restituire a Firenze. Piero dà a Sertino una lettera di cambio in cui riconosce il debito di 100 Ecu de Marc e chiede al suo corrispondente a Firenze (F) di pagare a Giulio (A) 100 Ecu de Marc.

Quando lettera e copia raggiungono Firenze, l'operazione è conclusa.

1. La cattedrale e la torre pendente in piazza del Duomo, a Pisa, 1200 circa.

2. Leonardo da Pisa. Fibonacci.

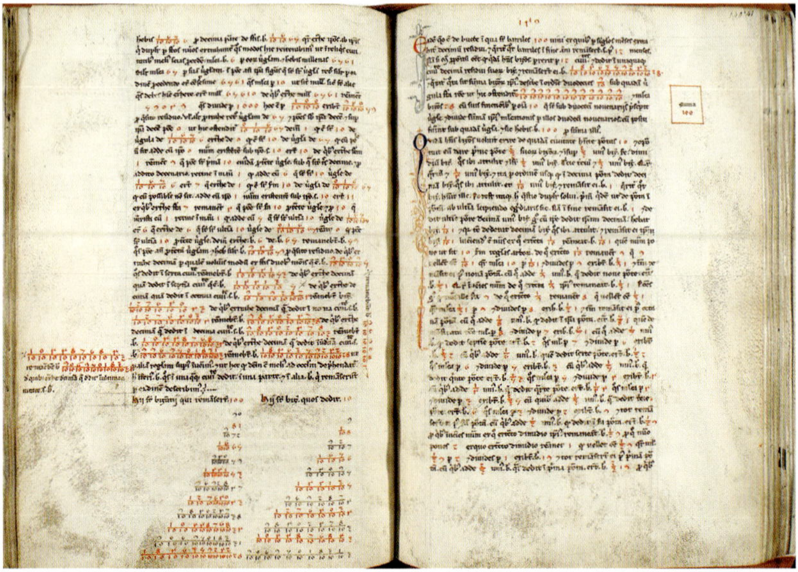

3. La più antica copia conosciuta (1290) del *Liber abaci* di Fibonacci, conservata alla Biblioteca Riccardiana di Firenze.

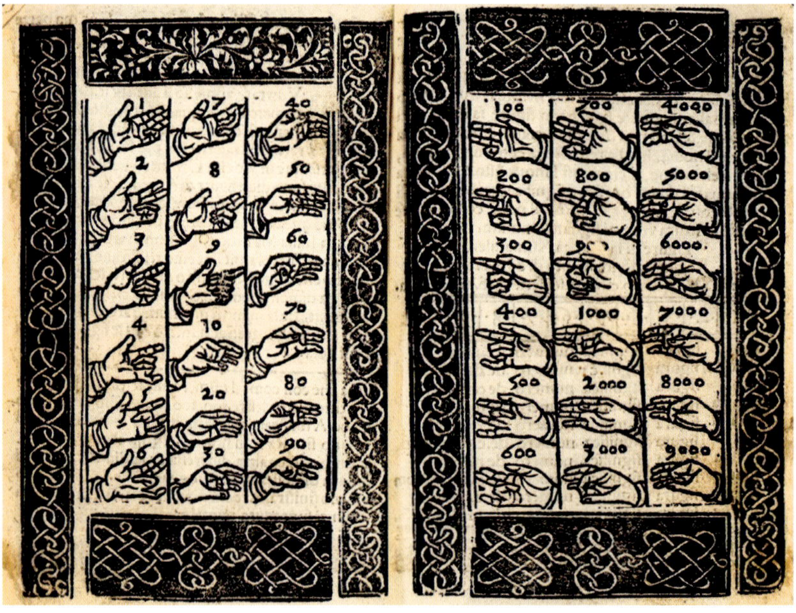

4. Esemplare di inizio XVI secolo di un *Liber abaci* di Girolamo Tagliente, uno dei manuali di maggior successo per mercanti.

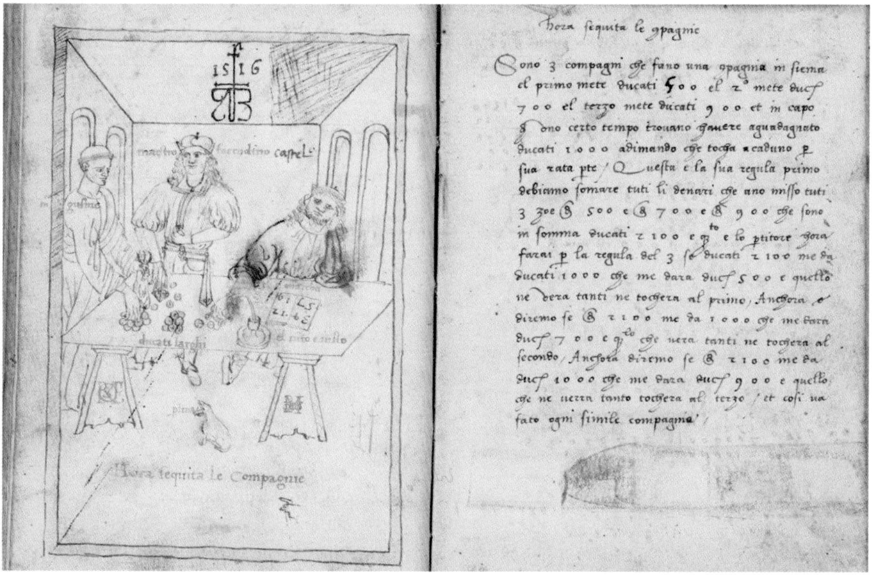

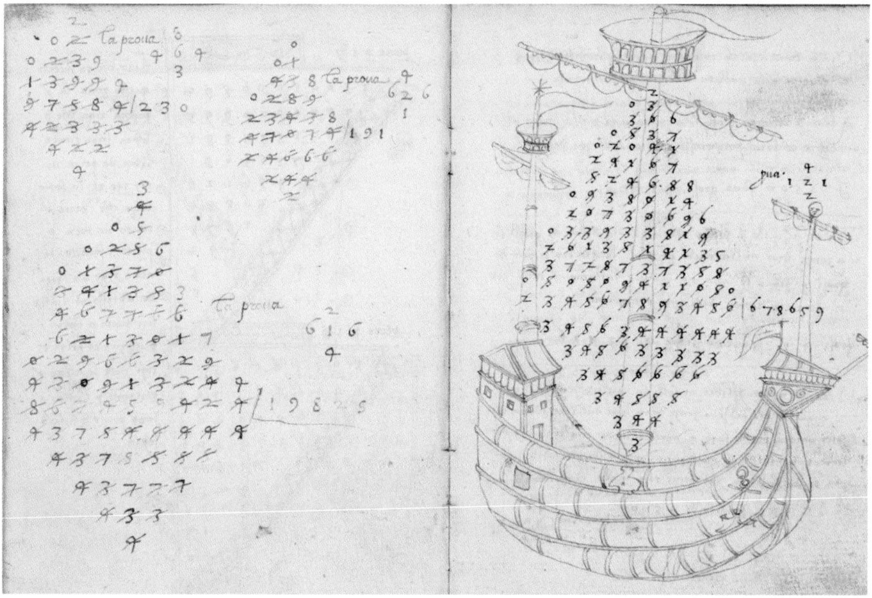

5. Un *Liber abaci* della Repubblica di Genova (1512). Il manuale insegna aritmetica e contabilità con parole, numeri e immagini della vita quotidiana mercantile: l'ufficio contabile e la nave mercantile.

6. Piazza San Marco.

7. Venezia e le sue galee, navi per il commercio e per la guerra.

8. La sede principale del Banco Giro, oggi un ristorante.

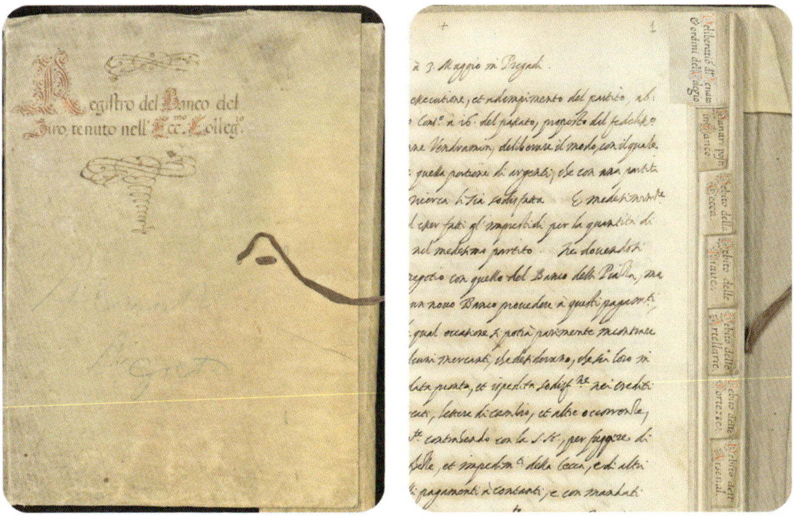

9. Il libro mastro dei primi sei mesi di attività del Banco Giro.

10. L'interno di una banca medievale.

11. Veduta di Londra e del Tamigi, con il London Bridge e la cattedrale di St Paul, 1630 circa.

12. Pagare le tasse allo Scacchiere.

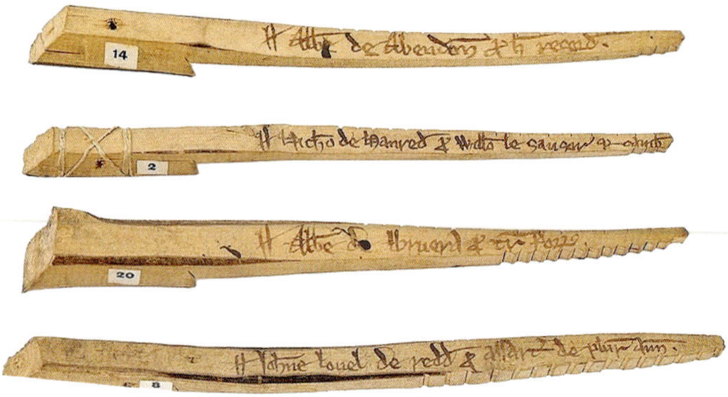

13. Stock di antichi tally dello Scacchiere.

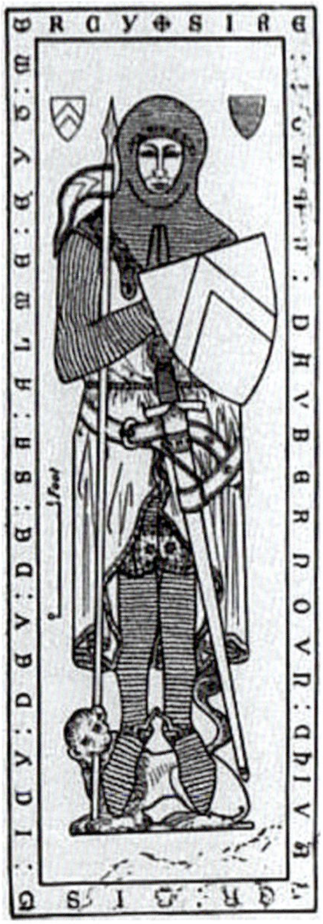

14. Ricalco dell'effigie sulla tomba di John D'Abernon.

15. Il tally più lungo emesso dalla Banca d'Inghilterra per un valore di cinquantamila sterline. È lungo 256 centimetri.

16. Sottoscrizione delle azioni della Banca d'Inghilterra.

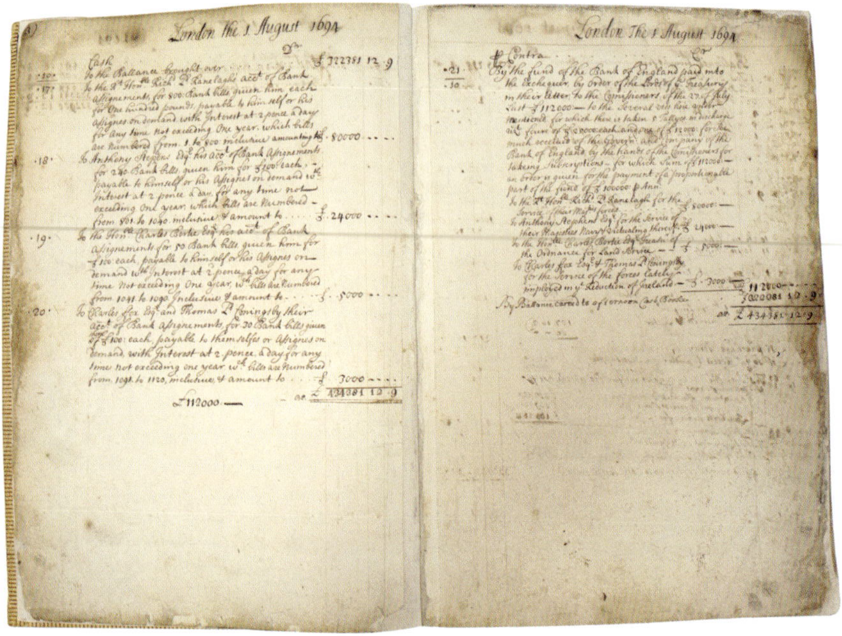

London the 1 August 1694

Cash Dr

To the Ballance brought over £ 322381 12 9

To the Rt Honble Richd Ld Ranelagh his acct of Bank Assignements for 800 Bank bills given him each for One hundred pounds, payable to himself or his Assignes on demand with Interest at 2 pence a day for any time not exceeding One year, which bills are Numbered from 1 to 800 inclusive amounting to £ 80000

To Anthony Rowe Esqr his acct of Bank Assignements for 240 Bank bills given him for £100 each payable to himself or his Assignes on demand wth Interest at 2 pence a day for any time not exceeding One year, which bills are Numbered from 801 to 1040 inclusive & amount to £ 24000

To the Honble Charles Bertie Esqr his acct of Bank Assignements for 50 Bank bills given him for £100 each, payable to himself or his Assignes on demand wth Interest at 2 pence a day for any time not exceeding One year, wch bills are Numbered from 1041 to 1090 inclusive & amount to £ 5000

To Charles Fox Esqr and Thomas Ld Coningsby their acct of Bank Assignements, for 30 Bank bills given of £100 each, payable to themselves or Assignes on demand with Interest at 2 pence a day for any time not exceeding one year wch bills are Numbered from 1091 to 1120, inclusive & amount to £ 3000

£ 112000 — £ 434381 12 9

London The 1 August 1694

Contra Cr

By the fund of the Bank of England paid into the Exchequer by Order of the Lords of ye Treasury in their Letter to the Commissioners of the 27 of July last £ 112000

To the Rt Honble Richd Ld Ranelagh for the Service of their Mats forces £ 80000

To Anthony Rowe Esqr for the Service of their Majesties Navy £ 24000

To the Honble Charles Bertie Esqr Treasurer of the Ordnance for Land Service £ 5000

To Charles Fox Esqr & Thomas Ld Coningsby for the Service of the forces lately imployed in ye Reduction of Ireland £ 3000 — 112000

By Ballance carried to a new Cash Booke 322381 12 9

£ 434381 12 9

17. Prima pagina del registro generale della Banca d'Inghilterra, 27 luglio 1694.

18. Il governo bacia la banca.

19. Napoli con il Vesuvio, opera di Joseph Vernet Philippe Sauvan-Magnet.

20. (*Nella pagina successiva*) Frontespizio della *Tabula della Salute*, trattato di Marco da Montegallo sul Monte di Pietà. A dominare la scena è il mucchio di monete.

MONS PIETATIS

21. Illustrazione tratta da un manoscritto del XV secolo, che mostra clienti con i loro libri contabili.

22. L'interno di un Monte di Pietà.

23. Ferdinando Galiani, l'uomo «più impossibile» del suo secolo.

24. La cappella del Monte dei Poveri con lo stemma della famiglia De Santis.

25. L'archivio della Fondazione Banco di Napoli, pieno di registri e pile di fedi di credito.

26. Michelangelo Merisi
detto il Caravaggio.

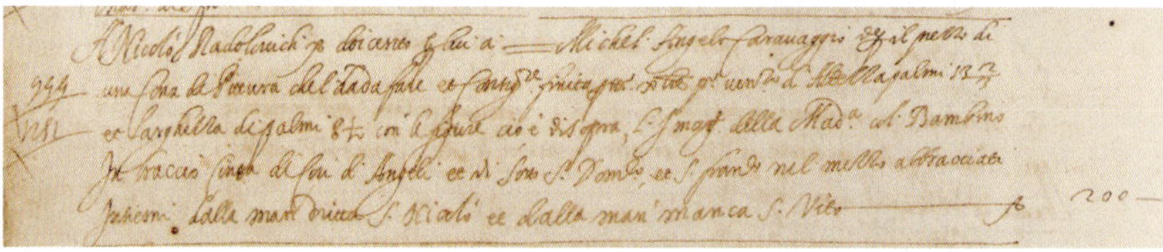

A Nicolò Radolovich D. ducento e per lui a Michel Angelo Caravaggio per il prezzo di
944 una Cona di Pittura che l'ha da fare et consig.re finita per tutto [illegible] d'altezza palmi 13 1/4
e larghezza di palmi 8 1/2 con le figure cioè di sopra la S.ma Madonna col Bambino
in braccio cinta di coro d'Angeli et di sotto S. Dom.co et S. Fran.co nel mezzo abbracciati
insieme, dalla man dritta S. Nicolò et dalla man manca S. Vito — 200

27. La voce nel registro del Banco di Sant'Eligio relativa al dipinto perduto di Caravaggio: il 6 ottobre 1606 Radulovich promette alla banca duecento ducati a favore di Michelangelo Merisi.

28. Lo stemma del Banco dei Poveri nel registro dell'anno 1600.

29. Mercato a Napoli nel Seicento.

30. La fede di credito nel Seicento.

31. La fede di credito nel Settecento (*a sinistra*). La fede di credito nell'Ottocento (*a destra*).

32. Sigillo del Banco del Santissimo Salvatore (*a sinistra*). Il sigillo di San Giacomo (*a destra*).

33. Una veduta della città e del porto di Dubrovnik. Le massicce mura proteggono entrambi.

34. *Vieux Lyon*. La città nel Cinquecento.

100 NOTIZIA

quest'altra spesa della senseria, che è circa vn grosso … scudi. Nel cambio per Lione, che si fà quattro volte … montano queste spese di Prouuisioni, Consolato, e … vno e mezzo per cento à chi cambia il suo da per sè, e … che guadagni otto per cento ragguagliatamente l'vn … l'altro. Chi fà cambiare ad altri patisce quest'altra prouuisione che importa vno, e vn terzo per cento, e tanto guadagna meno.

Fin à quì scrissi molti anni sono; di poi son variate molte cose, peggiorate le monete, e però i pregi delle robe, come de cambi alterati; non s'vsa più Marchi; mà fassi à scudi di Sole; non si leua più consolato ne senseria; ma vn terzo per cento per prouuisione, e ogni altra spesa, così al debito, come al credito; ed è stato inuentato da' Genouesi vn'nuouo cambio, ch'essi chiamano per le Fiere di Bisēzone, oue da principio si andaua: ora si vanno à fare in Sauoia, in Piemonte, in Lombardia, à Trento, alle porte di Genoua, è ouunque voglion essi; talche assai meglio Vtopie, cioè Fiere senza luogo s'aurieno da chiamare: ne di Fiere ann'altro, che i quattro nomi, accattati da quelle di Lione; perche non vi vanno popoli à comprar mercanzie; mà solamente cinquanta, ò sessanta Cambiatori con vn quaderno di fogli à ricapitare i Cambi fatti quasi in tutta Europa, e ritornargli con quegl'interessi, che quiui conuengono, non dà altro regolati, che dal far in modo che la taccola possa durare, la quale oltre à Dugento cinquanta migliaia di scudi l'anno fà di prouuisione, che à due terzi per cētinaio, sō rad… te da Milioni Trētasette e mezo che vi si girano, i quali … quattro Milioni māgiano d'debitori: e tre, e tre quarti à pa… ni de' mobili approdano. Vera cosa è che vna parte sono … riuolture,

DE CAMBI 101

riuolture, e girandole, e non viui debiti, ò crediti effettiui. Cambiasi ora in Firēze per la prossima di Bisenzone intorno à 105. cioè dassi quì scudi 105. per auer là scudi 100. di marchi, che sono di contanti scudi 99. d'oro, in oro, d'intero peso delle cinque stampe migliori; ciò sono Spagna, Napoli, Vinezia, Genoua, e Fiorenza. Ora perche ogni parte del Cambio meglio s'intenda, e quasi si vegga in viso, io vi porrò l'esempio di sopra innanz'agl'occhi nelle due seguenti figure, e M. Giulio sia A. Bernardo. B. Saluiati. C. Sertino. D. Piero. E. Federigo. F.

In Firenze. A. dà à cambio sc. $104\frac{2}{3}$ di lir. $7\frac{1}{2}$ per auer in Lione sc. 100. di Sole à B.

rimette à Lione per lettera di cambio di B. scudi 100. di Sole a

tratt'à Lione sc. 100 di Sole

per la valuta da A

In Lione C. paga la lettera di cambio di sc. 100 di Sole trattogli B. di Firēze a D

In Lione D. da à cambio sc. $99\frac{2}{3}$ di Sole per auer in Fir. sc. $106\frac{3}{4}$ per ogni 100. à B

torna à rimettere sc. $99\frac{2}{3}$ di Sole à $106\frac{3}{4}$ per 100 per lettera di E a

tratt'in Fir. $99\frac{2}{3}$ di Sole

per la valuta da D

In Fir. F paga p valuta delli s. $99\frac{2}{3}$ di Sole à $106\frac{3}{4}$ p 100 trattogli E a s. 106.8.9. di lir. $7\frac{1}{2}$ à A

35. Il grafico con cui Davanzati spiega l'arbitraggio di valuta e debiti tra Lione e Firenze con lettere di cambio.

36. Bernardo Davanzati Bostichi, banchiere e scrittore.

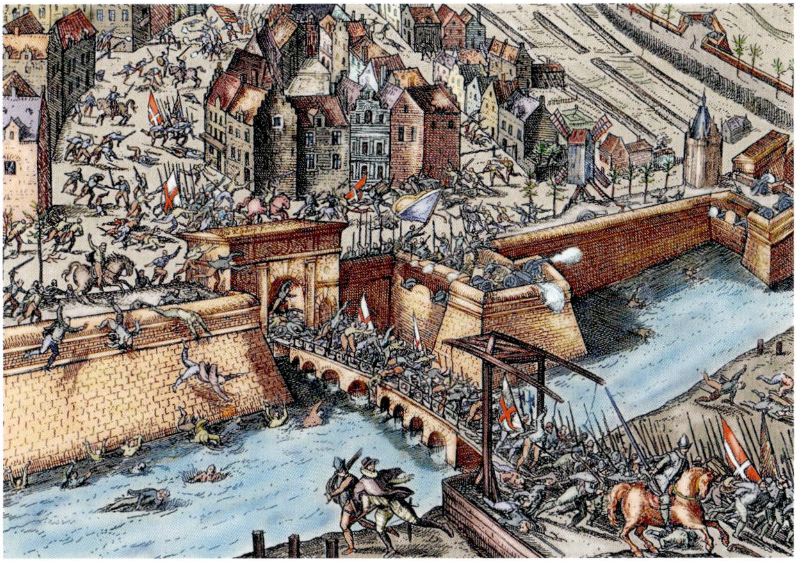

37. Truppe mercenarie in cerca di soldi: il sacco di Anversa da parte dell'Armata delle Fiandre, 4 novembre 1576.

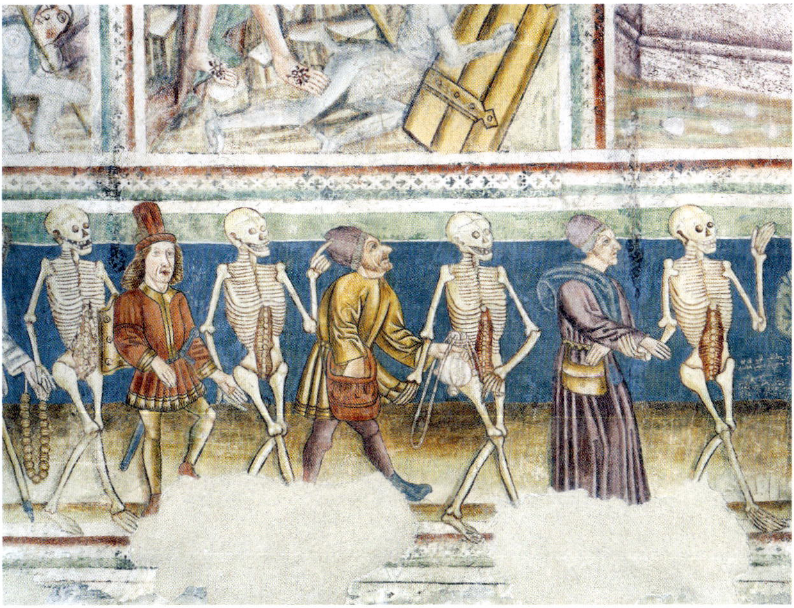

38. Danza macabra: scheletri e mercanti-banchieri.

39. La città di Philadelphia vista da est, opera di George Heap.

40. Il viaggio di andata e ritorno a cavallo di Sarah Kemble Knight (1704-1705), attraverso Massachusetts, Rhode Island e Connecticut.

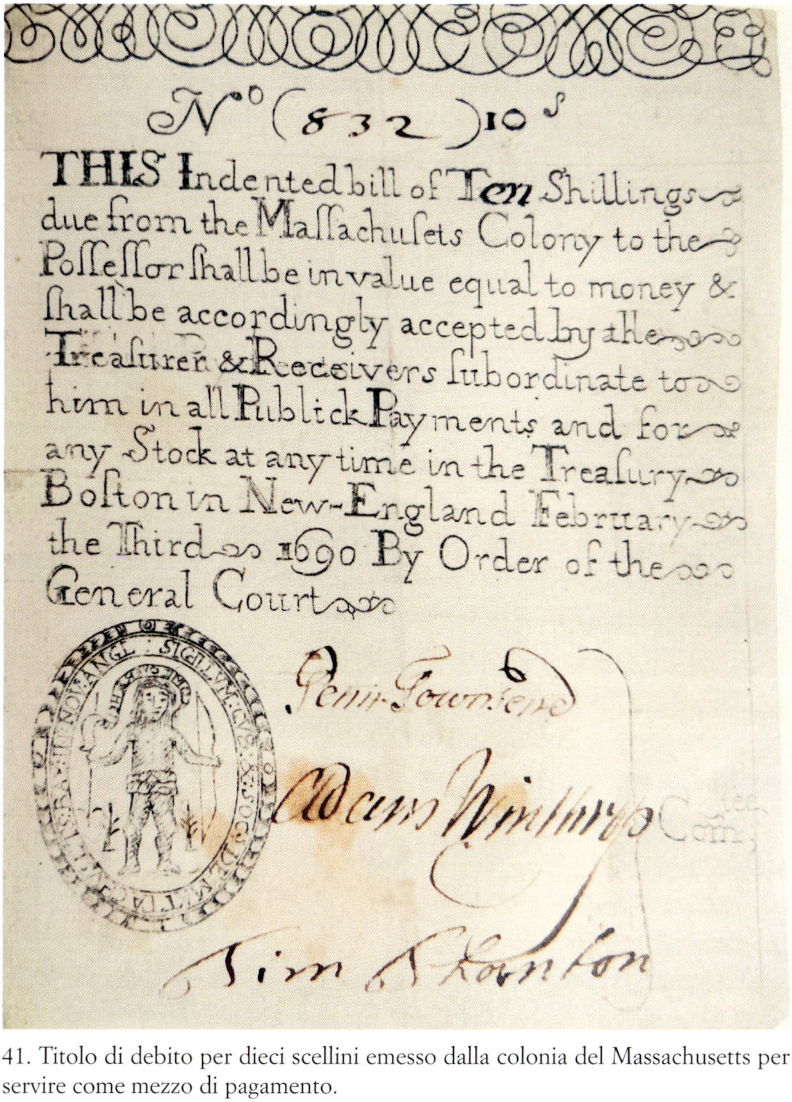

41. Titolo di debito per dieci scellini emesso dalla colonia del Massachusetts per servire come mezzo di pagamento.

Nella pagina successiva

42. (*In alto*) Una nota di debito scritta, stampata e firmata da Benjamin Franklin quando era ministro plenipotenziario del Congresso continentale in Francia. Si tratta di una promessa di pagare la banca di Ferdinand Grand a beneficio del Tesoro francese.

43. (*In basso*) Lettera di cambio in dollari spagnoli emessa dal Congresso continentale nel 1780.

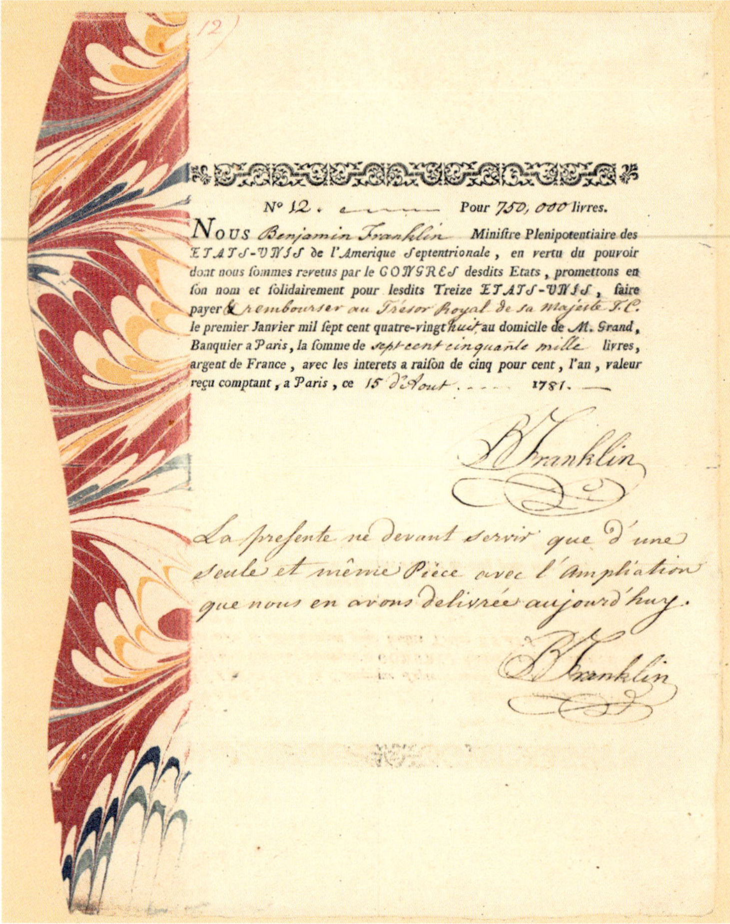

N° 12. Pour 750,000 livres.

NOUS Benjamin Franklin Ministre Plenipotentiaire des ETATS-UNIS de l'Amerique Septentrionale, en vertu du pouvoir dont nous sommes revetus par le CONGRES desdits Etats, promettons en son nom et solidairement pour lesdits Treize ETATS-UNIS, faire payer & rembourser au Trésor Royal de sa Majesté T.C. le premier Janvier mil sept cent quatre-vingt huit, au domicile de M. Grand, Banquier a Paris, la somme de sept cent cinquante mille livres, argent de France, avec les interets a raison de cinq pour cent, l'an, valeur reçu comptant, a Paris, ce 15 d'Aout 1781.

B. Franklin

La presente ne devant servir que d'une seule et même Pièce avec l'Ampliation que nous en avons delivrée aujourd'huy.

B. Franklin

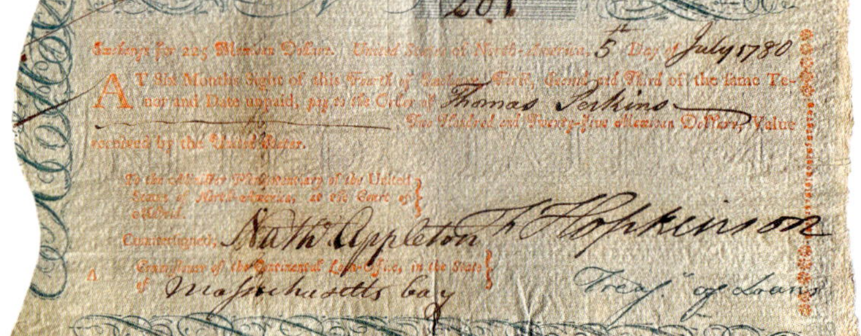

AMERICA

N° 201

Exchange for 225 Mexican Dollars. United States of North-America, 5th Day of July 1780

AT Six Months Sight of this Fourth of Exchange, First, Second and Third of the same Tenor and Date unpaid, pay to the Order of Thomas Perkins Two Hundred and Twenty-five Mexican Dollars, Value received by the United States.

To the Minister Plenipotentiary of the United States of North-America, at the Court of Madrid.

Countersigned, Nath. Appleton

Commissioner of the Continental Loan-Office, in the State of Massachusetts bay

F. Hopkinson

Treas. of Loans

44. (*A sinistra*) Thomas Paine, con Robert Morris, era dietro il progetto della Banca della Pennsylvania. 45. (*A destra*) Robert Morris, sovrintendente alle Finanze.

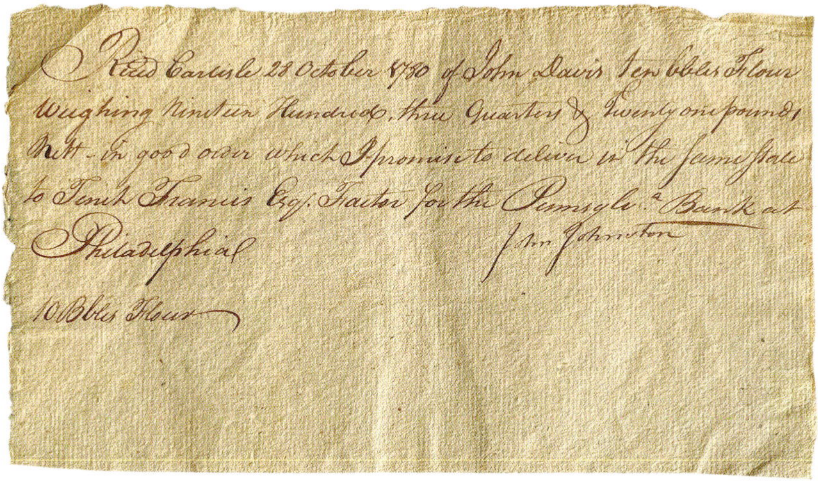

Rec'd Carlisle 28 October 1780 of John Davis Ten bbls Flour
weighing Nineteen Hundred, three Quarters & twenty one pounds
Nett - In good order which I promise to deliver in the same state
to Tench Francis Esq. Factor for the Pennsylv.a Bank at
Philadelphia
John Johnston

10 Bbls Flour

46. Una promessa di John Johnston di consegnare a Tench Francis, agente della Banca della Pennsylvania, dieci barili di farina che la banca aveva acquistato per l'esercito di Washington.

47. La battaglia di Monmouth tra l'esercito di Washington e le forze britanniche, 1778.

48. La Banca del Nordamerica consegna una mazzetta di banconote a George Washington.

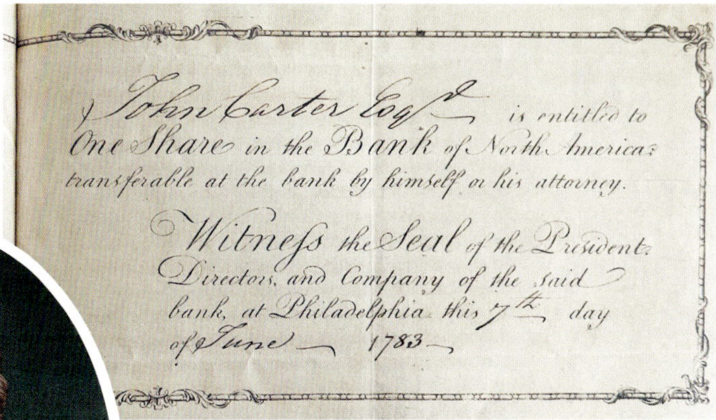

John Carter Esqr. is entitled to One Share in the Bank of North America transferable at the bank by himself or his attorney.

Witness the Seal of the President Directors, and Company of the said bank, at Philadelphia this 7th day of June 1783.

49. Un'azione della Banca del Nordamerica rilasciata a John Carter, cognato di Alexander Hamilton.

50. Alexander Hamilton, primo segretario del Tesoro degli Stati Uniti.

51. La sede della *First Bank of the United States*, Third Street, Philadelphia.

52. La Piazza Rossa a Mosca ai primi del Novecento.

53. Brasserie Landolt all'inizio del Novecento.

54. Lenin e Trockij si rivolgono alla folla a San Pietroburgo nel 1917.

55. La folla si accalca nella piazza del Mercato, ora Piazza Rossa.

56. Banconota da mille rubli emessa dal Commissariato delle finanze nel 1919. La banconota riporta l'esortazione tratta dal Manifesto del Partito comunista «proletari di tutti i Paesi, unitevi!» in otto lingue: russo, tedesco, francese, italiano, greco, inglese, arabo e cinese.

57. Un *červonec* d'oro coniato nel 1980.

58. Una banconota da tre *červonec* con il ritratto di Lenin.

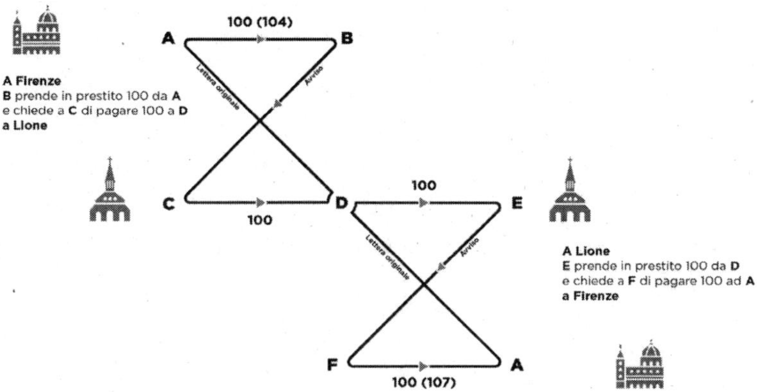

Arbitraggio tra valute diverse con lettere di cambio.

Il prezzo stabilito per rimettere 100 Ecu da Firenze a Lione è di 104 scudi fiorentini, mentre il prezzo per rimettere gli stessi 100 Ecu de Marc da Lione a Firenze è di 107 scudi fiorentini. Il profitto delle due transazioni è di 3 Ecu de Marc. Le due transazioni sono essenzialmente un arbitraggio tra il costo di rimettere 100 Ecu de Marc da Firenze a Lione e il costo di rimettere 100 Ecu de Marc da Lione a Firenze. La differenza tra i prezzi delle due rimesse rappresenta il guadagno della transazione.

Come ho detto, il diagramma lo spiega meglio e più rapidamente. Le parole sono niente più che un commento.

Il diagramma di Davanzati rivela il segreto dell'arbitraggio: sfruttare la differenza tra i prezzi di determinati beni, o asset, in diversi mercati. Semplice – ingannevolmente semplice – ma efficace. Quando ciò accade le opportunità di profitto superano i rischi di perdite.

Oggi, i trader delle banche d'investimento eseguono di continuo transazioni analoghe. Usano computer ad alta velocità e sofisticati algoritmi, ma l'obiettivo della transazione è esattamente lo stesso: sfruttare la differenza di prezzo di un asset tra diversi mercati. L'obiettivo e la strategia sono gli stessi: comprare dove il prezzo è basso e vendere dove il prezzo è alto. Il più antico trucco del mondo.

Come rivela il diagramma, all'epoca di Davanzati – quando non esistevano computer e software sofisticati – la lettera di cambio, allo stesso tempo debito e ordine di pagamento, era lo strumento ideale per sfruttare le differenze del costo di muovere valore attraverso spazio e tempo da un mercato all'altro. Spesso il profitto ottenuto da ogni transazione era modesto, ma la stessa poteva essere effettuata ripetutamente fino a che i prezzi delle due rimesse erano diversi. Gli arbitraggisti guadagnano poco, ma il rischio era quasi nullo.

Volatilità

Il diagramma però rivela di più sull'arbitraggio ai tempi di Davanzati. Bernardo compra e vende una valuta, l'Ecu de Marc, con un'altra valuta, lo scudo fiorentino, tra due diversi mercati. Ipotizziamo che per concludere la duplice transazione occorrano due settimane. È possibile che in questi quattordici giorni il valore dell'Ecu de Marc rispetto allo scudo fiorentino, tra Lione e Firenze, cambi e trasformi il guadagno in una perdita. È questo il rischio che corre Bernardo quando compra e vende Ecu de Marc tra Firenze e Lione. Commerciare valute su diversi mercati è rischioso. Anche oggi, con tutti i nostri computer e algoritmi. Nel XVI secolo lo era molto di più.

Le valute degli Stati erano monete coniate dalle Zecche pubbliche e il contenuto di metallo prezioso delle monete di una nazione determinava il valore della sua valuta sui mercati internazionali. I sovrani spesso alteravano il contenuto di metallo prezioso delle monete che coniavano. In Francia, per esempio, tra il 1295 e il 1490, il contenuto d'argento della moneta fu diminuito ben centoventitré volte: difficile operare sui cambi in queste condizioni. L'Inghilterra se la passava meglio, almeno fino alla metà del 1500. Ma la fortuna degli inglesi non durò a lungo: tra il 1542 e il 1551, la moneta d'argento inglese venne svilita dieci volte, e perse l'ottantatré per cento del suo contenuto di metallo prezioso. Auguri a chi si fosse trovato a operare sui cambi.

Si potrebbe pensare che questo agisse da deterrente o che i profitti dei banchieri ne soffrissero, ma accadeva il contrario. I registri dei banchieri di Lione tra la metà del XVI secolo e la fine del XVII mostrano che le transazioni per vendere e comprare Ecu de Marc tra mercati diversi con lettere di cambio crescevano di continuo e così i profitti. Com'era possibile quando l'arbitraggio tra valute diverse, Ecu de Marc e le valute nazionali assomigliava a una roulette?

L'Ecu de Marc

La risposta sta nelle proprietà dell'Ecu de Marc; una valuta pensata, creata e gestita dai mercanti-banchieri. Una moneta privata, concepita per facilitare le transazioni internazionali eseguite con lettere di cambio. Una valuta isolata dalle politiche monetarie di principi, re e imperatori.

In più i banchieri avevano escogitato un sistema per legare il valore dell'Ecu de Marc a quello dell'oro.

Pochissimi Stati avevano coniato per secoli monete d'oro che contenevano sempre la stessa quantità di metallo prezioso. Soltanto cinque monete avevano mantenuto nel tempo un contenuto d'oro equivalente tra loro e stabile: lo scudo spagnolo, quello del Regno di Napoli e le monete delle repubbliche di Venezia, Genova e Firenze. I mercanti-banchieri decisero di scommettere sulla storia e di creare con queste monete un Gold Exchange Standard. Si impegnarono a scambiare in qualsiasi fiera l'Ecu de Marc con queste monete a un tasso fisso. In questo modo i mercanti-banchieri avevano dato alla loro valuta privata – una forma di moneta di banco – il potere d'acquisto della medesima quantità di oro puro su un qualsiasi mercato europeo. Non solo: dal momento che il prezzo dell'oro era stabile, agganciare a esso l'Ecu ebbe risultati quasi miracolosi; il prezzo dell'Ecu de Marc rimase stabile fino alla metà del XVIII secolo.

I mercanti-banchieri della prima età moderna erano quindi riusciti a far sì che il prezzo di almeno una delle due valute che acquistavano o vendevano rimanesse stabile nel tempo e nello spazio, e che a cambiare fosse solo il prezzo dell'altra valuta.

Era un piano audace e brillante, e funzionò.

Come Mercurio attorno al Sole

Davanzati lo sapeva benissimo e nel suo saggio paragona i movimenti delle valute a quelli dei pianeti. Nelle fiere di cambio le valute si muovevano come Mercurio e il Sole nel sistema solare. Il Sole (l'Ecu de Marc) rimaneva fermo, mentre Mercurio (la valuta locale) gli ruotava attorno, muovendosi costantemente ma senza mai aumentare la distanza che lo separava dal Sole. Accettando di scambiare l'Ecu de Marc con il medesimo peso di oro puro, i banchieri avevano dato alla propria valuta privata il potere d'acquisto dell'oro, e l'Ecu de Marc divenne una vera moneta di banco transnazionale.

A chiunque conosca la politica monetaria internazionale questo meccanismo suona familiare.

Verso la fine della Seconda guerra mondiale, quarantaquattro nazioni si riunirono a Bretton Woods per creare un sistema monetario internazionale stabile. Come i mercanti-banchieri quattro secoli prima, concordarono che il modo migliore era quello di agganciare all'oro il valore delle loro valute. Per prima cosa i delegati – tra i quali John Maynard Keynes – fecero del dollaro americano il Sole del nuovo sistema, il punto fisso attorno a cui tutte le altre valute avrebbero ruotato.

Poi agganciarono il valore del dollaro statunitense all'oro, e il valore di tutte le altre valute a quello del dollaro statunitense. Per far funzionare il tutto gli Stati Uniti si impegnarono a scambiare a chiunque ne facesse richiesta trentacinque dollari con un'oncia d'oro puro. Questa semplice decisione garantì una relativa stabilità alle valute delle nazioni che aderirono agli accordi di Bretton Woods fino al 1973, quando il presidente Richard Nixon decretò l'uscita degli Stati Uniti da questo consesso.

La cosa davvero straordinaria è che un gruppo di scaltri mercanti-banchieri europei del XVI secolo sia riuscito a concepire e mantenere in vita un meccanismo analogo a quello che, secoli dopo, nacque dallo sforzo congiunto dei migliori cervelli delle nazioni riunite a Bretton Woods. L'Ecu de Marc, la valuta privata dei mercanti-banchieri, giocò il ruolo del dollaro, e i banchieri quello della Federal Reserve. In entrambi i casi, tanto per gli architetti di Bretton Woods quanto per i banchieri rinascimentali, uno dei risultati dello stratagemma, o trucco, fu quello di rendere meno rischioso l'arbitraggio tra valute diverse e tra più mercati. Con una valuta agganciata all'oro le operazioni d'arbitraggio permettono ai banchieri di guadagnare magari poco ma con certezza per tante transazioni. Grazie all'Ecu de Marc, il capitale privato non tardò ad approfittare delle opportunità di guadagno offerte dal sistema delle fiere di cambio, e le commissioni dei banchieri crebbero di continuo. Re, principi e imperatori non si lasciarono sfuggire le opportunità offerte dai privati in cerca di guadagno e dai banchieri in cerca di commissioni.

Diagrammi in pratica

Non occorse molto tempo ai banchieri per mettere a punto una strategia molto redditizia: prendere a prestito l'Ecu dove costa poco e restituirlo dove vale molto. In questo modo il cliente rischia il capitale e il banchiere esegue l'operazione. Le lettere di cambio erano lo strumento perfetto.

Ed è quello che fa Bernardo: prende in prestito da Giulio a Firenze, dove l'Ecu costa poco, per rimettere a Lione, dove l'Ecu vale molto. Poi l'agente di Giulio a Lione presta l'Ecu per riaverlo a Firenze. Investitori, banchieri e agenti si dividono profitti e commissioni di queste due transazioni. Per vedere i benefici di questa strategia guardiamo a un caso vero.

Francesco Martinengo era un aristocratico e un soldato di mestiere, prestò servizio in molti eserciti e fu anche a capo della cavalleria della Repubblica di Venezia. A Martinengo piaceva speculare, e in particolare piaceva l'arbitraggio dell'Ecu de Marc. Per questo aveva aperto un conto presso una banca veneziana, la Maffetti & Fratelli. La banca aveva filiali in molti centri finanziari, tra cui Lione e Piacenza. Tra il 1605 e il 1611 la Banca Maffetti effettuò ventuno operazioni di arbitraggio sull'Ecu de Marc tra Venezia e Piacenza per conto di Martinengo. Martinengo cominciò nel 1605 con 544 Ecu. Questi nel 1611 erano diventati 948. In sei anni aveva quasi raddoppiato il proprio capitale e la banca Maffetti aveva incassato abbondanti provvigioni. Banchiere e cliente avevano guadagnato bene senza correre molti rischi. Delle ventuno transazioni soltanto una comportò una piccola perdita, tutte le altre furono redditizie. Prendere in prestito Ecu de Marc a Venezia da rimettere a Piacenza garantiva un guadagno costante e mostra che il diagramma di Davanzati funzionava concretamente. Queste transazioni erano molto redditizie nel lungo termine e molto comuni.

Martinengo può anche essere stato un attore di secondo piano nei cambi ma il suo conto rivela una realtà importante. Il prezzo dell'Ecu de Marc a Piacenza era quasi sempre superiore a quello della stessa valuta a

Venezia, e questo perché l'impero spagnolo si indebitava a breve in Ecu de Marc nelle fiere di cambio di Piacenza.

La Spagna e l'argento

Filippo II salì sul trono spagnolo nel 1556. Quell'anno i Paesi Bassi si ribellarono, e iniziò la cosiddetta Guerra degli ottant'anni, la Rivolta delle Fiandre.

A quel tempo la Spagna era la maggiore potenza militare del mondo occidentale e l'Armata delle Fiandre – il primo esercito permanente, basato nei Paesi Bassi spagnoli e fedele ai re spagnoli – era un'armata formidabile, con oltre settantacinquemila soldati di professione. La Spagna avrebbe dovuto sopprimere la rivolta in fretta, invece la guerra durò ottant'anni e alla fine la Spagna fu sconfitta. Ma, la cosa più sorprendente non è la vittoria dei ribelli ma il fatto che l'Armata delle Fiandre riuscì a combattere così a lungo.

Combattere a centinaia di chilometri dalle proprie basi principali in territorio ostile e circondato da Paesi nemici era molto difficile. E l'Armata delle Fiandre era indisciplinata – tra il 1572 e il 1609 si ammutinò per ben quarantacinque volte. Ammutinamenti tutti dovuti alla stessa causa: la mancanza di denaro contante. I soldati di mestiere dell'Armata delle Fiandre combattevano per denaro e volevano essere pagati regolarmente in oro e in argento. Quando le monete non arrivavano puntualmente si ribellavano.

Ciò che sorprende è che la Spagna aveva abbondanza di argento: le miniere di Potosí, nel territorio che all'epoca era chiamato Alto Perù, e di Zacatecas, in Messico, ne producevano quantità enormi, e le monete d'argento non scarseggiavano nei territori imperiali. Ma nel XVI secolo trasportare l'argento dalle colonie spagnole dal Sudamerica alle Fiandre era un'impresa ardua e rischiosa.

Il metallo si estraeva a Potosí, poi lo si portava a dorso di mulo a Lima dove veniva pesato e fuso in lingotti; a quel punto i lingotti raggiungevano Panama in nave e da là, sempre via mare, andavano all'Avana. Qui si aspettavano altre partite di argento dalle miniere di Zacatecas. Poi – quando i venti erano favorevoli – la flotta salpava finalmente, alla volta di Siviglia. Tutto era difficile da prevedere: quante navi sarebbero arrivate, quando e con quanto metallo a bordo. L'impero aveva monete in abbondanza, ma farle arrivare all'Armata delle Fiandre era tutt'altra cosa.

Poteva succedere davvero di tutto, e successe.

Un Fiesco completo

Nel 1568 cinque navi salparono dai porti spagnoli per Anversa con un carico di centocinquantacinque casse di monete d'argento per l'Armata delle Fiandre. Le monete erano di mercanti-banchieri genovesi. La flotta del Sudamerica era, naturalmente, in ritardo e i banchieri avevano prestato le monete all'impero. Ma nel Golfo di Biscaglia una tempesta sorprese le navi e, come se non bastasse, queste furono anche intercettate da pirati ugonotti. Le cinque navi fecero rotta per Plymouth e Southampton.

Non una buona mossa. L'Inghilterra era nemica della Spagna e la regina Elisabetta I aveva un disperato bisogno di argento; la moneta scarseggiava e la Zecca chiedeva insistentemente il metallo. La regina fece portare le casse alla Torre di Londra, e pesare il metallo. Le monete e i lingotti avevano un valore di circa ottantacinquemila sterline inglesi: una bella sommetta. Gli inglesi avevano messo le mani sull'argento dei mercanti genovesi, e Filippo II aveva bisogno che quell'argento arrivasse ad Anversa per pagare l'esercito. Una matassa difficile da sbrogliare.

L'ambasciatore spagnolo domandò subito che l'argento fosse consegnato ad Anversa, ma Elisabetta fece orecchie da mercante. Filippo allora cambiò tattica e incaricò Tomaso Fiesco – banchiere genovese – di risolvere il problema. In fondo l'argento era dei genovesi, loro dovevano farselo restituire.

Fiesco era l'uomo giusto. Non era solo banchiere e genovese, ma era anche incaricato da Filippo II di trovare finanziamenti nelle fiere europee. Fiesco spesso sedeva su entrambi i lati dello stesso tavolo e rappresentava sia l'impero che si indebitava sia i banchieri che prestavano.

Questo oggi potrebbe sembrare alquanto bizzarro, ma era così che la Spagna gestiva il debito pubblico a breve. Il doppio ruolo faceva di Fiesco un esperto di un'area grigia dell'alta finanza – che esiste ancora oggi – in cui interessi pubblici e privati si incontrano. Gli inglesi avevano una figura equivalente in Sir Thomas Gresham, mercante e finanziere abile oltre che agente della regina Elisabetta. Gresham si muoveva bene tra i banchieri e i servitori dello Stato come Fiesco. La regina Elisabetta, saggiamente, lo incaricò di trattare con il genovese.

Fu un duello ad armi pari. I negoziati durarono più di un anno ma alla fine i due trovarono una via d'uscita. Per prima cosa si accordarono su quanto era successo: la regina Elisabetta non si era appropriata dell'argento dei genovesi, no, lo aveva semplicemente «preso in prestito». E come tutti i debitori avrebbe compensato bene chi le faceva credito – vale a dire genovesi e spagnoli – ma si sarebbe comunque tenuta l'argento. Vittoria per tutti. Ma come fecero i due a trovare una soluzione che accontentava tutti?

Semplice: si servirono di lettere di cambio che si muovevano di fiera in fiera. Il prestito non sarebbe stato restituito in argento ma in promesse, e le lettere di cambio avrebbero seguito un percorso che permetteva molteplici arbitraggi.

Così facendo, Elisabetta poteva tenersi l'argento e i banchieri potevano trarre profitto dal «prestito». In più il duca di Alba, governatore generale spagnolo dell'Olanda che come rappresaglia per il sequestro dell'argento spagnolo aveva requisito i beni di molti mercanti inglesi, ottenne il permesso di vendere ciò che aveva requisito, seppur con l'obbligo di dividere i profitti tra l'Armata delle Fiandre e gli inglesi.

Una soluzione brillantissima, una lezione non solo di abilità negoziale ma anche di conoscenza profonda del funzionamento del mercato europeo del debito, dell'arbitraggio e delle lettere di cambio. Una lezione che Filippo II imparò in fretta. L'imperatore si rese conto che, pur avendo argento in abbondanza, la Spagna doveva muovere valore nel tempo e nello spazio senza usare monete, proprio come Benedetto Di Gondola prima di lui, e come Fiesco e Gresham avevano dimostrato essere possibile per il valore dell'argento «preso in prestito». Doveva imparare a servirsi delle lettere di cambio. E quando Don Luis de Requesens, il nuovo comandante dell'Armata delle Fiandre, lo supplicò di inviargli i fondi per pagare l'esercito, Filippo II rispose che «il metodo più sicuro e veloce di mandarvi denaro è una lettera di cambio».

Sembrava una soluzione facile, ma rifornire l'Armata delle Fiandre comportava delle difficoltà ben maggiori di quelle che doveva superare Benedetto Di Gondola per pagare la seta e la lana di jersey, o persino di quelle affrontate da Fiesco e Gresham per trovare una soluzione al «prestito» ottenuto dalla regina Elisabetta.

Il valore che Filippo doveva muovere nel tempo e nello spazio era enorme: la spesa militare spagnola oscillava tra quattro e otto milioni di ducati l'anno.

Simili somme non si potevano ottenere in prestito e restituire con lettere di cambio emesse alla spicciolata, in più i soldati dell'Armata delle Fiandre volevano ancora essere pagati in monete di Zecca e non in lettere di cambio. Filippo avrebbe dovuto emettere un gran numero di lettere di cambio e ottenere la collaborazione di tutti o quasi i maggiori banchieri europei. Per riuscire nell'intento, l'amministrazione finanziaria spagnola utilizzò uno strumento speciale: l'*asiento*.

Gli asientos

Bernardo Davanzati ci ha fatto da guida tra le complesse operazioni di arbitraggio nelle fiere di cambio; Giandomenico Peri ci guiderà attraverso le transazioni compiute dall'impero spagnolo con lettere di cambio e *asientos*.

Peri era un uomo d'affari genovese. A differenza di Davanzati ebbe una vita tranquilla, ordinaria. Era un imprenditore di discreto successo che guadagnava quanto bastava per vivere decorosamente, nulla fuori dall'ordinario. Ma aveva una profonda conoscenza del mondo degli affari e ne sapeva scrivere con chiarezza ammirevole.

Se Giandomenico Peri fosse vissuto oggi avrebbe insegnato alla Harvard Business School; nel 1638 iniziò la stesura del primo manuale di economia aziendale, intitolato *Il negotiante*. Il libro è indirizzato agli aspiranti uomini d'affari. Peri esamina ogni attività commerciale del proprio tempo e insegna come condurla. L'indice del libro assomiglia al programma di studi di un master in economia aziendale: finanza, contabilità, tecniche di gestione, logistica, commercio internazionale marittimo.

Peri dedica un intero capitolo agli *asientos* (accordi), che era il nome dato ai contratti che l'impero stipulava con i banchieri per indebitarsi a breve. Oggi gli *asientos* più conosciuti sono i tristemente celebri *asientos de negros*, che regolavano il rifornimento di schiavi africani nelle colonie spagnole. Gli *asientos*, spiega Peri ai suoi lettori, devono essere esaminati a fondo, perché per i banchieri d'affari sono probabilmente la migliore opportunità di profitto: qualsiasi aspirante banchiere deve sapere che cos'è un *asiento*, come strutturarlo e come gestirlo.

Per quanto riguarda gli *asientos* con cui Filippo II doveva coprire i costi della guerra contro la rivolta delle Fiandre, i banchieri accettarono di fare una serie di transazioni internazionali con lettere di cambio – debiti, ordini di pagamento, rimesse da una fiera all'altra – negoziando quanto la corona potesse prendere in prestito, nonché dove, quanto e quando restituire. Gli *asientos* indicavano anche il numero esatto di monete che dovevano essere consegnate all'Armata delle Fiandre; i soldati, ricordiamolo, non volevano lettere di cambio ma monete d'oro o d'argento da poter spendere nelle taverne locali. Fortunatamente, le lettere di cambio, potevano servire praticamente per ogni altra cosa, e quindi tutti gli *asientos* furono eseguiti con questo strumento.

Il sistema degli *asientos* potrebbe sembrare la risposta perfetta per i partner, ma le cose non sempre andavano nel modo previsto. Tra il 1550 e il 1650 l'impero spagnolo dichiarò insolvenza (andò in default) per ben sei volte, e quattro di questi casi si verificarono durante il regno di Filippo II. Eppure i banchieri continuarono a prestare all'impero insolvente e nessuno di essi fallì o andò in perdita.

Sembra impossibile, un enigma che molti studiosi hanno cercato di spiegare. Tentativi inutili fino a quando Mauricio Drelichman e Hans-Joachim Voth non hanno studiato con attenzione il sistema di finanziamento dell'impero spagnolo al tempo di Filippo II. Per scrivere *Lending to the Borrower from Hell*[4] hanno esaminato 438 *asientos* sottoscritti da Filippo II e dal gruppo di testa dei banchieri di cambio tra il 1566 e il 1598. Centoquarantacinque banchieri in tutto furono parte di questi *asientos*.

A quei tempi l'attività bancaria era un business famigliare, e i centoquarantacinque banchieri appartenevano a settantotto famiglie; dieci di queste sottoscrissero il settanta per cento degli *asientos*. I default di Filippo II avrebbero dovuto avere effetti devastanti su queste dieci banche, ma Drelichman e Voth hanno scoperto che nessuna fallì e nessuna ebbe perdite. Anzi, tutte e dieci registrarono profitti significativi.

Innanzitutto quelli che noi chiamiamo default erano in realtà ristrutturazioni del debito a breve accumulato, quindi meno dannose per le banche. Filippo finiva sempre per pagare, anche se meno di quanto concordato.

Questo non spiega però i profitti che le famiglie di banchieri continuarono ad accumulare. Per questo bisogna guardare agli *asientos*.

In ogni contratto le due parti si sforzarono di prevedere tutto ciò che poteva andare storto, e per ognuna delle contingenze negative escogitavano un rimedio. L'evento negativo più frequente era il ritardo della flotta che trasportava l'argento sudamericano. Nessun banchiere avrebbe corso il rischio di fare prestiti con l'argento delle colonie americane come unica garanzia. Quindi, le parti si sforzarono di trovare rimedi ai ritardi della flotta o a quantità di metallo inferiori al previsto. La soluzione più comune era di sostituire all'argento entrate statali di altro genere.

Gli *asientos* indicavano in dettaglio la precisa fonte di entrate che avrebbe dovuto essere impiegata per compensare i banchieri se la nave fosse giunta in ritardo o se il carico fosse stato inferiore rispetto a quanto l'amministrazione aveva dichiarato; di solito, la fonte di entrate era il flusso di cassa di qualche particolare imposta.

Ma il ritardo nell'arrivo della flotta non era la sola circostanza avversa di cui bisognava tenere conto: molti *asientos* contenevano numerose clausole sugli imprevisti e sui rimedi appropriati. Queste clausole riducevano sicuramente i rischi che i banchieri correvano prestando all'impero ma minimizzare i rischi non è la stessa cosa che massimizzare i profitti. Per questo, i banchieri d'affari seguivano in sostanza il modello di Davanzati: operavano quasi sempre con il capitale dei clienti, non con il loro, e si indebitavano alle fiere dove il prezzo dell'Ecu de Marc era basso e lo rimettevano dove era alto. In altre parole, facevano come Francesco Martinengo, ma su larga scala. L'arbitraggio garantì ai banchieri la redditività degli *asientos* e a Filippo II le risorse per realizzare i suoi grandiosi progetti.

Finanza spirituale

Il gran numero di arbitraggi eseguiti di fiera in fiera da banche, Stati e singoli individui non passò inosservato ai notabili della Chiesa cattolica. Anche la Chiesa voleva una fetta di una torta così appetitosa, ma non era facile farlo per un'istituzione che condannava e proibiva il prestito retribuito come fosse una forma di usura, un peccato mortale.

Tuttavia, ogni componente della Curia era un individuo di intelligenza sottile. E la Chiesa cattolica riuscì a benedire l'arbitraggio – e a trarne vantaggio – senza che apparisse un cedere al peccato.

Lo Stato pontificio era una macchina costosa. La Curia romana costava e difendere la Chiesa cattolica da protestanti e musulmani richiedeva risorse ingenti. Dal lato delle entrate lo Stato pontificio poteva contare sul gettito fiscale dai territori sotto il suo diretto controllo, quasi tutti in Italia. Ma queste entrate non erano sufficienti. Di conseguenza, il papa contava molto sui contributi regolari dei fedeli di altri Paesi. Quindi i papi avevano lo stesso problema di Benedetto Di Gondola e di Filippo II: dovevano muovere valore nel tempo e nello spazio senza servirsi di monete. Era dura convincere le banche a rimettere decime, offerte e donazioni dei fedeli lontani da Roma senza permettere ai banchieri di trarre profitto da quelle transazioni. Ma le lettere di cambio erano uno strumento di debito, era difficile compensare chi le emetteva e le commerciava. Eppure la Chiesa cattolica trovò il modo di trarre beneficio dalla magia dell'arbitraggio.

La Curia romana creò un suo particolare tipo di finanza che i banchieri chiamarono – non senza ironia – «finanza spirituale». I registri dei banchieri vaticani mostrano con chiarezza cosa c'era di spirituale in questa finanza: assolutamente nulla. La finanza spirituale era una forma di arbitraggio fatto a beneficio dei banchieri e della Chiesa: i banchieri ci mettevano la finanza, la Chiesa la rendeva spirituale.

Alla fine del Cinquecento, Benvenuto Olivieri aveva sostituito i Medici come principale banchiere del Vaticano. Olivieri si indebitava con la Curia e riceveva in cambio entrate fiscali.

L'atteggiamento della Chiesa verso l'usura rendeva difficile guadagnare prestando al Vaticano, ma Olivieri era un banchiere particolarmente creativo e la Curia era sufficientemente flessibile da trovare un accomodamento. Olivieri sapeva benissimo che la Curia dipendeva dalle decime e dalle donazioni dei fedeli di Paesi stranieri: il contributo maggiore veniva dalla Spagna. Nel 1567 la Chiesa spagnola doveva rimettere a Roma nove milioni di ducati. Trasferire questa somma dalla Chiesa spagnola al Vaticano era un'occasione da non perdere, così Olivieri seguì la strada già percorsa e collaudata: usare le fiere di cambio passando da Lione. Come Di Gondola, anche il banchiere del papa aveva un conto con la filiale lionese dei Salviati. Con le lettere di cambio era possibile indebitarsi a Madrid, rimettere a Lione e da lì trasferire le decime spagnole a Roma. Ma, oltre che creativo, Olivieri era avido, e per guadagnare ancora di più le sue lettere non seguivano la via più breve ma quella più redditizia. I registri dei Salviati testimoniano il movimento di debiti e rimesse dalla Castiglia a Lione e di lì a Napoli o Palermo prima di finire a Roma. Questi arbitraggi plurimi convenivano a entrambi i partner: i banchieri potevano guadagnare di più e la Chiesa poteva ottenere denaro senza violare la sua posizione sull'usura.

Perché? I teologi discussero per qualche tempo se l'arte del cambio fosse in realtà una forma di usura. Una lettera di cambio poteva portare alla dannazione eterna? Dopotutto, le prime parole di una lettera di cambio sono il riconoscimento di un debito, come è possibile guadagnarci senza commettere peccato? E infatti un buon numero di teologi sosteneva che il cambio non fosse altro che una forma di usura – poco – dissimulata. Ma dopo lunghi e aspri dibattiti la Chiesa alla fine raggiunse un compromesso.

Quando un'operazione fatta con lettere di cambio era eseguita da tre o più attori, e il debito e le rimesse erano in diverse valute e su più mercati, l'operazione era consentita. La molteplicità di soggetti, di valute e di mercati rendeva la transazione rischiosa e il guadagno incerto, quindi il potenziale guadagno era troppo aleatorio per essere considerato una forma di usura. Di nuovo una soluzione brillante che di fatto benediceva l'arbitraggio e assolveva qualsiasi banchiere vaticano che lo praticava nell'interesse proprio e della Chiesa. È difficile dire fino a che punto questa posizione fosse dovuta alla fame di denaro della Curia o rispecchiasse una concezione errata dell'arbitraggio. Le transazioni riportate nei libri contabili dei banchieri della Chiesa sembrano indicare che il rischio era più nella mente dei teologi che nella pratica dello scambio di lettere di cambio.

Il potere dello scritto

Con il passare del tempo, le lettere di cambio sono diventate uno dei più importanti contributi dell'Europa alla modernità: per secoli, i mercanti le hanno usate negli scambi internazionali, i banchieri e i loro clienti per fare profitti mentre gli Stati e la Chiesa cattolica per finanziare le proprie attività. Niente male per poche frasi scritte su un foglietto di carta.

Ma il ruolo delle lettere di cambio può sembrare, a chi non abbia famigliarità con la finanza, qualcosa di astruso e lontano dalla vita quotidiana.

È ora di far scendere sulla terra la lettera di cambio.

Giovanni da Verrazzano, fiorentino, è stato uno dei più avventurosi e famosi navigatori italiani. Verrazzano era tremendamente invidioso di Cristoforo Colombo e sognava di riuscire dove Colombo aveva fallito: passare alla storia come lo scopritore del Passaggio a Nord Ovest. Scoprire una via più breve per la Cina lo avrebbe reso non solo famoso ma ricco, e lui aveva un disperato bisogno di denaro. Attraversare gli oceani costava caro.

Verrazzano aveva concepito la propria spedizione mentre serviva nella marina francese. Per finanziare il viaggio si era rivolto al re, ma Francesco I si era rifiutato di appoggiarlo. Allora Giovanni andò a Lione, il principale mercato finanziario.

Ai banchieri l'idea di trovare una via breve per la Cina piacque più che al re e un gruppo di banchieri francesi promise a Verrazzano 600 Ecu de Marc: troppo poco, attrezzare la flotta ne costava 4000. Verrazzano allora andò da Antonio Gondi, banchiere fiorentino a capo della filiale lionese dell'impresa omonima. Ad Antonio il progetto di Verrazzano piacque, ma 3400 Ecu erano un sacco di soldi e non voleva rischiare la salute della banca per il sogno di Verrazzano. Però era un uomo pieno di risorse: un pool di banchieri di cambio attivi in molte piazze avrebbe potuto servirsi di lettere di cambio per attrezzare la flotta e in questo modo la spedizione avrebbe richiesto meno oro e argento. Detto fatto. In brevissimo tempo Antonio convinse altri nove banchieri, arbitraggisti esperti che si muovevano di fiera in fiera, a finanziare il progetto di Verrazzano. Messo insieme il pool, Antonio aprì un conto a Verrazzano presso la banca della famiglia Gondi. Verrazzano comprava rifornimenti per la spedizione a Nantes, Rouen, Dieppe e Parigi pagando gli acquisti con lettere di cambio sulla banca, la banca addebitava ai membri del consorzio finanziario e il consorzio poi compensava i debiti alla fiera di cambio successiva. In questo modo i rischi erano distribuiti e l'uso di monete di Zecca ridotto.

Ma non tutti i pagamenti potevano essere effettuati con debiti; alcuni dovevano essere effettuati in moneta sonante. I registri dei Gondi sono incompleti ma sembra che meno della metà del costo della spedizione venne pagato con oro e argento e che la gran parte venne pagata con lettere di cambio, debiti mossi da fiera in fiera e poi compensati o saldati nelle fiere di Lione.

Furono le lettere di cambio in Ecu de Marc che permisero a Giovanni da Verrazzano di inseguire i suoi sogni e di fare vela verso occidente. Giovanni, però, arrivò solo fino alla baia di Hudson e non al Cathay. Verrazzano rimase sicuramente molto deluso, ma i cittadini di New York gli furono riconoscenti e nel 1956 diedero il suo nome al ponte sulla baia che collega Brooklyn con Staten Island, che per molto tempo è rimasto il più lungo ponte sospeso del mondo oltre che una fondamentale via d'accesso a New York City. Come milioni di altri viaggiatori ho attraversato molte volte quel ponte: grazie alle lettere di cambio.

Praticità inglese

Ed ecco l'ultimo esempio, questa volta tratto dal mondo degli empirici inglesi anziché dei romantici italiani.

Nel 2017 ero uno dei fellow dell'International Center for Finance di Yale, che si affaccia su Whitney Avenue, nel cuore di New Haven. L'atmosfera era informale: *fellows* e professori discutevano continuamente dei propri interessi e progetti di ricerca. Tra i più presenti c'era Gary Gorton, uno dei migliori studiosi di banca e finanza al mondo. Nel periodo trascorso al centro ho avuto la fortuna di passare diverso tempo con Gary, chiacchierando di arbitraggio, lettere di cambio e, naturalmente, di Bernardo Davanzati.

All'epoca Gary studiava in che modo attori privati come mercanti, fabbricanti e ordinari cittadini – chiunque tranne le banche – creassero denaro. Gli *inland bills* inglesi – lettere di cambio in una sola valuta che circolano all'interno di un solo Paese[5] – erano un esempio perfetto di creazione di moneta da parte di attori che non erano né Stati né banche. In Inghilterra gli *inland bills* non venivano emessi dai banchieri e non servivano a fare arbitraggio tra valute e mercati; non somigliavano ai soldi, non avevano l'odore dei soldi, ma sembravano comportarsi come soldi. Che cos'erano allora, e come funzionavano?

Gary non era il primo a porsi questa domanda. Fin dal 1695 il Parlamento inglese, banchieri e studiosi dibattevano su cosa fossero gli *inland bills* e su quale ruolo svolgessero nell'economia del Paese. È facile vedere il perché di tanta curiosità.

Nel XVIII secolo nel Nord dell'Inghilterra la moneta era scarsa. Le monete di Zecca erano poche e le banconote della Banca d'Inghilterra circolavano quasi esclusivamente a Londra. Le banche locali, poco capitalizzate, potevano emettere poco debito. Ma le contee del Nord – le città e i villaggi – erano il centro della Rivoluzione industriale inglese. Non doveva essere facile costruire nuovi impianti industriali, produrre e vendere di più. Per fortuna, gli imprenditori del Nord industrializzato erano uomini di grande creatività.

Sir Samuel Fludyer era un mercante dello Yorkshire che vendeva stoffe e tessuti. Nel 1738 aprì un emporio a Londra per essere più vicino ai propri clienti; in questo modo poteva sapere quali stoffe e quali colori erano di moda e quindi produrre e consegnare ciò che si vendeva meglio. Tra i suoi fornitori c'erano un certo Floodshire, tintore, e un certo Daniel Packer, tessitore. Un network, esattamente come quello di Pisa tre secoli prima.

Come i pisani anche i tre allegri imprenditori dello Yorkshire – il mercante Fludyer, il tintore Floodshire e il tessitore Packer – erano indebitati l'uno con l'altro e con i propri fornitori. Inoltre, anche nello Yorkshire del Settecento il tessitore voleva pagare il tintore con il debito che il mercante aveva nei suoi confronti ma, sfortunatamente, nel Nord dell'Inghilterra i tre partner non potevano andare alla banca locale o a una fiera di cambio per scambiare promesse con un banchiere: dunque dovevano trovare un altro modo di saldare i propri debiti con quelli altrui.

Anche loro si servirono di lettere di cambio ma di un tipo particolare. In Inghilterra ne circolavano di due tipi. Il primo era la lettera usata al di fuori del Paese, non molto diversa da quelle emesse e saldate alle fiere di cambio di Lione: quattro attori, due mercati, due valute; poi c'erano gli *inland bills*, obbligazioni che erano denominate in sterline inglesi e che circolavano soltanto all'interno dell'Inghilterra: una valuta, un mercato, molti attori.

Gli *inland bills* non erano stati ideati per l'arbitraggio tra valute e mercati, ma erano il titolo perfetto per gli scopi dei tre partner nello Yorkshire. Packer consegnò a Fludyer, che gli doveva denaro per i tessuti che aveva acquistato, una lettera di cambio in cui gli chiedeva di saldare il debito pagando la somma a Floodshire, che aveva tinto le stoffe: gli *inland bills* erano l'obbligazione perfetta per saldare i debiti di tutte le parti della filiera.

Ma fabbricanti e mercanti dovevano anche pagare i salari ai loro dipendenti, e la cosa era più difficile che pagare i rifornitori con lettere di cambio: i lavoratori, come i mercenari dell'Armata delle Fiandre, preferivano le monete o qualche cosa di analogo. Ancora una volta, gli imprenditori inglesi trovarono una via d'uscita con le lettere di cambio. Rowland Park, un uomo d'affari di Kirby, era una persona di molte risorse anche se con poca moneta sonante. Park pagava i salari ad alcuni dei suoi dipendenti con lettere di cambio indirizzate a un medico, un certo Loxam, che curava i lavoratori e le loro famiglie. Poi, per pagare Loxam, Park scriveva una lettera di cambio al distributore dei suoi prodotti, chiedendogli di pagare Loxam. *Inland bills* di questo tipo, per milioni di sterline, circolavano liberamente in Inghilterra, senza che nessuno le utilizzasse per fare arbitraggi tra valute e mercati ma unicamente per saldare debiti al posto della moneta di Zecca o delle banconote. Ma erano davvero moneta?

All'inizio del XIX secolo non si era ancora raggiunto un consenso. Due banchieri, Henry Thornton e Thomas Tooke, sostenevano con ottimi argomenti che gli *inland bills* erano parte integrante della moneta inglese perché produttori, professionisti, commercianti e consumatori le usavano come mezzo di pagamento al posto delle monete di Zecca e delle banconote. E questo era un bene: più era vasta la base monetaria – monete, debito bancario e debito privato – più l'economia del Paese cresceva.

Secondo Thornton e Tooke, gli *inland bills* erano moneta e come tale dovevano essere trattati.

Gary Gorton ha seguito un approccio diverso. Voleva scoprire con l'evidenza dei fatti se gli *inland bills* fossero effettivamente moneta e, se sì, perché *esattamente*. Teoria basata su dati reali. Quindi Gary ha raccolto ed esaminato un campione di circa cinquecento *inland bills* emessi e circolati in Inghilterra tra il 1775 e il 1855, periodo nel quale chiunque sembrava usare questo peculiare titolo di debito. Nel 1775 gli *inland bills* rappresentavano circa il cinquantotto per cento dell'offerta totale di moneta del Paese e nel 1855 ne costituivano ancora circa il quaranta per cento. Quando passavano di mano in mano non perdevano valore e circolavano senza alcuno sconto: avevano il potere d'acquisto delle sovrane d'oro o delle banconote della Banca d'Inghilterra e circolavano bene. Visti da vicino, questi *inland bills* funzionano effettivamente come moneta: in Inghilterra, a quanto pare, i singoli potevano realmente creare moneta proprio come la Zecca o le banche. Fatto a dir poco insolito.

Siamo stati abituati a considerare la capacità di creare moneta come una prerogativa della sovranità. Unica eccezione possono essere le banche, a cui è consentito creare moneta in base a speciali regolamenti e sotto il rigido controllo di Stati, governi, imperatori, e re. Eppure, nell'Inghilterra del XVIII e XIX secolo, una moltitudine di privati creava moneta con i propri *inland bills*. Ciò che rendeva possibile farlo era lo strumento usato: la lettera di cambio, in parte debito e in parte ordine di pagamento.

Quando Samuel Fludyer dava a Packer una lettera di cambio chiedendogli di pagare Floodshire, egli riconosceva il proprio debito nei confronti di quest'ultimo e prometteva di pagarlo; quando Packer la accettava, anch'egli riconosceva di essere diventato debitore di Floodshire e prometteva di pagarlo. Ma il valore legale della moneta è assicurato dal potere dello Stato e quello del debito delle banche è supportato dalla promessa di scambiare la promessa con moneta di Zecca. Chi o cosa dava valore alle promesse di Fludyer e Floodshire? Chi tutelava le pretese di Packer?

Fin dal primo Seicento, i tribunali inglesi avevano deciso che chi accettava una lettera di cambio era responsabile – in solido – del debito quanto chi la emetteva. In questo modo, il debito di Fludyer ora era diventato il debito di Floodshire e Fludyer, una garanzia più sicura per Packer. E se Packer – a sua volta – la accettava, i responsabili di tale obbligazione sarebbero diventati tre: quante più erano le firme, tanto maggiore era la probabilità che la lettera potesse convertirsi in monete d'oro alla sua scadenza. Tutti gli *inland bills* del campione esaminato da Gary Gorton, per esempio, erano stati firmati per accettazione da più di una persona e molti di essi addirittura da più di dieci.

Era proprio questa accettazione esplicita e multipla a rendere la lettera di cambio equivalente a una banconota. Una banconota è la promessa di pagamento del banchiere, e questa promessa è coperta da tutti i debiti dei clienti del banchiere. Poiché gli *inland bills* erano di fatto debiti appoggiati e sostenuti da altri debiti, anch'essi erano parte della massa monetaria dell'Inghilterra. Questa è la conclusione raggiunta da Gary, sulla base di teoria ed evidenza empirica.

La capacità dei singoli di creare moneta con gli *inland bills* ebbe un ruolo fondamentale nella Rivoluzione industriale in Inghilterra. Solo quando i privilegi concessi alla Banca d'Inghilterra furono indeboliti e vennero allentate le restrizioni sull'attività bancaria, la moneta bancaria divenne la vera valuta della nazione e le lettere di cambio cessarono di essere una sua componente essenziale.

La nostra fantastica realtà

Davanzati meritava davvero di essere inserito nella mostra di Bruxelles sui libri che hanno fatto l'Europa. Il suo breve *Notizia de' cambi*, con il magnifico diagramma, spiega esattamente il modo in cui i banchieri di cambio, nell'Europa della prima età moderna, riuscirono – allo stesso momento – ad arricchirsi e ad aumentare il loro potere d'acquisto e quello dei loro clienti. Per poterlo fare costruirono un'architettura finanziaria possente e duratura come una fortezza, basata su un'estesa rete di mercati monetari e finanziari, una valuta privata stabile (l'Ecu de Marc) e uno strumento ultraflessibile (la lettera di cambio). Grazie a questa architettura e alle sue fondamenta, un ristretto numero di banchieri riuscì per secoli ad arricchirsi con operazioni di arbitraggio e ad aiutare papi, imperatori, principi, regine – ed esploratori italiani – a muovere valore attraverso il tempo e lo spazio. Così facendo furono capaci di mobilitare i capitali di tutto il continente e farli crescere producendo un flusso costante di profitti che sosteneva la crescita economica e la costruzione delle nazioni: la nostra era moderna.

Capitolo sesto
Sogni americani: *e pluribus unum*

Dio benedica gli USA, così grandi
Così amichevoli, e così ricchi.

W.H. Auden, *On the Circuit*[1]

Il 2 ottobre 1704 una giovane donna, Sarah Kemble Knight, da poco vedova, lasciò Boston, in Massachusetts, diretta a New Haven, nel vicino Connecticut. Si viaggiava a cavallo. Il viaggio durò cinque mesi: andata e ritorno. Sarah tenne un diario per tutta la durata: *The Journal of Madame Knight*, pubblicato per la prima volta nel 1825, è diventato una delle più celebrate cronache dell'America coloniale.

Questo giornale di viaggio è anche una testimonianza importante della storia coloniale del Nordamerica e di un'innovazione rivoluzionaria: un sistema monetario senza monete di Zecca, fatto solo di debiti; dei singoli, dello Stato e delle banche.

Banche create per sostenere lo Stato e la rivoluzione.

Trattative contorte

Dopo la morte del marito, Sarah Kemble Knight si dedicò agli affari. In poco tempo si trasformò: da insegnante a imprenditrice e finanziere di successo.

Lo scopo del viaggio era quello di raccogliere l'eredità di una ricca cugina, ma fu questa un'educazione sulla natura e sull'uso della moneta nelle colonie del New England. Sarah era curiosa, dotata di grande spirito di osservazione, con mente acuta e lingua tagliente: le doti adatte per osservare e descrivere le pratiche commerciali delle colonie americane.

Dopo parecchi giorni in sella arrivò a New London, in Connecticut, dove si fermò qualche giorno ospite di un mercante locale. Sarah approfittò della sosta per osservare il modo in cui il suo ospite conduceva gli affari. Non appena un potenziale cliente entrava in negozio, il mercante immancabilmente chiedeva: «Con cosa vuoi pagare?». Sarah, sorpresa, si accorse che il prezzo della merce offerta variava a seconda della risposta.

Knight descrive come l'acquisto di un coltellino tascabile si trasformasse in un negoziato complesso. Se il cliente proponeva di pagare con «*pay as money*» il prezzo del coltellino era di dodici pence. Ma se offriva «*pay*» avrebbe potuto avere il coltello per otto pence. Se pagava in monete sonanti il prezzo scendeva a sei pence.

«Un modo tortuoso di concludere un affare semplice» Knight scrive – acida – nel diario. La sua curiosità la spinge a indagare più a fondo, e con sorpresa scopre che, tra Boston e New Haven, si utilizzavano correntemente quattro mezzi di pagamento: *pay*, monete, *pay as money* e fiducia.

> *Pay* è grano, carne di maiale, di manzo eccetera, ai prezzi stabiliti dalla Corte Generale per quell'anno. Monete sono i pezzi da otto, i reali o gli scellini di Boston o della baia o pezzi solidi, come talvolta viene chiamata la moneta d'argento; anche le perline di Wampum indiano servono come spiccioli. *Pay as money* sono le vettovaglie di cui sopra ma meno care di un terzo rispetto a quanto fissato dalla Corte Generale; e fiducia è un accordo tra il mercante e il compratore sul tempo necessario per saldare il debito.[2]

Quasi senza accorgersene, Knight stava assistendo alla nascita di un nuovo ordine monetario nell'America coloniale: un ordine in cui il debito era moneta.

A Boston, la città di Knight, la moneta di Zecca era scarsa da sempre, ma la Corte Generale – l'assemblea legislativa del Massachusetts – non voleva che la colonia avesse un'economia basata sul baratto perché i membri dell'assemblea ritenevano che fosse d'ostacolo agli scambi e alla crescita economica.

La Corte aveva un bel rompicapo: le monete di Zecca erano scarse ma il baratto era inefficiente.

Fortunatamente la tipica ingegnosità yankee li soccorse. La Corte decise di prezzare alcune derrate e manufatti secondo il sistema monetario inglese: sterline, scellini, pence.

Queste derrate e manufatti saldavano per legge debiti ai prezzi stabiliti, ma solo fino a un certo limite.

Per esempio, un *bushel*[3] di granturco valeva quattro scellini, ma poteva saldare debiti per un valore massimo di quaranta scellini. Le pallottole da fucile avevano un valore inferiore, appena un quarto di penny (*farthing*) ciascuno e saldavano debiti fino a dodici pence. Il *wampum* dei nativi americani – perline fatte di conchiglie – serviva come spiccioli. Quindi debiti si saldavano con merci, fino a una certa soglia al di sopra della quale l'accettazione di questo tipo di mezzo di pagamento era volontaria. Questa era il *pay*.

Pay as money erano beni e manufatti analoghi ma scontati di un terzo. Prezzare i beni in moneta inglese e saldare i debiti con il *pay* o con il *pay as money* era meglio del baratto. Ma gli abitanti del Massachusetts, così come quelli del Connecticut, generalmente preferivano pagare con debiti – ciò che Sarah Kemble Knight chiama «fiducia» – e, con il tempo, fu proprio *questa* pratica di usare il debito come mezzo di pagamento a diffondersi ben oltre l'ambito dei mercanti e degli uomini d'affari, e a essere adottata dai governi coloniali.

Mentre la Corte Generale del Massachusetts era impegnata a creare un sistema monetario capace di funzionare senza monete prezzando le merci secondo un sistema monetario accettato e usando il debito come mezzo di pagamento – altre assemblee legislative coloniali cercavano di realizzare lo stesso obiettivo.

Fu proprio la scarsità di monete a spingere le colonie nordamericane a sviluppare un coerente sistema monetario in cui le monete di Zecca erano quasi totalmente assenti: qualcosa che nessuno aveva mai tentato prima su una scala così vasta e che fece nascere il dollaro americano – una valuta rappresentata da debiti.

Il debito come moneta

Thomas Hancock sapeva come servirsi dei debiti per commerciare. Dopo aver fondato la sua società nel 1724, diventò uno dei mercanti coloniali di maggior successo. I registri delle sue aziende rivelano come faceva affari con poche monete.

Hancock vestiva abiti costosi ed eleganti, come si conviene a facoltoso mercante: era cliente di uno dei migliori sarti di Boston. Quando ordinava pantaloni, giacca e panciotto addebitava a se stesso, sul registro, il costo dei vestiti. Quando il sarto faceva acquisti nei suoi negozi, addebitava il costo di questi al sarto. Periodicamente i debiti reciproci venivano compensati.

La pratica di pagare gli acquisti con i debiti e non con le monete si diffuse in tutte le colonie e, nel 1774, contadini, cittadini, mercanti e leader coloniali erano abituati a pagare così. Gli amministratori delle colonie cominciarono presto a usare i debiti per fornire servizi pubblici importanti come la difesa dagli attacchi dei francesi e dei nativi americani.

Le spese per la difesa erano molto importanti per le colonie. Nel XVII secolo le schermaglie dei coloni inglesi contro i coloni francesi e i nativi americani erano frequenti, e nel 1689 il Massachusetts fondò un corpo di spedizione per invadere il Quebec.

Ma il governo del Massachusetts non aveva monete sufficienti per sostenere le spese di guerra e intendeva pagare le truppe con il bottino dell'invasione. Ma la spedizione fu sconfitta: quindi niente bottino e tanti debiti. Alla colonia mancava soprattutto il contante per i soldati che, naturalmente, erano cittadini del Massachusetts. L'assemblea legislativa decise di pagare i concittadini-soldati con titoli di debito, documenti in cui la colonia si riconosceva debitrice nei confronti dei soldati e dichiarava che questi titoli di debito sarebbero stati accettati in pagamento delle tasse locali: in pratica quando i cittadini-soldati sarebbero stati chiamati a pagare le imposte avrebbero potuto pagare con i titoli ricevuti. Al momento dovuto, i cittadini-soldati restituirono i certificati all'esattore e il tesoriere della città compensò l'indebitamento reciproco sul suo registro.

Non è difficile immaginare come i soldati accolsero la trovata. Ciononostante, lo stratagemma funzionò abbastanza bene. Era quello che Sarah Kemble Knight avrebbe definito *pay as trust*, debito come moneta, o quanto di più simile si potesse fare senza banche.

Dollari quadrati

Questo fu l'inizio. Dal 1775 al 1789 il Congresso continentale – l'organo di governo delle colonie indipendenti poi Stati – estese la pratica di pagare con il debito emettendo titoli in cui si riconosceva debitore di chi li deteneva. Questi titoli erano consegnati a pubblici ufficiali che, con essi, pagavano rifornimenti, armi, uniformi e razioni.

Questi titoli erano semplicemente dei riquadri di carta stampata; ciascuno una promessa da parte del Congresso di pagare un dollaro spagnolo, una pesante moneta d'argento coniata in Messico e Perù e comunemente utilizzata in tutto il Nord e Sudamerica, in Europa e in Asia. I foglietti di carta quadrati – *square paper bills* – emessi dal Congresso erano in sostanza una forma di debito pubblico che funzionava come mezzo di pagamento.

E per un certo periodo funzionò bene. Il problema – come abbiamo visto nel caso di numerose forme di titoli del debito pubblico – era che il loro stesso successo portava a un'erosione del loro potere d'acquisto.

Il Congresso continentale intendeva seguire l'esempio del Massachusetts: estinguere i debiti verso i propri cittadini con le entrate fiscali. Tuttavia, tassare è molto più difficile che indebitarsi, e gli *Articles of Confederation* – le norme confederali approvate nel 1776 – non incoraggiavano l'imposizione fiscale. Il pagamento delle (poche) tasse era solo di rado implementato, e la maggior parte dei «dollari quadrati» non veniva restituita agli esattori delle tasse, ma restava in circolazione.

Le guerre sono costose e quella contro l'impero britannico non faceva eccezione. Il Congresso e le ex colonie si videro costretti a stampare un numero sempre maggiore di titoli di debito da usare come mezzi di pagamento, ma non si decidevano a introdurre nuove tasse né a far pagare quelle esistenti. Ogni dollaro di debito addizionale aumentava i dollari quadrati a disposizione del Congresso ma riduceva il potere d'acquisto di ogni dollaro quadrato già in circolazione, vecchio e nuovo.

Nel tentativo di spezzare il circolo vizioso, il Congresso continentale tentò di tutto: rese obbligatorio pagare alcune imposte con monete d'oro e d'argento e tentò di gestire per legge il deprezzamento del potere d'acquisto del dollaro quadrato. A questo scopo venivano pubblicate tabelle che stabilivano il potere di acquisto dei titoli di ogni singola emissione.

Tutto inutile: il potere d'acquisto del «dollaro quadrato» scendeva vertiginosamente.

I delegati del Congresso continentale – i rappresentanti delle tredici colonie che poi diventarono gli Stati Uniti d'America – erano consapevoli degli effetti negativi di ogni nuova emissione ma non avevano altra scelta. Che potevano fare? Molti delegati erano mercanti, finanzieri, uomini d'affari e sapevano come funzionavano le banche, sapevano bene che l'accesso al debito bancario – promesse con il potere d'acquisto delle monete d'oro e d'argento – avrebbe aiutato.

Il Congresso avrebbe potuto scambiare debito pubblico con debito bancario e con quest'ultimo avrebbe acquistato più rifornimenti per combattere le Giubbe Rosse, gli inglesi, i nemici della rivoluzione. C'era un solo problema: nelle colonie non c'erano banche.

E qui entra in scena John Hancock.

La House of Hancock

Prima della guerra, i mercanti delle colonie come Thomas Hancock – l'elegantone – e suo fratello John avevano fatto largo uso delle promesse dei banchieri malgrado banche nelle colonie non ci fossero.

La House of Hancock, come era chiamata la loro società, era una delle più vitali in tutte le colonie: comprava e vendeva di tutto, dal maiale in salamoia agli articoli per la casa, dalla polvere da sparo all'olio di balena.

Alla morte di John, il figlio – anch'egli di nome John firmatario della Dichiarazione di Indipendenza – andò a vivere con suo zio Thomas.

Il giovane John imparò dallo zio affari e finanza, prese in mano la gestione dei traffici d'oltremare della compagnia e, quando suo zio morì, la ereditò. Diventò uno degli uomini più ricchi delle colonie: l'esperienza fatta con la House of Hancock aiutò molto, lui e la nascente nazione.

La House of Hancock si era ingrandita e arricchita scambiando i propri debiti con quelli delle banche inglesi. La ditta esportava in Inghilterra materie prime tra cui olio di balena e potassio (componente di fertilizzanti) e importava manufatti. Francis Wilks – l'agente degli Hancock a Londra – vendeva le materie prime e tratteneva il ricavato delle vendite: quando la compagnia acquistava manufatti pagava con lettere di cambio in cui riconosceva il debito e incaricava Wilks di saldarli.

Spesso le lettere di cambio erano emesse per somme superiori a quanto Wilks aveva in cassa ma l'agente, pur di accontentare gli Hancock, depositava le lettere di cambio in banca e chiedeva a questa di pagare. In questo modo i mercanti scambiavano i loro debiti con quelli della banca inglese. Le promesse delle banche inglesi erano accettate come moneta nella maggior parte delle nazioni, e la House of Hancock divenne – presto – la più grande ditta mercantile di Boston.

Nel 1775 John Hancock fu eletto presidente del Congresso continentale. Immediatamente pensò di sfruttare ciò che aveva imparato pagando con i debiti delle banche inglesi per combatterli. Nelle ex colonie non c'erano banche ma ce n'erano nelle nazioni nemiche dell'Inghilterra:

Francia, Spagna e Olanda. Il Congresso era convinto – a ragione – che queste nazioni (e le loro banche) li avrebbero sostenuti nella guerra contro il comune nemico. Perciò fece esattamente quanto avevano fatto John Hancock e altri mercanti delle colonie: mandò emissari in varie città europee e fornì loro lettere di cambio.

Gli emissari dovevano scambiare queste lettere con debito bancario, creando moneta di Banco con cui comprare più cannoni e moschetti all'estero e in patria. Stava agli emissari convincere le banche straniere ad accettare lo scambio.

Il Congresso era convinto che la Francia offrisse le migliori probabilità di successo, così nel marzo del 1776 inviò a Parigi Silas Deane, un astuto mercante del Connecticut e uno dei padri fondatori. Il contributo di Deane al finanziamento della nuova nazione fu importante. Ma poco dopo il suo arrivo a Parigi fu affiancato da un altro rappresentante del Congresso, tal Benjamin Franklin.

L'intervento di Franklin – come più volte nella sua straordinaria vita – cambiò tutto.

Denaro francese

Franklin si stabilì a Passy, alla periferia di Parigi. Affittò una casa vicino all'abitazione di un certo Alphonse Ferdinand Grand. Grand era svizzero, proprio come il ministro delle Finanze francese, Jacques Necker – i due erano amici – ed era a capo di Grand & Cie, una banca d'affari con sede a Parigi e Anversa. Diversi Stati sovrani erano clienti di Grand, tra questi l'Olanda e la Svezia.

Grand & Cie negoziava anche titoli del debito pubblico francese e raccoglieva fondi per il regno. Ferdinand Grand sapeva perfettamente come le banche potevano guadagnare aiutando i governi, e il suo nuovo vicino Benjamin Franklin capì subito che Grand era il partner perfetto, l'uomo che poteva aiutare lui e gli altri coloni a combattere la loro guerra.

Grand spiegò a Franklin come le banche creano moneta scambiando debiti – o promesse, come le chiamava lui stesso – e suggerì a Franklin come la sua banca avrebbe potuto trasformare il debito pubblico delle tredici colonie in moneta bancaria per comprare armi ed equipaggiamenti.

È un piacere leggere le lettere da Grand a Franklin sull'argomento. Sono chiare, esaurienti e brevi: dei veri capolavori. Se tutti i banchieri scrivessero così, il ruolo delle banche sarebbe meno oscuro.

Franklin imparava in fretta. Insieme, i due partner misero a punto un piano per creare moneta bancaria che il Congresso potesse spendere in patria e all'estero. La nuova versione di una storia vecchia: come le banche possono tramutare il debito pubblico in moneta con lo stesso potere d'acquisto dell'oro.

Nel 1778, le prospettive apparivano rosee a Franklin e agli inviati del Congresso: il re di Francia, Luigi XVI, e il suo ministro degli Esteri avevano accettato di appoggiare gli Stati Uniti, e Necker, il ministro delle Finanze, era già all'opera. Tuttavia, ottenere denaro da uno Stato sovrano è sempre una battaglia complicata; occorre tempo per persuadere i donatori. Cavare denaro dalle burocrazie pubbliche non è facile, i cavilli si moltiplicano e le donazioni improvvisamente diventano prestiti. I fondi spesso arrivano al destinatario tardi e meno di quanto promesso. L'aiuto francese ai coloni non fece eccezione. Il debito pubblico della Francia era gigantesco e il Tesoro francese era a corto di monete.

Inoltre, Grand era tanto cauto quanto ambizioso. Aveva una grande esperienza di trattative con Stati sovrani ben più consolidati degli Stati Uniti, che stavano appena muovendo i primi passi. Sapeva quanto fosse pericoloso affidarsi alle promesse dei sovrani, e non era disposto a «scommettere la banca» sulle promesse della Francia o delle colonie nordamericane in guerra per l'indipendenza. Le colonie non erano ancora una nazione vera – malgrado il Congresso continentale, nel settembre del 1776, avesse proclamato la nascita degli «Stati Uniti d'America» – e con tutto il debito in circolazione erano già sott'acqua. E le finanze pubbliche francesi non godevano di buona salute.

Grand era disposto a emettere debito bancario a favore del Congresso continentale alla condizione che tanto l'America quanto la Francia promettessero di pagare per prima la sua banca. Ma il ministro delle Finanze francese, Necker, era riluttante a fornire garanzie reali esplicite, e i negoziati si bloccarono. A quel punto, Grand e Franklin presentarono una nuova proposta: delle note di debito, promesse scritte di pagamento un po' speciali.

Le note furono un successo. Tra il 1779 e il 1782 Benjamin Franklin ne firmò ventuno, ciascuna per una somma che andava dalle duecentocinquantamila alle ottocentomila lire francesi. In questo modo, nel giro di pochi anni, Franklin procurò al Congresso non meno di diciotto milioni di lire francesi. Fedele alla sua fama, Franklin scrisse, firmò, disegnò e stampò le note nella sua tipografia a Passy, curate ed eleganti come sapeva fare.

La formulazione di queste note di debito fa risaltare l'intelligenza del piano che Franklin e Grand avevano messo a punto per creare moneta per il Congresso e superare le esitazioni tanto di Necker quanto dello stesso Grand. Ogni nota era firmata da Franklin a nome del Congresso continentale e di ciascuna delle tredici colonie, unitamente e separatamente. Le note, quindi, erano debito di ciascuna e di tutte le entità sovrane americane. Inoltre, Franklin prometteva di pagare Grand & Cie il primo gennaio 1785, a beneficio del Tesoro francese. Con questa formulazione, Necker acconsentì a promettere di pagare la banca a favore del Congresso continentale.

Legare le promesse di due Stati sovrani in questo modo fu un ottimo stratagemma: la Francia era ora indebitata con la banca a beneficio degli Stati Uniti, e gli Stati Uniti erano indebitati con la banca a beneficio della Francia. Con le due promesse sovrane in tasca, Grand fu ben felice di emettere debito a favore degli Stati Uniti: moneta bancaria che il Congresso continentale poteva spendere immediatamente. Grand era riuscito ad accaparrarsi un nuovo cliente senza mettere a rischio il futuro della Grand & Cie.

Così facendo Grand, Necker e Franklin avevano in sostanza escogitato la versione sovrana di ciò che oggi chiamiamo «cambiale di comodo». In cui la Francia si impegnava non con gli Stati Uniti ma con la banca, e gli Stati Uniti facevano lo stesso. La banca si sentiva così sufficientemente sicura da indebitarsi nei confronti di entrambi i Paesi. A quel tempo le cambiali di comodo erano utilizzate da finanzieri aggressivi per convincere le banche a emettere debiti in loro favore; un espediente spesso criticato e additato come una delle ragioni per cui le banche falliscono e la moneta bancaria è poco sicura. Adam Smith, il grande economista scozzese, consigliava alle banche di non accettare le cambiali di comodo perché troppo rischiose. Ma, con buona pace di Adam Smith, questo è esattamente ciò che fecero Grand, Necker e Franklin nel 1785, una trovata audace per finanziare la lotta per l'indipendenza: un esempio di scambio non convenzionale di promesse tra Stati e banche.

Molte altre banche europee erano a conoscenza dei bisogni del Congresso continentale e cercavano di accaparrarsi una fetta della torta, ma tutte seguivano un approccio diverso da quello di Grand, e cercavano di fare soldi alla svelta. Fortunatamente per il futuro degli Stati Uniti, sia Franklin sia Grand erano più lungimiranti; Grand, in particolare, era perfettamente consapevole che la sua banca avrebbe guadagnato di più e più a lungo se le colonie avessero vinto e fossero diventate una nazione sovrana molto indebitata: il cliente perfetto.

Lettere di cambio

Ferdinand Grand non era l'unico uomo d'affari che aiutava la nuova repubblica. Sebbene la sua banca avesse accettato di indebitarsi a favore degli Stati Uniti, la Grand & Cie aveva sede a Parigi e Anversa. Nelle colonie, l'esercito aveva bisogno di più denaro e risorse di quanto promesso da Grand e dalla Francia – e ne aveva bisogno rapidamente. L'esercito di George Washington aveva considerevoli esigenze: aveva bisogno di scarpe, coperte, fucili, cannoni... insomma, di tutto. Agenti del Congresso compravano queste merci ovunque fosse possibile, dall'Europa al Sudamerica e fino alle Indie Occidentali.

Nel giugno del 1777, mentre si discuteva su come impiegare precisamente la moneta bancaria di Grand, il Congresso ancora una volta decise di ispirarsi alle pratiche dei mercanti coloniali, emettendo lettere di cambio pagabili a Parigi per importi superiori a quanto il Tesoro francese aveva promesso a Grand. Una strategia che aveva funzionato bene per mercanti come gli Hancock avrebbe certo funzionato altrettanto bene per gli Stati Uniti. Tuttavia il Congresso continentale non era un mercante, e non gli era facile emettere lettere di cambio, cioè debito tanto del Congresso quanto di ogni singola colonia. E ogni colonia voleva che una parte delle lettere di cambio in valuta francese fosse a beneficio dei propri residenti. Non fu facile raggiungere un accordo su come emettere lettere di cambio, ma alla fine il Congresso trovò un accordo.

Il Congresso tutto doveva approvare ogni singola emissione di lettere di cambio. Il presidente del Congresso le firmava tutte, poi le lettere venivano suddivise tra le tredici colonie e ciascun funzionario responsabile per il debito controfirmava quelle allocate alla propria colonia. Le lettere venivano poi spedite via mare. Dal momento che le navi potevano affondare o essere catturate, di ogni lettera si facevano quatto copie: almeno una sarebbe dovuta arrivare a destinazione.

Il Congresso seguiva fedelmente l'esempio dei mercanti coloniali e si indebitava per un importo superiore a quello che Franklin, Grand & Cie e il Tesoro francese si erano reciprocamente promessi, affidandosi ai propri agenti per convincere Grand & Cie a saldare i debiti.

Molte lettere servivano per pagare le forniture militari in Europa, ma il Congresso cedeva molte di esse in cambio di moneta sonante per gli uomini d'affari che avevano bisogno di fondi oltreoceano.

Il Congresso continentale aveva lo stesso obiettivo dei leader di Venezia nel 1619, dell'Inghilterra nel 1694, e della Spagna e di Napoli alla fine del Cinquecento: voleva comprare beni e servizi in eccesso rispetto alle monete che aveva in cassa. E tutti ci riuscirono scambiando debito pubblico con debito bancario, cioè l'unico debito con il potere d'acquisto dell'oro.

Il Congresso riuscì a cavarsela – seppur temporaneamente – scambiando i propri debiti con Grand & Cie, ma l'accordo non risolse il fondamentale difetto del sistema fiscale negli Stati e nella nuova nazione. Il Congresso continentale poteva emettere i propri titoli di debito, ma il potere di tassare apparteneva ai singoli Stati, che erano riluttanti ad aumentare le tasse e che tenevano per sé quel poco di entrate che raccoglievano.

Nel 1779 la situazione divenne insostenibile e Congresso e colonie approvarono una riforma monetaria che rendeva più difficile per tutti stampare nuovi dollari quadrati senza imporre nuove tasse. Un buon piano ma attuarlo richiedeva tempo, compromessi e sacrifici.

E arrivava al momento peggiore.

Una banca che non crea moneta

Il 1780 non era cominciato bene per gli americani. Charleston era caduta e l'armata meridionale era a brandelli. Le truppe di George Washington, sfinite dal freddo intenso, non avevano vettovaglie a sufficienza; avevano necessità urgente di tre milioni di razioni e trecento barili di rum. Ma la riforma monetaria del 1779 non permetteva più al Congresso di stampare altri dollari quadrati per comprare le razioni necessarie. Insomma, il Congresso aveva urgente bisogno di denaro, e Philadelphia si fece avanti.

A Philadelphia circolava molto denaro: monete, debiti e lettere di cambio in diverse valute. Questo denaro era in mano ai mercanti, veri patrioti ma anche uomini d'affari. In città il fervore patriottico era alto, i cittadini discutevano su come nutrire l'esercito di Washington. Due di loro – Thomas Paine e Robert Morris – misero a punto un piano in grado di convertire il patriottismo dei mercanti di Philadelphia in moneta.

Paine e Morris erano veramente una strana coppia. Paine era inglese, in patria era stato insegnante, tabaccaio e fabbricante di corsetti femminili. Dopo un incontro con Benjamin Franklin aveva deciso di emigrare nel Nuovo Mondo, dove si era reinventato come filosofo e commentatore politico. Anche Morris era originario dell'Inghilterra e abile uomo d'affari; mercante di schiavi e trafficante internazionale, divenne famoso come il «finanziere della Rivoluzione».

La strana coppia mise a punto un piano per acquistare vettovaglie per George Washington e il suo esercito attraverso la concezione di una banca veramente speciale – antenato della prima banca pubblica americana. Ispirati dalla Banca di Inghilterra, i due chiamarono la loro istituzione «Banca della Pennsylvania», nonostante questa assomigliasse ben poco alla Banca d'Inghilterra – o a qualsiasi altra banca.

In realtà, la Banca della Pennsylvania non era altro che un'alleanza temporanea di cittadini messi insieme per raggiungere un unico e semplice obiettivo: permettere all'esercito rivoluzionario di superare l'inverno. I sostenitori promisero alla banca il denaro necessario per acquistare il rum e le razioni per l'esercito di Washington, e la banca promise di restituirlo entro sei mesi con un interesse del sei per cento.

Dal punto di vista economico-finanziario, la Banca della Pennsylvania era un animale strano: non avrebbe venduto i rifornimenti all'esercito di Washington ma li avrebbe acquistati e consegnati; non sarebbe stata pagata per prestare, ma avrebbe pagato per prendere a prestito. Tuttavia, senza vendere nulla e senza fare prestiti la banca non avrebbe avuto entrate, bensì soltanto costi. Nessun uomo d'affari serio a Philadelphia, per quanto patriota, era disposto a finanziare una simile impresa: i possibili sottoscrittori erano pronti a concedere prestiti poco retribuiti, ma non a perdere il capitale. Per realizzare il progetto occorreva moneta sonante, o quasi. Morris e

Paine chiesero al Congresso di depositare delle garanzie collaterali presso la banca – moneta sonante, non dollari quadrati – per dare una garanzia di sicurezza ai prestatori. Morris – fortunatamente – faceva parte della commissione congressuale per il Tesoro e contribuì a mediare.

Ecco i termini dell'accordo. Il Congresso avrebbe consegnato alla nuova banca alcune lettere di cambio – in dollari spagnoli, lire francesi e fiorini olandesi – per un importo pari a quello della somma prestata alla banca. Queste lettere, in valute convertibili in monete d'oro, offrivano le garanzie necessarie; in cambio, il Congresso pretendeva la completa supervisione su ogni transazione della banca. Se e quando la banca avesse dovuto vendere lettere di cambio per rimborsare i creditori, il Congresso avrebbe dovuto autorizzare la vendita. L'accordo accontentava tutti: la banca garantiva una certa sicurezza ai propri sottoscrittori, il Congresso aveva la supervisione che voleva e le truppe di Washington avevano cibo e bevande. Appena ricevute le lettere di cambio, la prima banca degli Stati Uniti iniziò a operare.

La Banca della Pennsylvania era un animale strano: un consorzio di finanziatori formato per rifornire l'esercito, con un capitale costituito non da equity ma al cento per cento da debiti garantiti da lettere di cambio in valute convertibili in oro. Inoltre, nonostante gli Stati Uniti siano spesso considerati la patria del *free banking*, la loro prima banca era tutt'altro che libera. Il Congresso continentale aveva un controllo completo sulla banca: in altre parole, l'assemblea legislativa nordamericana aveva sulla Banca della Pennsylvania più potere di quello che il Parlamento inglese aveva sulla Banca d'Inghilterra. Solo il Congresso poteva autorizzare la vendita delle garanzie collaterali per rimborsare i sottoscrittori – e controllava gli approvvigionamenti e le consegne di razioni e rum.

Eppure, nonostante la struttura inconsueta – o proprio per questo – la Banca della Pennsylvania completò la missione, e l'esercito di Washington poté continuare a combattere, nutrito e dissetato con i debiti raccolti a Philadelphia.

Progetti per una banca nazionale

Ma i cittadini di Philadelphia – e di tutta la repubblica – volevano di più. Volevano una banca *vera*, e non un consorzio di finanziatori; volevano una banca che potesse creare moneta scambiando i debiti dei clienti con i propri. Morris e Paine erano perfettamente consapevoli dei limiti della Banca di Philadelphia. Avevano creato quella strana creatura perché era il modo migliore per rifornire rapidamente l'esercito ma sapevano benissimo che solo una vera banca avrebbe potuto trasformare il debito pubblico in moneta, cosa di cui il giovane Paese aveva un disperato bisogno. Quando, nel 1781, Morris divenne il primo – e unico – sovrintendente alle Finanze, si mise all'opera per rispondere a questo bisogno.

Nel 1781 l'aspirante nazione aveva molti debiti e poche monete. Ma, come qualsiasi finanziere che conosce bene il debito e le sue potenzialità, Morris vedeva queste obbligazioni prima di tutto come un asset e solo in secondo luogo come una passività; nel 1782 dichiarò al Congresso che il «debito è una specie di proprietà», un asset, e se usato in modo appropriato era capace di generare reddito e potere d'acquisto immediato. Morris voleva fondare una banca che avrebbe scambiato solo debiti a breve termine, un'impresa che avrebbe guadagnato scambiando i debiti dei clienti con i propri. Era convinto che una istituzione simile potesse trasformare in potere d'acquisto la montagna di debiti pubblici e privati a breve termine delle colonie; un potere d'acquisto che avrebbe reso più ricchi sia lo Stato sia i suoi cittadini. I clienti della banca potevano usarne il debito come moneta, potevano pagare le tasse e potevano riempire i forzieri pubblici con le promesse della banca. Anche il governo poteva diventare cliente della banca, scambiando parte del debito pubblico con la moneta bancaria. Il potere d'acquisto delle agenzie governative sarebbe aumentato e alla fine la moneta bancaria avrebbe potuto sostituire i dollari quadrati come valuta nazionale. Nelle colonie non c'era mai stata una banca di questo tipo, ma Morris era convinto che il suo piano per una banca nazionale avrebbe funzionato. C'era un solo ostacolo da superare.

Nella nuova nazione i debiti – privati e pubblici – non mancavano, ma mancavano le monete d'oro e d'argento. La nuova banca avrebbe avuto bisogno di una grande quantità d'oro e d'argento per far decollare le proprie attività; senza tali riserve, Morris non sarebbe riuscito a convincere i ricchi mercanti, gli agricoltori e i consumatori che il debito bancario era vera moneta e che poteva essere cambiato in oro in qualsiasi momento. La banca aveva bisogno di liquidità.

Senza moneta di Zecca il suo piano non avrebbe funzionato.

L'alternativa di Alexander Hamilton

Ma Morris non era l'unico a lavorare a un piano per una banca nazionale. Altri avevano idee diverse, e il giovane Alexander Hamilton era uno di questi.

Pensatore acuto e soldato coraggioso, poco più che ventenne, era aiutante di campo di George Washington. «Gli aiutanti di campo,» scriveva Washington «sono persone di completa fiducia, e occorrono uomini molto capaci per svolgere i compiti assegnati con precisione e sollecitudine.» Hamilton era un perfetto aiutante di campo – dopo divenne un avvocato e un politico di successo, e persino il protagonista di un musical rap. Mentre serviva con Washington, passava il proprio tempo libero a studiare i sistemi bancari europei. Tempo speso bene.

Appassionato patriota come Morris, Hamilton era convinto che, per prosperare, la nuova nazione avrebbe avuto bisogno di una banca nazionale forte, capace di creare una gran quantità di moneta bancaria. Ma Hamilton pensava che questa banca avrebbe dovuto essere più grande di quella pensata da Morris, con un capitale di almeno tre milioni di dollari spagnoli: una somma sbalorditiva. Secondo Hamilton, soltanto una banca così capitalizzata poteva emettere debiti sufficienti a fare la differenza. Una banca che vendesse azioni solo in cambio di monete di Zecca non avrebbe mai raggiunto un capitale di tre milioni, per cui Hamilton voleva che la banca vendesse azioni in cambio di monete di Zecca, terreni e titoli di debito europei.

A metà maggio del 1781, a venticinque anni, già parte dello staff di Washington e in attesa di assumere il comando di una compagnia di fanteria, Hamilton inviò a Morris un progetto alternativo per la banca nazionale. Morris lodò la creatività e l'originalità del progetto, ma lo rigettò come poco realistico: non voleva correre alcun rischio con la liquidità della banca che, secondo lui, doveva vendere azioni solo in cambio di moneta di Zecca. Morris voleva una banca con solo asset liquidi in bilancio: debiti e obbligazioni a scadenza breve, e in cassa una riserva di monete di Zecca sufficiente a scambiare a richiesta i debiti emessi. Secondo Morris, il progetto di Hamilton non garantiva alla banca una quantità di monete sufficiente a convertire la moneta bancaria creata in oro e argento; i terreni e il debito a lungo termine – beni poco liquidi – erano asset inadatti alla banca di cui aveva bisogno la nuova America. Il piano di Morris prevedeva di iniziare a piccoli passi: asset liquidi e moneta di Zecca in quantità sufficiente a sostenere il debito emesso.

Una banca con un capitale iniziale di appena quattrocentomila dollari e altrettanto in moneta di Zecca, anziché i tre milioni calcolati da Hamilton.

Malgrado le differenze, i due progetti avevano un importante punto in comune: entrambi concordavano sul fatto che qualsiasi banca nazionale avrebbe avuto bisogno di azionisti sia pubblici sia privati. Morris poi voleva che il Congresso comprasse azioni per primo, perché veder entrare in banca l'oro dello Stato avrebbe convinto mercanti e piantatori a separarsi dalla loro moneta di Zecca. Ma per riuscirci Morris, prima di chiedere la partecipazione dei cittadini avrebbe dovuto trovare sufficiente oro e argento per pagare le azioni del Congresso. E il sovrintendente, nel maggio del 1781, chiese al Congresso di poter importare negli Stati Uniti abbastanza argento da comprare azioni nella nuova banca.

Il posto migliore da cui importare argento era l'Avana. Per duecento anni la Spagna aveva inviato l'argento estratto in Messico e in Perù a Cuba. Di lì partiva la flotta che, attraversato l'Atlantico, sbarcava il metallo prezioso in Europa. Data la vicinanza di Cuba, Morris pensava che sarebbe stato possibile far arrivare in patria le monete senza troppi rischi.

All'Avana, Morris pensava di comprare argento pagando lettere di cambio pagabili in Europa. Requisì una nave, la *Trumbull*, e consegnò lettere di cambio per cinquecentomila dollari spagnoli al capitano della nave, James Nicholson – un eroe di guerra che grazie alla sua astuzia aveva ripetutamente sconfitto vascelli inglesi. Poco dopo la nave salpò, diretta all'Avana.

Per Morris i primi mesi da sovrintendente furono difficili, ma nessun giorno fu peggiore del 28 agosto 1781, quando navi da guerra inglesi sorpresero la *Trumbull* al largo delle coste della Florida. La Royal Navy circondò la nave, Nicholson si arrese, e gli inglesi requisirono il carico, comprese le lettere di cambio – tutti i cinquecentomila dollari spagnoli – firmate dal sovrintendente. Sembrava che il piano per la banca nazionale fosse naufragato.

Ma, due settimane dopo, la *Resolute*, una nave francese entrò nel porto di Boston con l'equivalente di 463.000 dollari in monete d'argento, dono di un vecchio amico del Congresso: il Tesoro francese. John Hancock firmò la ricevuta per le monete e prese possesso del carico; pochi mesi dopo, Morris riuscì a far arrivare l'argento francese a Philadelphia, attraversando le linee britanniche. Con l'equivalente in argento di 254.000 dollari, Morris comprò per il Congresso il sessanta per cento delle azioni della *Bank of North America*, la prima vera banca pubblica della nuova nazione.

Il piano di Morris aveva fatto progressi.

La Banca del Nordamerica

Morris sperava di creare una moneta fatta interamente di banconote e depositi. Intendeva rimpiazzare come moneta nazionale i titoli di debito pubblico con i debiti delle banche, ma una Banca con un capitale di appena 250.000 dollari non era in grado di emettere molto debito senza rischiare di fallire. La *Bank of North America* aveva bisogno di più monete e più asset. Mercanti, piantatori e uomini d'affari li avevano entrambi, ma erano restii a comprare le azioni della banca con moneta di Zecca. Per fortuna Morris era pieno di risorse e fece un'altra mossa audace: un patto con i finanziatori della sua prima banca, la Banca della Pennsylvania, che aveva in cassa lettere di cambio per un valore di settantamila dollari spagnoli. La banca voleva vendere le lettere e rimborsare i sottoscrittori del prestito, ma l'operazione richiedeva il consenso del Congresso e il Congresso si rifiutava: affamato di monete, voleva lui le lettere. A Philadelphia, i creditori della banca erano diventati impazienti – volevano indietro il proprio denaro. In tutta la città l'atmosfera era tesa. Morris – come sempre grande mediatore, e deciso ad avere la sua banca – vide un'opportunità. Convinse Congresso e creditori ad accettare una soluzione di compromesso in cui il Congresso autorizzava la vendita delle lettere di cambio, e i creditori ricevevano monete ma le usavano per comprare azioni nella *Bank of North America*.

Improvvisamente e in un solo colpo la creatura di Morris ottenne più monete, più capitale e più azionisti privati. Anche se il capitale era ancora inferiore ai quattrocentomila dollari voluti, la banca nazionale poteva operare e il 7 gennaio 1782, meno di un anno dopo la nomina di Morris a sovrintendente alle finanze, la *Bank of North America* aprì i battenti a Philadelphia, in Chestnut Street. Quello stesso giorno si conquistò il suo primo e maggiore cliente: il Congresso continentale degli Stati Uniti.

Morris aveva fame di moneta di banco. Per mesi aveva sollecitato Grand, il banchiere francese partner del Congresso, a emetterne di più. Ma Grand si era rifiutato: la Grand & Cie era già al limite delle proprie possibilità; si era impegnata a pagare le lettere di cambio emesse dal Congresso, ma il flusso di tali lettere era senza fine, e la Grand & Cie aveva in bilancio troppo debito pubblico, così Grand rifiutò di emettere altro debito a favore del Congresso continentale.

Morris non aveva altra scelta che scambiare debito pubblico americano con debito bancario americano, anziché francese: le banche straniere lo avevano lasciato solo. Perciò diede alla *Bank of North America* una nota di debito – una promessa di pagare sei mesi dopo – per centomila dollari a nome del Congresso. La banca si tenne tremila dollari di commissioni e diede a Morris banconote per 97.000 dollari, debiti che potevano essere scambiati – a richiesta – con i dollari d'argento nei forzieri della banca. In teoria quindi le banconote potevano circolare bene come le monete di Zecca, e fortunatamente così avvenne. Le banconote mantennero il loro valore e l'Ufficio del sovrintendente ne ricavò un considerevole potere d'acquisto.

Tuttavia, nonostante gli espedienti di Morris, i fondi non erano mai abbastanza e il sovrintendente diede alla Banca un'altra nota di debito per centomila dollari. E poi un'altra, e un'altra ancora. E quando la prima nota giunse in scadenza, la rimpiazzò con un'altra. Le due parti ripeterono questa transazione più e più volte. Ogni volta il Congresso riceveva banconote per 97.000 dollari e la banca ne incassava tremila. Morris aveva la sua valuta bancaria, i direttori della banca il loro profitto, e tutti insieme aiutavano il Congresso continentale a finanziare la guerra. Lo Stato prometteva di pagare la banca e la banca prometteva di pagare lo Stato; la banca adempiva alla propria promessa dando al Tesoro altri debiti, invece di monete, e lo Stato riceveva debiti il cui prezzo era stabile. Uno scambio di debito del tutto analogo a quello tra il Senato veneziano e il Banco Giro o a quello tra il Parlamento e la Banca d'Inghilterra. Come sempre, quando l'alchimia della banca funziona, tutti ne traggono vantaggio, ma la banca acquistava sempre più potere sulla creazione di moneta a scapito dello Stato. Il Paese era inondato da titoli di debito pubblico che si deprezzavano, mentre i debiti bancari continuavano ad avere il potere d'acquisto delle monete. La *Bank of North America* prosperava, ma il Congresso continuava a soffrire.

A ottobre del 1782 la Banca del Nordamerica possedeva note di debito del Congresso per un valore di quattrocentomila dollari, un importo superiore al capitale della banca. E non era tutto: gli agenti del Congresso avevano pagato i fornitori con diversi tipi di promesse: ordini di pagamento, note di debito, dollari quadrati. Chi riceveva questi debiti, si recava in banca e li scambiava con debiti bancari. I titoli del debito pubblico costituivano la quota maggiore degli asset della *Bank of North America* e avevano un importo molto superiore al capitale della banca. I profitti erano buoni, ma i direttori della banca erano sempre più nervosi. L'alchimia della banca funziona soltanto se il bilancio è in equilibrio e se gli asset non perdono valore e sono liquidi. Se il debito pubblico detenuto dalla banca come asset avesse perso valore o fosse diventato difficile da convertire in moneta sonante, la banca sarebbe fallita (che è *esattamente* quanto è accaduto nel 2023, proprio mentre scrivevo, alla Silicon Valley Bank). I rischi di uno scambio di obbligazioni con il Congresso superavano i potenziali profitti. Il presidente della banca chiese a Morris di saldare parte dei debiti del Congresso con moneta sonante. Malgrado la sua esposizione al debito pubblico, la banca prosperava e le sue azioni erano molto richieste e Morris vendette oltre duecentocinquantamila dollari di azioni della banca in mano al Congresso.

Questo significava che il Congresso continentale non era più l'azionista di controllo della banca ma semplicemente un cliente – e il regolatore. La *Bank of North America* era diventata una società per azioni di proprietà di privati. E anche tra i clienti della banca i privati erano molto numerosi.

Nel nuovo Paese c'era grande abbondanza di debiti di uomini d'affari da cui la banca poteva trarre profitto: mercanti e produttori scambiavano i debiti dei loro soci e clienti con quelli della banca. Le banconote e i depositi crebbero rapidamente, e i clienti della banca li utilizzavano sempre di più come mezzi di pagamento.

A dispetto della loro crescita, i debiti della banca mantenevano il proprio valore e circolavano alla pari con le monete. Sfortunatamente, lo stesso non si poteva dire per i dollari quadrati e il debito del Congresso continentale, che continuavano a perdere valore.

A questo punto, spinto dalla sua incessante ricerca di moneta bancaria, Morris passò alla fase finale del suo piano: convincere i cittadini a pagare le loro tasse con debiti bancari. Agli esattori delle tasse diede ordine di preferire le banconote a qualsiasi altro mezzo di pagamento. La moneta bancaria affluì nelle casse pubbliche e il potere d'acquisto del Congresso tornò a crescere; la banca emise più debito e aumentò i profitti. L'alchimia della banca funzionava bene e creava un circolo virtuoso. Man mano che le banconote passavano nelle mani dei cittadini e nei forzieri pubblici il sogno di Morris – una valuta nazionale fatta di moneta di Banco – diventava realtà.

Dollari, sterline, scellini e pence

La nuova valuta fatta di debiti bancari, però, era scompigliata. Le colonie americane avevano ereditato il sistema monetario della madrepatria, e le vecchie abitudini sono dure a morire. La maggior parte degli Stati misurava valori e prezzava i beni in sterline, scellini e pence, proprio come si faceva in Inghilterra: dodici pence equivalevano a uno scellino e venti scellini a una sterlina. Ma ciascuna colonia valutava le sterline, gli scellini e i pence in maniera autonoma. Uno scellino non valeva la stessa quantità di una valuta estera in Georgia e New Hampshire, per esempio. E quando, nel 1775, il Congresso aveva scelto un'unità monetaria diversa da quella dell'Inghilterra (il dollaro spagnolo), non aveva fatto altro che aumentare la confusione. Pur essendo la valuta degli Stati Uniti, il dollaro non aveva il medesimo valore in tutte le colonie.

Ogni colonia trattava la moneta voluta dal Congresso come una valuta straniera. In Georgia un dollaro valeva cinque scellini ma in New Hampshire, Massachusetts, Rhode Island, Connecticut e Virginia ne valeva sei; in Delaware, New Jersey e Pennsylvania sette scellini e sei pence, ma nello Stato di New York e in North Carolina ce ne volevano otto per avere un dollaro. In South Carolina, poi, la situazione era ancora diversa: qui un dollaro valeva trentadue scellini. Questi valori ineguali ostacolavano le transazioni da una colonia all'altra, e il commercio soffriva. Bisognava fare qualcosa.

Nel gennaio del 1782, proprio quando la *Bank of North America* aprì i battenti, il Congresso incaricò un comitato di cinque persone di «studiare lo stato della moneta negli Stati Uniti e farne rapporto». Robert Morris e il suo assistente Gouverneur Morris – nessuna parentela – ne assunsero la guida. Pur avendo perso una gamba in un incidente, Gouverneur Morris era un *bon vivant* e un donnaiolo. Noto per il ruolo che aveva avuto nella stesura del Preambolo alla Costituzione, e rinomato per i suoi modi aristocratici, Gouverneur si era sempre interessato di problemi monetari. Al college si era distinto in matematica, e gli piaceva giocare con i numeri. Consapevole delle sue capacità, Robert Morris gli affidò il compito di trovare il modo per avere una moneta comune e ordinata in tutta la nazione. Già il 15 gennaio i due riferirono al Congresso sul proprio lavoro.

Così Robert Morris presentò al Congresso la difficile impresa:

> Un agricoltore del New Hampshire, per esempio, può subito figurarsi con precisione un barile di grano in South Carolina, del peso di sessanta libbre posto a un centinaio di miglia da Charleston… ma se gli venisse detto che quel barile vale ventuno scellini e otto pence, sarebbe costretto a fare molte domande ed eseguire qualche calcolo prima di comprendere quanto significhi quella somma.

I membri del Congresso volevano aiutare sia l'agricoltore del New Hampshire sia chi comprava i suoi prodotti in South Carolina e, in linea di principio, tutti erano d'accordo nel volere una valuta nazionale che avesse lo stesso valore su tutto il territorio. Ma ciascun membro aveva la propria opinione su quale dovesse diventare la valuta nazionale.

I due Morris avevano un compito difficile. Non volevano privilegiare la moneta di uno Stato a scapito di un altro; in più gli articoli della Confederazione non davano al Congresso potere esclusivo di creare moneta o di imporre d'autorità una valuta comune.

Le differenze tra gli Stati sulla moneta nazionale erano causati in larga misura da disparità di classe e di occupazione; gli agricoltori, per esempio, volevano dei mezzi di pagamento che fossero facili da usare e accettati da chiunque mentre i ricchi mercanti non volevano scombussolare i calcoli e le prassi consolidate loro e dei loro clienti perché erano essenziali per compensare gli indebitamenti reciproci.

I contrasti erano aspri e la riforma monetaria era ferma.

Le monete di Thomas Jefferson

Gouverneur Morris fu costretto a misurarsi con Thomas Jefferson, che da anni lavorava a un'ipotesi di sistema monetario. Jefferson proponeva un sistema monetario decimale. Si decise che la moneta degli Stati Uniti avrebbe usato il dollaro spagnolo, denominato in unità decimali secondo lo schema di Jefferson.

Fin qui tutto bene, ma il lavoro non era affatto terminato.

Ora Gouverneur doveva riuscire a convertire gli scellini in dollari in un modo che fosse accettabile da tutti, stabilendo un tasso che fosse facile da usare e non favorisse la valutazione dello scellino di uno Stato a scapito di quella degli altri.

Gouverneur – uomo dei numeri – ebbe un'idea brillante, anche se complessa. Era la soluzione di una mente matematica. Il dollaro spagnolo valeva 60, 72, 90 o 96 pence, a seconda della colonia. (La sola eccezione era ancora il South Carolina, dove occorrevano 384 pence per un dollaro.) Escludendo il South Carolina, il minimo comune multiplo dei quattro valori era 1440. Secondo Gouverneur, questo numero era la risposta a tutti i problemi: la frazione 1/1440 sarebbe diventata l'unità della valuta nazionale. Con un calcolo semplice si potevano convertire i dollari negli scellini di ciascuno Stato. Poiché lo scellino valeva ovunque 12 pence, il conto era facile. Così, in Georgia il valore dello scellino sarebbe stato 1/5 di dollaro, mentre in Virginia sarebbe stato 1/6 di un dollaro. Questa nuova aritmetica monetaria avrebbe reso abbastanza facile il confronto tra i prezzi in tutta la nazione. Una merce che costava 20 centesimi di dollaro sarebbe costata uno scellino in Georgia e 14 pence in Virginia. Agricoltori e mercanti di ogni Stato avrebbero accolto con favore la valuta nazionale.

Gouverneur aveva ideato una valuta nazionale che non scalfiva le abitudini e l'orgoglio locali; la moneta nazionale aveva base decimale, come proposto da Jefferson; e la frazione da lui stesso individuata rendeva abbastanza semplice e diretta la conversione delle diverse valute nella moneta nazionale. Robert Morris era convinto che il suo piano avrebbe immediatamente ottenuto l'approvazione del Congresso e che questa nuova moneta sarebbe diventata in un attimo la moneta nazionale.

Ma ciò non avvenne. Il piano aveva un difetto letale evidente a chiunque non fosse un finanziere, un aristocratico o un ricco mercante.

Il sistema proposto rendeva più semplice ai mercanti la contabilità e la compensazione dei debiti iscritti nei registri, ma non aiutava in alcun modo i contadini, i piccoli agricoltori e i consumatori dei villaggi e delle città di tutta la nazione. Il modo in cui contadini, piccoli agricoltori e negozianti compravano e vendevano non era cambiato molto dai tempi in cui Sarah Kemble Knight, quasi un secolo prima, aveva descritto il commercio rurale nel Connecticut. La prima domanda che i commercianti facevano nei paesi e nelle piccole città ai loro potenziali clienti era ancora la stessa: «Con cosa vuoi pagare?». I piccoli agricoltori e commercianti si preoccupavano del valore dei mezzi di pagamento che avevano in tasca, non dell'aritmetica del denaro da usare in calcoli complessi nei registri. Volevano monete per comprare e vendere merci nel negozio locale senza perdere potere d'acquisto, monete che mantenessero il proprio valore e fossero ben accette da tutti.

L'unità monetaria di base proposta da Morris era una frazione di un numero grande – e quindi un valore troppo piccolo per essere espresso in metallo. I due Morris, naturalmente, avevano progettato di coniare monete multipli dell'unità frazionale; ma valutare i singoli pezzi di metallo coniato sarebbe stato difficile. La moneta proposta avrebbe facilitato la compensazione dei debiti sui libri contabili, ma pagare un coltellino in un negozio di campagna sarebbe stato sempre complesso.

Thomas Jefferson vide subito il difetto e propose un approccio completamente diverso, ponendo l'accento sulla moneta materiale, fisica, sul mezzo di pagamento che passa di mano in mano. Anziché concentrarsi sui debiti, come Robert Morris aveva sempre fatto, Jefferson rivolse la sua attenzione al metallo coniato. Meno interessato ad aiutare mercanti e banchieri a scambiare e compensare debiti da una colonia all'altra, voleva dare alla nuova repubblica una moneta condivisa costituita da pezzi di metallo coniato, adatta a contadini, agricoltori e a tutti gli altri cittadini per acquistare beni e prodotti. Animato da questo obiettivo, Jefferson propose al Congresso un piano monetario drasticamente semplificato.

Jefferson riteneva che un sistema di monetazione con pochi pezzi, multipli e sottomultipli decimali avrebbe condotto a una valuta nazionale standardizzata. Lodò la strategia complessiva di Gouverneur Morris, ma criticò l'idea di impiegare una piccola frazione come unità monetaria. Il piano di Jefferson ignorava le complessità della conversione dei dollari spagnoli negli scellini dei diversi Stati, ossia l'asse portante della proposta di Robert Morris e Gouverneur Morris. Al contrario, la monetazione nazionale proposta da Jefferson era diretta e facile da comprendere: soltanto cinque monete d'argento costituite da dollaro, mezzo dollaro, un quinto di dollaro, un decimo di dollaro e un ventesimo di dollaro; le monete di rame sarebbero servite come spiccioli con un valore inferiore a un ventesimo di dollaro; le monete d'oro avrebbero rappresentato multipli del dollaro.

Questi due piani erano l'espressione di due mondi diversi: i due Morris venivano dal mondo dei mercanti e dei finanzieri, la loro preoccupazione principale era facilitare il gioco dei debiti – accumulo e compensazione – nei libri contabili dei mercanti; Jefferson non era né mercante né finanziere, ma proprietario terriero. I due progetti rappresentavano due concezioni della moneta che coesistevano nella nuova nazione. I Morris volevano una misura di valore unica per tutta la nazione ma che si integrasse bene con le misure usate dai mercanti delle ex colonie; Jefferson, rappresentante della piccola nobiltà terriera, era sospettoso nei confronti del commercio su larga scala e della finanza, e si concentrò sui mezzi di pagamento che passavano di mano in mano nel mondo rurale: le monete.

I due progetti riflettono la spaccatura che ha caratterizzato per secoli la repubblica americana. I nazionalisti come Alexander Hamilton e i due Morris favorivano standard e sistemi nazionali, promuovevano grandi banche, industria, gli investimenti nazionali nelle infrastrutture e un incremento del commercio tra le colonie. Per loro, i debiti – e non il metallo coniato – erano moneta. I debiti erano utilizzati da soggetti collettivi – imprese, società per azioni – e i nazionalisti volevano facilitare il pagamento con i debiti. Coloro che favorivano l'autonomia e i localismi, come Jefferson, si identificavano con realtà e comunità minori; si preoccupavano delle monete di cui agricoltori, contadini e cittadini comuni si servivano per svolgere i piccoli traffici e comprare ciò di cui avevano bisogno, e non dei debiti di mercanti e finanzieri di Boston, New York e Philadelphia.

I due punti di vista contrapposti ritardarono la creazione di una moneta nazionale ordinata. Di conseguenza gli Stati Uniti coniarono le loro prime monete soltanto nel 1793, ossia più di dieci anni dopo che Jefferson e i due Morris avevano proposto i loro piani al Congresso.

Di questo ritardo beneficiarono le banche. Un numero sempre maggiore di americani si servì della moneta bancaria come mezzo di pagamento. Hamilton insisteva che la *Bank of North America* era troppo piccola, e aveva ragione. La banca non era in grado di soddisfare la domanda di moneta bancaria dei mercanti e dei contadini di tutta la nazione. Alcuni Stati iniziarono perciò a fondare banche locali che si ispiravano alla creatura di Morris.

La Banca di New York, per esempio, sponsorizzata da Hamilton, aprì i battenti nel 1784, e il Massachusetts la seguì di lì a poco. Le promesse dei banchieri locali, sotto la supervisione delle assemblee statali, divennero la valuta più diffusa, mentre una vera moneta nazionale tardava. Nonostante la Costituzione del 1787 avesse introdotto una moneta nazionale fatta di monete e debiti bancari, gli Stati Uniti non avevano ancora una Zecca – e senza Zecca niente monete. Mercanti, banchieri, contadini e consumatori continuavano a usare i debiti bancari come moneta, ma non la moneta bancaria *nazionale* della Bank of North America, pur essendo essa la più grande e con filiali in tutte le ex colonie. Preferivano usare i debiti delle banche locali, istituite e supervisionate da corpi legislativi statali.

E pluribus unum

Gli anni passarono, ma negli Stati Uniti le banche erano solo locali e mancava una valuta di banca nazionale, così come una moneta di Zecca americana. Fu Alexander Hamilton – l'ex aiutante di campo di Washington nominato segretario al Tesoro nel 1789 – che si diede da fare per rimediare alla mancanza di una moneta nazionale, fatta di monete di Zecca e moneta di banca. Fu grazie ai suoi sforzi che il Congresso si decise a coniare monete simili a quelle che Jefferson aveva proposto, e fu ancora Hamilton a istituire la *First Bank of the United States*, con un capitale iniziale di dieci milioni di dollari – molto superiore a quello della *Bank of North America* di Morris – e con in cassa abbastanza monete di Zecca da supportare una moneta bancaria nazionale. Ma anche se la banca di Hamilton fu più forte e durò più a lungo di quella di Morris, non riuscì comunque a dare alla nazione un sistema monetario basato sui debiti di una singola banca nazionale. Ogni Stato fondò le proprie banche, e mercanti e finanzieri si fecero le loro. Gli Stati Uniti tardarono ad avere una valuta nazionale costruita sul debito di una sola banca nazionale e ci riuscirono seguendo un percorso diverso da quelli delle altre nazioni.

Gli Stati Uniti sono nati da una guerra di liberazione, combattendo gli inglesi. Le loro istituzioni – non solo Banche e moneta – devono molto a innovazioni, accorgimenti, compromessi del momento. Sono quindi fondamentalmente diverse da quelle delle monarchie parlamentari, degli imperi, delle repubbliche aristocratiche che abbiamo esaminato. Eppure con essi hanno una cosa in comune: lo Stato si procura moneta scambiando debito pubblico con debito bancario.

Si può proprio dire: *e pluribus unum*. Dai molti, uno.

Capitolo settimo
La moneta bolscevica: presa bella e pronta dal capitalismo

Senza le grandi banche, il socialismo sarebbe irrealizzabile.
Le grandi banche *sono* l'«apparato statale» che ci è *necessario* per la realizzazione del socialismo e che *noi prendiamo già pronto* dal capitalismo. Perciò il nostro compito, in questo campo, consiste soltanto nel *tagliare* da questo magnifico apparato ciò che *lo deturpa in senso capitalistico*, renderlo ancora *più grande*, più democratico, più universale. La quantità si trasformerà in qualità. Un'unica banca di Stato, grandissima fra le grandissime, con succursali in ogni regione, in ogni fabbrica, sarebbe già i nove decimi dell'apparato *socialista*. Sarebbe la *contabilità* generale dello Stato, l'inventario nazionale della produzione e della distribuzione dei prodotti, qualcosa, per così dire, come lo *scheletro* della società socialista.

V.I. Lenin, *I bolscevichi conserveranno il potere statale?*[1]

Il tavolo di Lenin

Dmitri Volkogonov, uno dei biografi di Vladimir Il'ič Ul'janov, alias V.I. Lenin, ha detto di lui che «poteva anche definirsi un russo quando compilava un modulo» ma il suo *background* «rifletteva il volto dell'intero impero [...] russo, calmucco, ebreo, tedesco e svedese e forse altro ancora, a simboleggiare, per così dire, la storia russa: un inizio slavo, un'espansione asiatica, un contributo ebraico all'intelletto nazionale, e una cultura tedesca o europea occidentale».[2]

La madre di Lenin, Maria Alexandrovna Ul'janova, era di origine tedesca luterana; potrebbe essere proprio a lei, piuttosto che ad altri antenati, che Lenin doveva la solidità, la spietata efficienza e la concentrazione che ne hanno fatto il leader rivoluzionario di maggior successo. Forse, chi lo sa? Certamente, come molti altri grandi leader, Lenin aveva avuto in dono una straordinaria energia, nervi saldi, fascino, carisma e tenacia. Intelligente, adattabile e capace di cogliere al volo ogni opportunità, Lenin era anche molto abitudinario.

Quando si parla di Lenin è difficile distinguere tra realtà e fantasia – il culto sovietico della sua personalità ha oscurato ed esagerato molti aspetti della sua vita e del suo lavoro – ma sembra che già da bambino, a scuola, Volodja (diminutivo di Vladimir) si dimostrò calcolatore e metodico. Pur non essendo un bambino prodigio era comunque intelligente e diligente – oltre che, come scrive lo storico inglese Robert Service nella sua biografia di Lenin, «molto più distruttivo degli altri bambini della famiglia Ul'janov».[3]

Abbandonata l'università, Lenin si unì a gruppi radicali e fu esiliato in Siberia con l'accusa di attività rivoluzionaria. Successivamente si rifugiò in Europa Occidentale, tra Monaco, Londra e Ginevra e proprio qui, Lenin – che aveva assunto questo nome nel 1901, preso dal fiume Lena, o forse dal personaggio di un romanzo di Tolstoj – trascorreva la maggior parte delle serate al Café Landolt, un ritrovo popolare tra gli esiliati russi, all'angolo tra Rue de-Candolle e Rue du Conseil-Général, vicino all'università. Il Landolt, per citare le parole di uno storico, «era diventato una sorta di quartier generale per molti movimenti che cercavano di immaginare una nuova società in Russia e anche al di là di essa».[4] Era il luogo dove si incontravano sionisti, anarchici, socialisti e ogni tipo di attivisti, visionari e sognatori, russi e mitteleuropei. Al Landolt Lenin sedeva sempre allo stesso tavolo, e i suoi seguaci e sostenitori, i bolscevichi, gli tenevano compagnia per mangiare, bere e discutere. La presenza di Lenin al Landolt era talmente sicura e prevedibile che qualcuno, a un certo punto, aveva inciso la scritta LENIN sul tavolo dove sedeva sempre. Sessant'anni dopo, quel tavolo era ancora lì – o, perlomeno, al Landolt c'era ancora un tavolo che si diceva essere quello di Lenin, con il suo nome inciso sopra.

Lo so perché anch'io mi sono seduto a quel tavolo.

La lezione dei comunardi

Era l'inizio degli anni Settanta, e il maggio del 1968 era ancora fresco nella mente di tutti. La rivoluzione era una cosa chic. Tutti leggevano Marx e Mao; Lenin era un eroe e io ero un ricercatore post-doc all'Università di Firenze, parte di un consorzio di università europee. Il nostro team di ricercatori – che studiava le organizzazioni sindacali – si riuniva periodicamente a Ginevra per discutere della ricerca. La sera si andava al Landolt, come i bolscevichi e gli altri idealisti *émigrés*, per mangiare, bere e discutere. Ma noi non eravamo rivoluzionari, eravamo semplicemente un gruppo di studenti di scienze sociali e discutevamo su come condurre le nostre ricerche, non su come rovesciare governi e organizzare colpi di stato e insurrezioni. Ma era divertente discutere di scienze sociali seduti al tavolo di Lenin.

Tutte le tracce degli anni che Lenin ha trascorso a Ginevra sono ormai da tempo scomparse: il 1968 è lontano, e il 1917 lo è ancora di più. Il Landolt ha già da tempo cambiato di proprietà: è diventato prima una pizzeria e poi un ristorante asiatico. Nessuno sa che fine abbia fatto il tavolo di Lenin. L'ho cercato, ma senza successo.

Di giorno, quando non era al Landolt, Lenin, proprio come noi ricercatori, si chiudeva nella biblioteca dell'Università di Ginevra, dove leggeva per ore. Lenin leggeva come scriveva: totalmente concentrato sull'obiettivo che voleva ottenere con il testo, focalizzato e ostinato come un bravo ricercatore. Leggendo, Lenin non cercava di capire di più: tutto ciò che voleva dai libri erano idee e principi da utilizzare per portare a termine il proprio compito, teorie da mettere in pratica.

Nel 1914 Lenin era convinto che una rivoluzione comunista in Russia fosse finalmente possibile. Stava leggendo il pamphlet di Marx intitolato *La guerra civile in Francia*, una comunicazione al Consiglio generale dell'Associazione internazionale degli operai sul fallimento del governo rivoluzionario radicale in Francia, la *Commune de Paris*, durato appena due mesi. Non era il solo rivoluzionario che guardava all'esperimento francese: se volete sapere com'è la dittatura del proletariato, scrisse Engels qualche anno dopo, «guardate la *Commune de Paris* [...]. Quella fu la Dittatura del Proletariato». E – come ogni altra dittatura – non finì bene.

Lenin voleva che la sua rivoluzione comunista avesse successo, e voleva che i bolscevichi evitassero di compiere gli errori commessi dai comunardi. Il pamphlet di Marx era chiave: era un monito dalla storia.

Marx era stato in stretto contatto con gli insorti di Parigi; sapeva bene cosa era successo e cosa era andato storto. Secondo Marx, uno degli errori più gravi commessi dai comunardi era stato di non prestare attenzione alle banche; gli insorti avevano permesso che queste operassero liberamente e continuassero a creare moneta mentre loro issavano la bandiera rossa, chiudevano scuole e chiese, bandivano giornali, abolivano il lavoro minorile e abbattevano la celebre Colonna Vendôme, che celebrava la vittoria di Napoleone ad Austerlitz. In tutto questo le banche continuavano a fare affari e, al momento opportuno, avevano usato la moneta creata per pagare le armi e i soldati che avevano spietatamente schiacciato la *Commune* durante la *Semaine sanglante* – la settimana di sangue – nel corso della quale vennero uccisi migliaia di comunardi: secondo alcuni studi recenti almeno ventimila.

«La cosa più difficile da capire» scrisse Marx, indignato, era «il sacro rispetto col quale ci si arrestò riverentemente davanti alle porte della Banca di Francia. Questo fu anche un grave errore politico. La banca in mano alla Comune valeva più di diecimila ostaggi.»[5] In definitiva, fu la moneta bancaria a uccidere i comunardi.

Ignorare le banche permettendo loro di fare quel che erano abituate a fare fu un errore catastrofico, e Lenin non aveva alcuna intenzione di compiere lo stesso errore.

Das Finanzkapital

Alla Société de Lecture di Ginevra – un altro dei suoi luoghi preferiti – Lenin leggeva anche un libro di Rudolf Hilferding, *Das Finanzkapital.* Hilferding è stato un notevole ed eclettico studioso di finanza, oggi dimenticato: era un medico austriaco poi diventato economista, che ricoprì la carica di ministro delle Finanze della Repubblica di Weimar. Hilferding fu molte cose: pediatra, direttore di giornale, stretto amico del filosofo Karl Kautsky, e uno tra i fondatori di quella corrente di pensiero marxista chiamata austromarxismo, che dà spazio sia al nazionalismo sia alla democrazia sociale. Ma, suo malgrado, non fu un grande scrittore. A prima vista è difficile capire perché Lenin fosse così innamorato del libro di Hilferding: leggere *Das Finanzkapital* fa sembrare *Das Kapital* un testo di Charles Dickens. Il libro di Hilferding è prolisso, ermetico, oscuro, pieno di argomentazioni convolute e affermazioni astratte: non certo un'opera capace di offrire a un rivoluzionario impaziente come Lenin nuove idee, e ancor meno una *road map* per la conquista del potere. Ma, al lettore che riesce ad arrivare ai capitoli finali del libro, appare chiaro perché Lenin lo ammirava, per quanto potesse essere in disaccordo con le tendenze riformiste e socialdemocratiche di Hilferding:

> La funzione socializzante del capitale finanziario facilita straordinariamente il superamento del capitalismo. Una volta che il capitale finanziario abbia assoggettato a sé i più importanti rami produttivi, per poterli controllare, la società non avrà che da impadronirsi del capitale finanziario servendosi in ciò del proprio consapevole organo esecutivo: lo Stato, di cui il proletariato si sarà nel frattempo impadronito. [...] La espropriazione di sei grandi banche berlinesi equivarrebbe, oggi, ad assumere il controllo dei settori più importanti della grande industria tedesca, il che faciliterebbe moltissimo – specialmente durante il periodo di transizione, e cioè fino a quando sarà necessario il sistema contabile capitalistico – i primi passi di una politica socialista.[6]

Se i comunardi fornivano a Lenin prove concrete dalla storia, il libro di Hilferding gli forniva la teoria: banchieri e banche potevano essere un pericoloso nemico, ma potevano anche essere un potente strumento, forse *il* più potente, nelle fasi iniziali di una rivoluzione. Se, come Lenin, si vuole costruire rapidamente una società e uno stato comunisti, è necessario non soltanto nazionalizzare l'industria e la terra, socializzare la distribuzione di beni e prodotti, ma anche servirsi bene delle banche. Bisogna appropriarsi di banche e finanza. Quando il 9 aprile del 1917, a Zurigo, salì sul treno che lo avrebbe portato alla stazione finnica di San Pietroburgo per unirsi alla rivoluzione, Lenin aveva imparato bene sia la lezione dei comunardi sia quella di Hilferding. Nel titolo del suo celebre pamphlet, pubblicato nell'ottobre del 1917, Lenin si domanda: *I bolscevichi conserveranno il potere statale?* Sì, fu la risposta gridata ad alta voce. E come, esattamente? Ovvio: servendosi delle banche.

Lo «scheletro» di una società socialista – l'ossatura della nazione – consiste nella «registrazione di tutto ciò che viene prodotto e scambiato nel Paese» e in un «registro contabile nazionale su cui viene inserita ogni transazione»; con questo Lenin intende non la mera passiva registrazione delle conseguenze monetarie delle transazioni ma la *concreta* esecuzione di queste *reali* transazioni, cioè quello che fanno le banche quando registrano nel proprio libro i debiti loro e dei loro clienti, e quando scambiano i loro debiti con quelli dei loro clienti e poi li compensano l'uno con l'altro.

Lenin non voleva sbarazzarsi delle banche e annullare l'attività bancaria, tutt'altro: voleva una banca *più grande*, efficiente, onnicomprensiva: «un'unica banca di Stato, grandissima fra le grandissime, con succursali in ogni regione, in ogni fabbrica»; questa «sarebbe già i nove decimi dell'apparato *socialista*». La visione che Lenin aveva dello Stato comunista prevedeva quest'unica gigantesca banca che teneva un grande libro mastro nel quale eseguiva, registrava e annotava ogni singola transazione, compensando i debiti reciproci di tutte le componenti del Paese. Questa super banca poteva gestire e supervisionare l'intera economia e tutta la società. Con l'aiuto di una super banca capace di nettare i debiti di tutti nel suo onnisciente e onnipotente libro mastro, Lenin sarebbe riuscito a far funzionare, a gestire e a controllare l'economia comunista in modo armonioso, efficace e senza moneta. Il sogno di Marx diventava realtà: il paradiso comunista costruito con uno strumento, la banca, perfezionato dal capitalismo.

Ma le cose non seguirono il programma di Lenin.

La presa delle banche

Smolny è un vasto complesso nel centro di San Pietroburgo. Costruito nel 1805, in stile palladiano, aveva ospitato una scuola per le figlie dell'aristocrazia russa, la Società per l'educazione delle ragazze di buona famiglia. Nel 1917 lo Smolny, con le sue colonne greche e il salone dei ricevimenti, diventò il quartier generale dei bolscevichi, sede del Comitato rivoluzionario bolscevico e del Comitato militare rivoluzionario. Come scrisse Trockij nella sua *Storia della rivoluzione russa*, pubblicato la prima volta nel 1930, «era come se il Palazzo d'Inverno e lo Smolny si fossero scambiati di posto».[7] A ottobre, lo Smolny ferveva d'attività: era il cuore pulsante della rivoluzione. Fuori, soviet armati occupavano gli edifici governativi di importanza strategica; dentro, i leader bolscevichi andavano da una stanza all'altra, organizzando la rivoluzione. Lenin arrivò allo Smolny la sera del 24 ottobre 1917, travestito da operaio, con tanto di parrucca e trucco. Era il momento di conquistare il potere: «Niente ritardi» proclamò al Comitato centrale bolscevico. Il 25 ottobre tenne un discorso ai rivoluzionari che affollavano il salone delle feste dello Smolny: «Distruggeremo il vecchio apparato di Stato dalle fondamenta, creeremo una nuova struttura amministrativa prendendo i *soviet a modello*». C'era molto lavoro da fare. Era venuto il momento di impadronirsi delle banche – perché le banche *sono* l'apparato statale necessario per realizzare il socialismo: questa non era la Francia, e i bolscevichi non erano i comunardi.

Si narra che, appena arrivato allo Smolny, passeggiando per un corridoio, Lenin si imbatté in un uomo addormentato su un divano sul quale aveva messo una targa: COMMISSARIATO POPOLARE DELLE FINANZE. Lenin conosceva l'addormentato: era Vjačeslav Rudolfovič Menžinskij, un bolscevico polacco di nobile famiglia che aveva lavorato al Credit Lyonnais di Parigi, incaricato dal partito di gestire le finanze. Vjačeslav non era popolare tra gli insorti: dilettante, poeta, romanziere e brillante linguista, era famoso perché suonava Chopin su uno splendido pianoforte che aveva trovato allo Smolny, e questo infastidiva i suoi compagni bolscevichi; di lui Trockij scrisse: «L'impressione che mi fece si può descrivere al meglio dicendo che non me ne fece nessuna». Ma, almeno, Vjačeslav si vestiva come un banchiere – gilè, bombetta, pince-nez – e Lenin voleva metterlo alla prova. E fu proprio a Vjačeslav che Lenin ordinò di impadronirsi della Banca di Stato – la banca centrale di Russia, la più grande delle grandi – che gestiva la moneta nazionale e sorvegliava il sistema bancario. Altri stavano preparando l'assalto al Palazzo d'Inverno; Vjačeslav doveva prendere le chiavi dell'apparato statale.

La Banca di Stato era poco distante dallo Smolny. Il piano era semplice: Vjačeslav e un drappello armato si presentano nell'istituto e si fanno consegnare le chiavi della banca e dieci milioni di rubli in denaro contante. Vjačeslav sarebbe tornato da Lenin con chiavi e denaro e, a missione compiuta, sarebbe potuto tornare al suo divano e al suo Chopin. Tuttavia, quando Vjačeslav si presentò in banca, il direttore si rifiutò di consegnare sia le chiavi sia il denaro; Vjačeslav allora lo minacciò, e il direttore e tutto il personale entrarono in sciopero. Un ostacolo spinoso per il povero Vjačeslav: nessun bolscevico che si rispetti avrebbe usato la forza contro un lavoratore che esercita diritto di sciopero. Era un classico impasse russo e sovietico, totalmente assurdo eppure del tutto ordinario, sembrava uscito da una storia di Gogol' o Gončarov: soldati e marinai bolscevichi armati che occupano la sede della Banca di Stato senza poterne prendere il controllo perché gli impiegati erano in sciopero. Stallo completo.

E così il povero Vjačeslav tornò allo Smolny, dove il Commissariato delle finanze sostituì il direttore della banca con un più docile e ubbidiente bolscevico. Il nuovo direttore eseguì gli ordini alla lettera consentendo a Vjačeslav di consegnare a Lenin le chiavi del sistema bancario russo, oltre a un camion pieno di banconote: la Banca di Stato era in mano ai bolscevichi. L'episodio era tipico della rivoluzione del 1917, in parte tragedia e in parte farsa, ma catastrofico per il futuro del popolo russo perché «la rivoluzione bolscevica» per citare le memorabili parole di A.J.P. Taylor, «non fu una sinfonia interamente orchestrata con la musica già composta. Fu il prodotto, come molti eventi, di confusioni e fraintendimenti, di sforzi e fallimenti umani, il cui esito sorprese i vincitori tanto quanto stupì gli sconfitti».

Lenin fu meno stupito degli altri. Aveva passato decenni a pianificare e teorizzare la rivoluzione, e ora aveva in mano quell'apparato statale di cui aveva bisogno per cambiare la Russia: la banca. Non era tipo da perdere tempo: nazionalizzata la Banca di Stato, la ribattezzò Banca del Popolo; poi la nuova banca rilevò tutti gli istituti bancari e quasi bancari del Paese. Il passo ulteriore fu quello di fondere il Commissariato delle finanze con la Banca del Popolo, così il sistema bancario della nazione divenne ben presto l'Amministrazione centrale del bilancio e della contabilità della Russia sovietica, il custode dei libri mastri in cui si registravano e compensavano tutti i debiti di ogni impresa e istituzione sovietica.

Fin qui tutto bene, il comunismo avanzava spedito.

C'era un ostacolo solo: la realtà.

La Piazza Rossa e la Sukharevka

Nel febbraio del 1990, andai a vivere a Mosca. Dovevo finalizzare un grosso accordo: la privatizzazione della AvtoVAZ, il principale produttore automobilistico dell'URSS conosciuto per la Lada, la più popolare automobile russa.

Era stata la Fiat a costruire la fabbrica dell'AvtoVAZ nel 1966 per conto del governo sovietico. Nel 1989, il presidente della Fiat e Mikhail Gorbačëv, ultimo presidente dell'Unione Sovietica, avevano firmato un memorandum d'intesa per la privatizzazione dell'AvtoVaz. Il cinquanta per cento del capitale veniva venduto alla stessa Fiat. I termini generali dell'accordo erano già concordati, restavano da mettere i puntini sulle i, definire i dettagli, chiudere ed eseguire la transazione. Allora lavoravo alla Fiat, e toccò a me. Ma l'URSS si stava disintegrando e il solo modo per chiudere l'accordo era stabilirsi a Mosca il tempo necessario.

Lavorare e sopravvivere nell'URSS agonizzante non era facile. Ci voleva una guida, un mentore che mi insegnasse a muovermi, e trovai questa persona in Vladimir Yakovlev. Appena trentunenne, Vladimir era il caporedattore di «Kommersant», una rivista settimanale di economia e politica, una versione russa dell'«Economist». Prima della Rivoluzione d'ottobre, «Kommersant» era stato un influente settimanale, ma i bolscevichi lo avevano chiuso nel 1917. Yakovlev l'aveva rispolverato e lo pubblicava di nuovo, sfruttando le possibilità concesse dalla *perestrojka* (letteralmente «ricostruzione») di Gorbačëv e da tutto ciò che prometteva. Non avrei potuto trovare mentore migliore: Vladimir mi insegnò a dare un senso a ciò che stava accadendo e a sopravvivere e operare mentre il grande sistema sovietico iniziava a incrinarsi, sbriciolarsi e collassare.

Per aiutarmi a capire cosa stava succedendo Yakovlev mi spiegò che, fin dal 1917, la Russia aveva avuto due diverse economie, ognuna delle quali prendeva nome da un angolo di Mosca, un luogo simbolo. La prima era l'economia della Piazza Rossa, fatta di imprese di Stato gestite dagli organi di governo e dal Partito comunista; la seconda era l'economia della «Sukharevka», che prendeva nome dall'antico mercato all'aperto di Mosca, dove ambulanti e venditori di ogni sorta ammucchiavano le proprie mercanzie, trafficando di tutto. Nell'economia della Sukharevka il contante era sovrano: qui era il profitto, non l'ideologia, a guidare gli attori, sedicenti uomini e donne d'affari, imprenditori, contadini, agricoltori, imbonitori, venditori ambulanti, piazzisti – quelli che gli inglesi potrebbero definire «ciarlatani», «trafficanti» o «maneggioni» – nonché ordinari e rispettabili cittadini russi. La Sukharevka è probabilmente l'incarnazione più estrema del mercato libero. (Non sorprende che il vero e proprio mercato di Sukharevka fu fatto chiudere nel 1925 da Lenin, il quale lo considerava esattamente quel che era: un «terreno fertile per le speculazioni».)

Nell'economia della Piazza Rossa, gli amministratori e i burocrati erano sovrani; in quella della Sukharevka, i mercanti e i faccendieri. Le dimensioni e l'importanza relativa dei due sistemi economici erano mutate nei settant'anni di vita dell'Unione Sovietica, ma non era mai successo che una potesse fare a meno dell'altra. Come due fratelli rivali, o come marito e moglie che si sopportano e si stuzzicano per tutta la vita, le due economie coesistevano una accanto all'altra e si erano sempre accordate consentendo a entrambe di prosperare e sopravvivere se non proprio insieme, almeno in parallelo. E in Russia, così mi disse Vladimir, per fare qualsiasi cosa bisognava saper lavorare con entrambe. Per un estraneo come me era una lezione difficile da imparare. Lo stesso fu per Lenin e i bolscevichi.

Non solo l'economia della Piazza Rossa era rimasta sostanzialmente immutata negli anni del regime sovietico, ma anche quella della Sukharevka, negli anni Novanta, funzionava esattamente come l'aveva descritta un osservatore negli anni Venti. «Ovunque si rivolga lo sguardo, si vede un'agitata e rumorosa folla umana, che compra e vende. Ciascun tipo di commercio è raggruppato insieme. Qui si comprano e vendono valute, là prodotti alimentari; più avanti banchi di tessuti, tabacco, caffè e cibo; poi venditori di libri, di piatti, di abiti confezionati e di ogni sorta di cianfrusaglia. I commercianti gridano alla gente che sta passando:

"Cittadino, cosa vuoi acquistare? Qui ci sono cappelli, i migliori di tutta la Sukharevka".»

La privatizzazione della AvtoVAZ tramite la vendita alla Fiat apparteneva saldamente all'ambito della Piazza Rossa: il contratto doveva essere stipulato seguendo le infinite e convolute regole e procedure della sclerotica burocrazia comunista. Ma l'URSS stava collassando e nella Piazza Rossa regnava il caos più assoluto. Fin dall'inizio, chiudere l'accordo sembrava non solo difficile ma praticamente impossibile: nessuno sapeva cosa stesse succedendo, o come portare a termine qualcosa di complesso in maniera ordinata. Ci provai per due anni, mentre l'URSS si sbriciolava lentamente attorno a me e prendeva forma la Repubblica russa. Ero in Russia nell'agosto del 1991, quando ci fu il tentato colpo di stato sovietico, e anche quando Gorbačëv fu rimpiazzato da Boris Eltsin, che confermò l'intenzione di proseguire nella privatizzazione/vendita della AvtoVAZ – e, ancora, cercai di chiudere, ma invano. Alcune schegge del vecchio sistema sovietico si ribellarono a Eltsin, che represse l'insurrezione: tutto era nel caos, il tenore di vita della gente comune stava rapidamente deteriorandosi, la situazione sembrava precipitare. Nel frattempo, a San Pietroburgo, uno sconosciuto ma ambizioso ex funzionario del KGB, Vladimir Putin era diventato il capo del Comitato per le relazioni esterne dell'ufficio del sindaco di San Pietroburgo, con l'incarico di promuovere le relazioni internazionali e gli investimenti stranieri, e aveva scelto lo Smolny – il centro operativo di Lenin – come sede del proprio ufficio. La privatizzazione dell'AvtoVAZ fu accantonata e io, sconfitto e frustrato dalla Piazza Rossa, lasciai la Russia. Per tutto il tempo in cui ho vissuto lì sono stati i trafficanti della Sukharevka a fornirmi quanto era necessario per la sopravvivenza quotidiana.

Vent'anni dopo, con mia sorpresa, mi ritrovai nuovamente a Mosca a capo dell'ufficio della Goldman Sachs in Russia. Ero cambiato: non lavoravo più per la Fiat ed ero lontano da quel giovane e ingenuo ricercatore che, negli anni Settanta, si occupava di scienze sociali. Ero un banchiere. Anche il Paese era cambiato: l'economia della Sukharevka era cresciuta e il potere di quella della Piazza Rossa era diminuito, ma entrambe continuavano a coesistere e operare.

Comprendere la Piazza Rossa e la Sukharevka, questi due elementi fondamentali e apparentemente immutabili dell'economia russa e sovietica, è essenziale se si vogliono analizzare i primi straordinari anni del dominio sovietico, il ruolo che moneta e banche hanno avuto nell'esperimento bolscevico e cosa è andato così male – e così bene – nei piani di Lenin.

L'omicidio del commercio

In ogni tempo e luogo, i movimenti socialisti hanno mostrato maggiore ostilità verso chi traffica scambia e commercia che chi produce. I trafficanti e i commercianti sono sempre il nemico numero uno, un bersaglio facile. I bolscevichi disprezzavano ogni genere di traffico, scambio e commercio (trade): consideravano l'acquisto di un bene a un prezzo per rivenderlo a un prezzo più alto come la forma più degenerata della ricerca del profitto. Questa avversione nei confronti dell'ethos del commercio, bisogna ricordarlo, aveva implicazioni e sfumature etniche: asiatici, ebrei, armeni e greci erano spesso definiti popoli di «mercanti». Nel perseguitare mercanti e trafficanti come nemici di classe, i bolscevichi si scagliavano anche contro gruppi etnici ben definiti. Ma se il loro desiderio era di uccidere traffici e commercio, il compito che avevano davanti a sé era veramente arduo, perché in Russia il trafficare era, e rimane, per gente di *ogni* etnia e retroterra culturale, non semplicemente un'occupazione ma uno stile di vita.

È difficile spiegarlo a chi non vi abbia mai vissuto o lavorato, ma i russi trafficano costantemente: contrattano, barattano, mercanteggiano, trattano. Che ci piaccia o no, i commercianti e i traffici dominano l'economia, storicamente e geograficamente, dalle antiche rotte della Via della Seta, dalla Siberia Meridionale al Caucaso Settentrionale, passando per la Sukharevka, e fino all'ascesa degli oligarchi e al progetto della rotta artica per la Via della Seta.

Nel 1917, la gran parte del commercio quotidiano in Russia si svolgeva nei grandi magazzini metropolitani chiamati *magaziny* (dal francese *magasin*), introdotti nel Paese attorno agli anni Settanta dell'Ottocento. Poi c'erano quelli che gli americani chiamerebbero *mom-and-pop shops* – ovvero le piccole imprese gestite da un'unica persona. Qui si vendeva al dettaglio: ogni negozio aveva un fatturato medio attorno ai dieci rubli al giorno. Poi c'erano i mercati, la Sukharevka, le fiere commerciali all'aperto e i venditori di strada, che erano – e sono – una parte importante del commercio in Russia anche dopo il loro declino in Europa Occidentale. (All'inizio del XX secolo, i venditori ambulanti e i piazzisti erano ovunque nelle strade e nelle piazze delle città russe; secondo alcuni calcoli, non meno del venti per cento di tutti i moscoviti era coinvolto nel commercio.) Nelle campagne, il commercio era ancora più diffuso, e Lenin lo sapeva bene. In una delle sue prime opere, *Lo sviluppo del capitalismo in Russia*, pubblicato la prima volta nel 1899, aveva documentato come la crescita della proprietà individuale a scapito di quella collettiva stesse cambiando l'economia rurale. Malgrado questi cambiamenti, nelle campagne l'unità produttiva e commerciale rimaneva la famiglia, e la produzione agricola si combinava spesso alla manifattura di beni per il commercio al minuto: oggetti di piccolo artigianato, stoffe e merletti; l'intera famiglia era coinvolta in queste attività. In un modo o nell'altro, la Madre Russia era una nazione di commercianti.

Quanto ai bolscevichi, la loro ostilità nei confronti di ogni forma di commercio andava di pari passo con uno dei principali obiettivi di una rivoluzione comunista: eliminare del tutto la moneta. Il commercio non può esistere senza moneta, ma senza commercio la moneta diventa superflua: chi ha bisogno di mezzi di pagamento se non si compra e non si vende? La leadership bolscevica era convinta che uccidendo il commercio si sarebbe sbarazzata della moneta: un passo decisivo verso un comunismo completo, quello stato idilliaco del vivere in società in cui tutti i bisogni sono soddisfatti. Bucharin e Preobraženskij, in un pamphlet pubblicato nel 1919 e intitolato *L'ABC del comunismo* – sillabario bolscevico e manuale per il popolo russo, nonché il libro più letto nella Russia sovietica pre Stalin – erano espliciti: «La società comunista non conoscerà la moneta».

Tutto questo funziona perfettamente sul piano teorico ma, nel bene o nel male, lo scambio di beni e servizi è un elemento essenziale di ogni tipo di società, anche quelle più piccole e più egualitarie hanno qualche forma di scambio di beni e servizi: per sopravvivere e prosperare dobbiamo scambiare. Nelle società più evolute – come quella russa – con bisogni più complessi, è necessario scambiare ogni genere di beni e servizi per poter sopravvivere, e proprio a questo serve la moneta che non è un semplice mezzo di pagamento ma un insieme di accorgimenti che permettono un armonico funzionamento dello scambio e quindi della produzione e distribuzione di beni e servizi. Per i bolscevichi la sfida era come realizzare il loro sogno.

Come scambiare beni senza la moneta in una società come quella russa?

La risposta era fornita da Marx che su questo aveva riflettuto molto. La moneta, scriveva nel suo saggio *Sulla questione ebraica*, era l'«essenza, resasi estranea all'uomo, del suo lavoro e della sua esistenza»: questa essenza «lo domina ed egli l'adora».[8] La moneta era onnipotente: «Trasforma la fedeltà in infedeltà, l'amore in odio, l'odio in amore, la virtù in vizio, il vizio in virtù, il servo in padrone, il padrone in servo, la stupidità in intelligenza, l'intelligenza in stupidità».[9] Marx aveva letto molto di quanto era stato scritto fino ad allora sulla moneta – Ferdinando Galiani, David Ricardo, Adam Smith e moltissimi altri – e, a Londra, aveva seguito per il «Daily Tribune» di New York i dibattiti parlamentari sul *Bank Act* con cui, nel

1844, era stata riformata la Banca d'Inghilterra. Tutte le sue letture e osservazioni lo avevano convinto che le due principali funzioni della moneta – mezzo di pagamento e unità di misura del valore di scambio – dovevano essere viste separatamente; e decise di concentrarsi sulla moneta come misura del valore di scambio – da cui nacque la teoria del valore del lavoro.

Molti bolscevichi – e non soltanto Lenin – avevano letto Marx; e se anche non l'avevano letto, erano comunque ossessionati dalla moneta, dal commercio, dal mercato, e dallo scambio. «Il problema dei mercati interessava particolarmente tutti noi giovani marxisti» ricorda in *La mia vita con Lenin* nel 1930 Nadežda Konstantinovna Krupskaja, moglie di Lenin e sua compagna di tutta una vita (si conobbero, romanticamente, a San Pietroburgo nel 1893, quando qualcuno diede a Nadežda «un libro di esercizi con un lungo discorso *Sui mercati*», che conteneva i pensieri di Lenin sull'argomento).[10]

I bolscevichi erano convinti che per scambiare beni e servizi in modo efficace all'interno di una società comunista fosse sufficiente una unità di misura del valore di scambio condivisa da tutti i membri della società. In sostanza, se lo Stato avesse fissato il prezzo dei beni, questi prezzi avrebbero fissato il loro valore di scambio e la Banca di Stato – l'istituzione che registrava e contabilizzava ogni scambio – avrebbe potuto iscrivere le transazioni nei suoi registri, avrebbe compensato i debiti reciproci e di conseguenza traffici, commercio e moneta contante sarebbero rapidamente scomparsi.

È questo lo schema che Lenin cercò di mettere in pratica.

Autorità e scambio

Ispirati da Marx e diretti da Lenin, i bolscevichi decisero di sostituire il commercio con lo scambio obbligatorio di beni a prezzi fissati dal Consiglio supremo per l'economia nazionale: un sistema razionale e organizzato adatto a una società perfettamente razionale e organizzata. Al commercio di prodotti agricoli, per esempio, fu immediatamente sostituito un sistema di scambio obbligatorio di derrate. Non appena il Congresso dei Soviet ebbe annunciato la nazionalizzazione della terra, fu ordinato alle comunità di gestirne la coltivazione secondo i principi del «socialismo reale». Questo significava che a ogni livello – locale, regionale e nazionale – i prodotti agricoli dovevano essere distribuiti ai consumatori, e che le comunità rurali dovevano procurarsi i prodotti industriali *unicamente attraverso un processo di scambio*. Stoffe, tessuti, stivali, tabacco, tè e altri beni di consumo venivano consegnati a un'agenzia di Stato per essere scambiati con grano e altri prodotti alimentari. All'inizio, lo Stato stabilì semplicemente i tassi di cambio, per esempio: una unità di stoffa si scambiava con cinque unità di grano. Presto però la leadership bolscevica passò a un sistema più autoritario, dove i prodotti venivano prima requisiti e poi scambiati, ancora una volta secondo i prezzi definiti dal Consiglio supremo. In una sola mossa, il commercio con mezzi di pagamento era stato abolito.

Il problema della manifattura del latte in polvere

Questo improvviso passaggio allo scambio obbligatorio di beni fece emergere problemi seri. Scambiare derrate agricole con prodotti dell'industria poteva essere difficile, ma non impossibile, ed era certamente molto meno complicato che scambiare input per la produzione con altri input o prodotti finali, per non parlare del procurarsi ricambi tramite gli scambi. In questo ambito i tassi di cambio e i calcoli non erano semplici e diretti come nel caso, per esempio, dell'equivalenza tra una quantità X di grano e una quantità Y di tabacco. I processi industriali sono estremamente complessi e hanno un'enorme varietà di parti interconnesse che coinvolgono ogni genere di filiera e forma di specializzazione. Provate a immaginare la fabbrica di spilli di Adam Smith o uno stabilimento di produzione del Modello T di Henry Ford nella Russia del 1917, e poi immaginate che funzioni solo con scambi, senza mezzi di pagamento.

Tra coloro che si trovarono ad affrontare l'incubo, logistico e contabile, dello scambio obbligatorio di beni per il complesso industriale di una vasta nazione c'era Robert Axelrod, un ingegnere svizzero proveniente da una famiglia di marxisti russi emigrati a Ginevra. Suo padre Pavel aveva spesso discusso con Lenin al Landolt, ma le tesi libertarie del primo non avevano prevalso, e suo figlio Robert doveva affrontare le conseguenze di quei dibattiti.

Nel 1917 Robert Axelrod, stufo di essere un semplice ingranaggio nell'industria svizzera, decise di lavorare per una causa più nobile e si trasferì in Russia per unirsi alla rivoluzione. Trovò lavoro a Vologda, una città industriale sul fiume Volga, come direttore di produzione di una fabbrica di latte in polvere. Cominciò bene, ma un giorno una delle macchine per la produzione del latte in polvere si ruppe e la produzione si fermò. Non era niente di grave, si trattava semplicemente di sostituire un ingranaggio. Axelrod, come direttore di produzione, doveva procurare il pezzo di ricambio per sostituire quello rotto; tuttavia, per procurarsi il ricambio – un input minore nel processo produttivo – doveva procedere con uno scambio obbligatorio. L'ufficio competente per questi scambi era a San Pietroburgo. Per sveltire l'iter, Axelrod inviò il suo meccanico migliore e più intraprendente: se c'era una persona capace di portare a termine in fretta e bene quel compito, era lui. Le procedure da seguire erano chiare: il meccanico doveva presentarsi nell'ufficio dove tutti gli scambi venivano registrati; alla fabbrica di latte in polvere doveva essere assegnato un debito verso il produttore del pezzo di ricambio pari al suo prezzo, e al suo produttore doveva essere assegnato un credito. Una volta compensati i due debiti sul registro, si poteva fare lo scambio: la fabbrica avrebbe potuto riparare la macchina e far ripartire la produzione.

Naturalmente, la fabbrica doveva essere prima autorizzata dall'ufficio ad assumersi il debito per il pezzo di ricambio, cosa che richiese tre giorni. Nel frattempo il meccanico – che era davvero bravo – aveva già individuato il pezzo di cui aveva bisogno nelle officine Putilov di San Pietroburgo e aveva richiesto alla persona competente di compilare il modulo di autorizzazione per far iscrivere la transazione nel libro contabile dello scambio obbligatorio di merci. Il modulo fu compilato e inviato, i due voucher di autorizzazione furono registrati nel libro, il debito fu accreditato e saldato, il pezzo di ricambio fu spedito e il meccanico di Axelrod rientrò in treno. Lavoro compiuto.

Axelrod era svizzero *e per di più* ingegnere. Annotò tutto il processo di scambio passo per passo: le fasi, il tempo, il costo. Insomma: l'iter completo. Il pezzo di ricambio aveva un prezzo di sessanta rubli e fu questa in effetti la somma che venne addebitata alla fabbrica. Sulla carta, questo era il costo. Al contempo, però, la fabbrica aveva perso quattordici giorni di produzione e il viaggio del meccanico era costato più di mille rubli. Axelrod fece i calcoli e pubblicò un opuscolo – in francese – in cui descriveva il processo minuziosamente. Lo scambio obbligatorio di beni e servizi può anche aver funzionato, ma era tutt'altro che semplice ed efficiente. Era costoso e sprecava risorse.

Proprio come suo padre, Axelrod era un idealista e per un po' riuscì a sopportare ma, non molto tempo dopo la rottura della macchina, la fabbrica esaurì i contenitori per il latte condensato. Ne erano necessari trecento che occorreva procurarsi con uno scambio obbligatorio – bisognava cioè tornare a San Pietroburgo e ripercorrere molte volte lo stesso iter. Questa sembra essere stata per l'ingegnere svizzero la goccia che fece traboccare il vaso. Axelrod rientrò in Svizzera: lo scambio obbligatorio non faceva per lui e molti altri la pensavano allo stesso modo. Lo scambio obbligatorio di merci entusiasmò pochi. Industrie e individui volevano scambiare in modo semplice e rapido: lo scambio obbligatorio non offriva né l'uno né l'altro.

Il problema del Comunismo di guerra

Durante il primo periodo di quello che chiamiamo Comunismo di guerra – il sistema economico e politico delle prime fasi della guerra civile russa, che va grosso modo dal 1918 fino alla primavera del 1921 – le due economie russe, quella della Piazza Rossa e quella della Sukharevka, erano due realtà separate. L'economia della Piazza Rossa era fatta di aziende socialiste di proprietà dello Stato condotte secondo metodi «socialisti». La produzione industriale era rigidamente pianificata e lo era pure la distribuzione che avveniva tramite lo scambio obbligatorio di merci. Gli scambi erano registrati e regolati dal Consiglio dell'economia nazionale o dal Commissariato delle finanze. I beni venivano scambiati a prezzi fissi e le transazioni autorizzate dal Consiglio o dal Commissariato erano obbligatorie. Il solo ruolo svolto dalla moneta in questi scambi era indicare il prezzo dei beni fissato d'autorità per compensare i debiti sui registri, dunque esprimeva solo il valore di scambio dei beni all'interno del processo.

L'economia della Sukharevka, nel frattempo, prosperava in tutta la Russia tra i piccoli produttori di merci – agricoltori, artigiani e piccole aziende che commerciavano al minuto, tra di loro e con i clienti individuali. Nell'economia della Sukharevka non c'erano banche, consigli e comitati, né tantomeno lo scambio obbligatorio di merci, e quindi per fare transazioni era ancora necessario usare la moneta come mezzo di pagamento. I prezzi venivano negoziati e concordati tra le parti e quando si era raggiunto un accordo le merci passavano di mano solo quando i contanti passavano di mano. Quindi la maggior parte della moneta circolante in Russia finiva nella Sukharevka: monete, banconote zariste e del governo provvisorio, monete straniere e tutte le valute locali stampate dalle regioni indipendenti. Questa economia fondata sul contante non era limitata soltanto al piccolo commercio di strada: si trattava dello scambio e del movimento quotidiano di ingenti quantità di denaro in tutto il Paese tra un gran numero di acquirenti e venditori, la gente comune della Russia. Un corrispondente di allora per «Izvestia», il giornale ufficiale dei bolscevichi – e ancora oggi il quotidiano nazionale ufficiale della Russia – descrisse con un certo disprezzo il modo in cui quest'economia funzionava a Kiev e dintorni: «Una specie di bruco grigio si muove lungo i binari – questo è il treno, completamente ricoperto da una grigia massa di venditori ambulanti. Sotto di loro non si vedono né i vagoni, né la motrice, né i tetti, né lo spazio vuoto tra i vagoni. Ogni punto è occupato, pieno zeppo. Ma quando il treno rallenta all'approssimarsi della stazione di Kiev, la pelle grigia inizia a scivolare via». Quella pelle grigia – i piccoli trafficanti russi che si erano aggrappati ai vagoni – si spandeva dentro la città di Kiev per piazzare la propria merce nelle strade e nelle piazze, e per comprare altra merce da vendere a casa. Il gigantesco bruco grigio del commercio avanzava strisciando.

La separazione tra questi due sistemi economici ostacolava seriamente la capacità dei bolscevichi di gestire tutta la Russia. Questo era vero, in particolare, nelle relazioni tra le città e le campagne. Le città avevano bisogno di cibo e gli agricoltori di prodotti manufatturieri, ma l'industria era nella Piazza Rossa, mentre le fattorie gravitavano verso la Sukharevka – e lo scambio obbligatorio di merci, come Robert Axelrod sapeva fin troppo bene, non contribuiva affatto a facilitare uno scorrevole e rapido scambio. Dunque, Lenin: che fare?

Il paradosso dei sovznak

La storia dei primi anni del regime bolscevico è piena di paradossi: una rivoluzione popolare che porta al terrore e alla guerra civile; una riforma economica che porta penurie e carestie; un forte governo centrale spesso instabile e con poca influenza. Per gli economisti, un altro paradosso bolscevico è la crescita dell'inflazione durante il Comunismo di guerra. Dal 1917 al 1921 la Russia sperimentò uno dei più alti tassi d'inflazione in Europa.

Di solito l'inflazione è associata a un'eccessiva crescita dell'offerta di denaro; dunque, com'è mai possibile che l'offerta di denaro stesse crescendo se l'obiettivo dichiarato dei bolscevichi era quello di far scomparire la moneta e, per di più, se le merci circolavano attraverso lo scambio obbligatorio, controllato e burocratizzato?

Ottima domanda. Ma la risposta è ovvia: l'inflazione cresceva perché l'offerta di denaro *stava* crescendo, e in Russia si stampava denaro il più velocemente possibile. Per parafrasare Mark Twain, le notizie sulla morte della moneta per mano dei bolscevichi erano molto esagerate. In realtà i bolscevichi stampavano moneta, ma sotto un altro nome.

Uccidere la moneta sarebbe stato lungo e faticoso persino per un governo onnipotente e deciso a farne sparire anche il ricordo. I bolscevichi potevano mettere in dubbio finché volevano il ruolo dei mezzi di pagamento; ma, quando si trovarono di fronte alla necessità di procurarsi in fretta un ricambio per la macchina per la produzione del latte in polvere, o di scambiare manufatti con derrate alimentari, si accorsero che dovevano servirsi di moneta sonante. Per sopravvivere e prosperare, per migliorare le relazioni tra le città e le campagne, anche lo Stato aveva bisogno di moneta, e i bolscevichi trovarono una soluzione ingegnosa: inventarono i *sovznak*.

Prima della rivoluzione solo la Banca di Stato, la Zecca e il sistema bancario creavano moneta. La quantità di moneta che veniva messa in circolazione dipendeva dalle necessità dei clienti, che scambiavano i loro debiti con quelli delle banche. L'emissione di valuta era regolata e sostenuta da asset e riserve. La Banca di Stato emetteva banconote che erano una forma di obbligazione pubblica. A richiesta, la banca scambiava le banconote con una quantità fissa di oro coniato; per questo la Banca di Stato manteneva una riserva di monete d'oro. Il rapporto tra le banconote in circolazione e la riserva d'oro era stabilito per legge. Soltanto la Banca d'Inghilterra aveva un più elevato rapporto di riserve rispetto al circolante.

Nel 1914 in Russia le riserve d'oro della Banca di Stato eccedevano il valore totale delle banconote in circolazione: il potere d'acquisto del rublo era perciò veramente quello dell'oro coniato, molto stabile.

Dopo la rivoluzione, tutte le banche furono assorbite dalla Banca del Popolo, che divenne l'autorità che registrava e compensava i debiti nati dallo scambio obbligatorio. La Banca del Popolo non creava più moneta scambiando debiti – e persone e imprese pagavano le tasse in natura. Con i pagamenti effettuati in natura, le entrate di moneta nelle casse dello Stato si erano ridotte drasticamente, lasciandolo praticamente privo di circolante. Nella Sukharevka, nel frattempo, le merci erano ancora scambiate dietro pagamenti in moneta sonante. Lo Stato, quindi, aveva un disperato bisogno di mezzi di pagamento per procurarsi nella Sukharevka ciò di cui aveva necessità. Così il Commissariato delle finanze iniziò a stampare la propria valuta circolante: dei token sovietici – *Sovetskiye znaki* o, in forma abbreviata, *sovznak*. Questi token non si potevano scambiare con monete d'oro, tuttavia nel breve termine funzionarono discretamente come mezzi di pagamento: erano una specie di moneta e, grazie ai *sovznak*, i bolscevichi riuscirono a connettere le due economie. Il Commissariato iniziò a stampare un numero sempre maggiore di questi utili piccoli gettoni, capaci di saldare i debiti che nascevano da transazioni di mercato, e non si fermò più: la quantità di *sovznak* in circolazione aumentava costantemente, mese dopo mese. Il valore nominale dei gettoni in circolazione era un multiplo del valore che aveva avuto la moneta zarista nel 1914 – ma il loro potere d'acquisto corrispondeva ad appena una piccola frazione. Tra il 1914 e il 1921 il rublo si svalutò tra le cinque e le *seimila* volte. I *sovznak* potevano essere una soluzione provvisoria, ma non duratura.

L'inflazione secondo i bolscevichi

Dopo la Prima guerra mondiale, l'inflazione infuriò in tutta l'Europa, in particolare in Germania, Austria e Ungheria. L'inflazione non era solo un problema russo, ma i bolscevichi la affrontarono diversamente da tutti gli altri.

Mentre i governi occidentali si sforzavano di contenerla, i bolscevichi la ignoravano. Anzi, l'ala sinistra del partito la vedeva come un'alleata nella lotta contro la moneta. Lev Trockij, il più autorevole leader della sinistra, in un discorso pronunciato al Secondo congresso dell'Internazionale comunista, nel 1920, presentò l'inflazione sovietica come una conseguenza della rinuncia alla centralità della moneta nelle relazioni interpersonali. Questo, sostenne, doveva essere accolto con favore.

Lenin era meno drastico di Trockij – almeno su questo punto – ma anche lui vedeva positivamente l'inflazione galoppante. In un'intervista pubblicata dal «New York Times» nel 1919 descriveva come «centinaia di migliaia di rubli vengono stampati quotidianamente dal nostro Tesoro», ed enfatizzava che «questo viene fatto non per riempire i forzieri dello Stato con carta priva di valore, ma con la ferma intenzione di eliminare la moneta come mezzo di pagamento. Non ci sono giustificazioni per l'esistenza della moneta nello Stato bolscevico, dove le necessità della vita saranno pagate solo con il lavoro». Parole battagliere. Ma, dietro le scene, la leadership bolscevica doveva affrontare l'iperinflazione e il fondamentale problema dello scambio in un'economia divisa tra la Piazza Rossa e la Sukharevka.

NEP! NEP!

Armand Hammer – il vulcanico uomo d'affari americano spesso descritto come il capitalista favorito di Lenin e la cui vita sembra la trama di un romanzo – non era comunista, ma suo padre era stato uno dei fondatori del Partito comunista americano, oltre che amico di Lenin. I legami di famiglia avevano aiutato Hammer ad assicurarsi una posizione privilegiata nel trafficare con la Russia bolscevica; privilegi che sfruttò a fondo. Hammer andava a Mosca di frequente sia prima sia dopo la rivoluzione. I suoi ricordi di questo periodo possono anche non essere accurati o affidabili, ma sono vivaci e pittoreschi. Nell'agosto del 1921, rientrato a Mosca dopo un mese di assenza, Hammer non credeva ai propri occhi. Lo sconforto era scomparso; le strade, prima deserte, erano nuovamente affollate; tutti andavano di fretta, mossi da un preciso scopo; le merci venivano scaricate dai carri nei negozi; la maledizione dell'inflazione sembrava essersi dissolta. Hammer domandò che cosa fosse accaduto durante la sua assenza e tutti diedero la medesima risposta: «NEP! NEP!».

NEP era l'acronimo di «Nuova politica economica»,[11] e Lenin aveva lottato per imporla alla sinistra bolscevica. Lenin, sempre flessibile, sosteneva che la NEP – che lui stesso chiamava «capitalismo di Stato» – poteva essere un passo indietro rispetto al socialismo, ma era necessaria per compiere due lunghi passi verso il comunismo. In breve, la NEP prevedeva che la grande industria rimanesse di proprietà statale, ma in altri settori dell'economia era consentita una combinazione di proprietà privata e collettiva: l'economia della Piazza Rossa avrebbe subito una leggera contrazione, mentre si sarebbe fatta crescere quella della Sukharevka, per provvedere ai «prerequisiti materiali mancanti» della modernizzazione e dell'industrializzazione e realizzare gli obiettivi di lungo periodo dei bolscevichi.

Il cambiamento più profondo realizzato dalla NEP riguardò la Sukharevka. Le requisizioni di beni e prodotti – specialmente nel settore agricolo – furono abolite e sostituite da una tassa in natura. I contadini pagavano allo Stato una porzione di ciò che producevano, ma potevano vendere ciò che restava scambiandolo con moneta sonante e senza restrizioni. La nuova politica aveva lo scopo di aumentare la produttività della terra permettendo ai produttori di commerciare liberamente, ma in realtà era, per citare le parole di Edward H. Carr in *La rivoluzione bolscevica: 1917-1923*, il semplice riconoscimento di «quanto non aveva mai cessato di esistere».[12] Come i banchieri, gli economisti, e anche certi leader politici sanno fin troppo bene, negare la realtà può funzionare per qualche tempo, ma non per sempre. Fortunatamente per i bolscevichi, affrontare la realtà fu utile: grazie alla NEP gli scambi tornarono a crescere e questo fu un fatto positivo. Ma per scambiare liberamente occorreva moneta, abbondante e stabile – e il *sovznak* non era all'altezza.

Moneta, segni e simboli

Come molte cose, anche il *sovznak* aveva un problema di immagine. Tutti i regimi rivoluzionari russi conoscevano perfettamente il potere dei simboli e il profondo effetto prodotto dalla semplice ripetizione di certe immagini e rappresentazioni: si pensi alla bandiera rossa, alla stella rossa, alla falce e martello. Erano altresì ben consapevoli che anche la moneta è un simbolo. Già subito dopo la rivoluzione del febbraio 1917, che rovesciò lo zar Nicola II, il governo provvisorio decise di cambiare l'aspetto delle banconote. L'incarico venne affidato al romanziere Maksim Gorkij, che per disegnare le nuove banconote mise insieme un comitato formato da architetti, pittori e scultori. Per simboleggiare l'ambizione che aveva il regime di creare una democrazia socialista, la nuova valuta recava l'immagine del Palazzo di Tauride, sede della Duma, ossia il Parlamento russo.

Nell'ottobre del 1917, dopo la fine del governo provvisorio – e la morte della democrazia parlamentare – il Dipartimento bolscevico per la produzione della valuta continuò a stampare per qualche tempo il denaro della Duma, ma ben presto si rese conto che la valuta aveva bisogno di una nuova veste e di un nome diverso: ecco dunque i *sovznak*, che avevano un aspetto diverso tanto dalle banconote dello zar quanto da quelle del governo provvisorio. La falce e il martello figuravano sulla maggior parte delle banconote; sulle altre campeggiava l'immagine di Marx. Una banconota recava il motto «proletari di tutto il mondo unitevi» in ben otto diverse lingue.

I riformatori della NEP decisero che ora avevano bisogno di qualcosa di ancora diverso: una nuova specie di mezzi di pagamento per una nuova era, che recasse un simbolo capace di ispirare i cittadini russi ad avere fiducia nella stabilità del nuovo regime. In Russia le icone erano sempre state un mezzo efficace per diffondere fede e dottrina: i riformatori della NEP capirono di dover creare una valuta la cui forza simbolica fosse importante quanto le caratteristiche di mezzo di pagamento.

Perciò sfogliarono la storia monetaria della Russia in cerca dell'icona di moneta stabile.

La rinascita dei červonec

La trovarono nel *červonec*. La Russia aveva coniato oro fin dal XVI secolo, quando il ducato veneziano servì da modello. Pietro il Grande fu il primo a coniare un'autentica moneta «nazionale» russa all'inizio del Settecento, chiamata *červonec* (*červonnoye zoloto*, che significa «oro rosso»). Da allora *červonec* era stato il nome di ogni moneta d'oro russa pertanto, agli occhi dei russi, i *červonec* erano l'icona *per eccellenza* della moneta stabile. Anche l'ultimo zar, Nicola II, aveva coniato *červonec*, monete che contenevano 7,7 grammi di oro puro e con un valore nominale di dieci rubli, dando al rublo il valore di una quantità fissa di oro puro.

I bolscevichi scelsero pertanto i *červonec* come unità monetaria della valuta cartacea emessa dalla nuova Banca di Stato. Per rimanere fedeli alla tradizione, ciascun *červonec* – come quelli dello zar Nicola II – aveva un valore nominale di dieci rubli e il potere d'acquisto di 7,7 grammi di oro puro. Fu abbastanza facile fissare il potere d'acquisto della nuova valuta; ma implementarlo era tutta un'altra storia. Sul mercato internazionale, la Banca di Stato riuscì a mantenere la parità con l'oro attraverso acquisti selettivi di altre valute legate all'oro, perlopiù dollari e sterline inglesi. Ma il compito più arduo era mantenere stabile all'interno della Russia il potere d'acquisto dei *červonec*. Le banconote non erano convertibili in monete d'oro: il decreto che fissava il valore della nuova valuta conteneva soltanto vaghe promesse sul fatto che, in futuro, le banconote sarebbero state convertibili in oro. Toccava quindi alla banca il compito di trovare un modo per mantenere il resuscitato *červonec* stabile quanto il suo antenato, la buona vecchia moneta d'oro russa.

Perché la nuova Banca di Stato potesse mantenere stabile il *červonec* i riformatori la organizzarono nel modo più simile possibile alla banca centrale di uno Stato capitalista. La Gosbank – che fu la principale banca russa dal 1922 al 1991 – era modellata sulla Banca d'Inghilterra.

Due uomini in particolare furono i registi dei *červonec* e della Gosbank: Leonid Naumovič Jurovskij, un economista giovane e dotato dell'Istituto politecnico di San Pietroburgo, membro del consiglio direttivo del Commissariato delle finanze; e Grigorij Sokol'nikov (il cui vero nome era, appropriatamente, Girsch, cioè brillante), che divenne commissario del popolo per la Finanza. Jurovskij e Sokol'nikov, va detto a loro merito, sapevano bene che la banca doveva essere autosufficiente e redditizia, e che perciò doveva essere pagata per emettere debito ai propri clienti, e doveva possedere una quantità sufficiente di asset (i debiti dei clienti) per bilanciare i libri contabili. In più, gli asset della banca dovevano essere buoni e liquidi e in cassa dovevano esserci lingotti e/o valuta estera.

Il piano di Jurovskij e Sokol'nikov era buono. Non era un sistema perfetto, ma per la Gosbank era un ottimo inizio: la banca sarebbe stata in grado di soddisfare i bisogni dei clienti e mantenere stabile il potere d'acquisto dei *červonec* sul mercato internazionale e domestico.

Storia di due valute

Il problema principale era che una valuta c'era già, ed era troppa: il *sovznak*. Il governo bolscevico si era trovato in grosse difficoltà finanziarie. Ora, la maggior parte delle tasse era pagata in natura e le entrate in contanti per lo Stato erano esigue e molto inferiori rispetto a quanto serviva per acquistare i beni e i servizi necessari per farlo funzionare: il deficit di moneta doveva essere colmato in qualche modo, per questo il Tesoro continuò a stampare i suoi token, i *sovznak*. Ma, una volta avviata, la ruota non poteva più essere fermata. Tanti mezzi di pagamento si contendevano un numero limitato di transazioni. Questa era l'origine della inflazione bolscevica.

Con la comparsa dei *červonec*, la Russia si sarebbe ritrovata con due valute parallele, emesse da due diverse istituzioni, la Banca di Stato e il Tesoro, senza un definito tasso di cambio tra l'una e l'altra. Per di più, i token – i *sovznak* – erano l'unica moneta a corso legale, mentre l'accettazione dei *červonec* era volontaria. Sembrava che il nuovo sistema monetario fosse destinato ad aggiungersi alla lista dei fallimenti bolscevichi.

Con grande sorpresa di tutti, non fu così: l'inconsueto compromesso funzionò meglio di quanto chiunque avrebbe potuto aspettarsi. All'inizio, la separazione tra la Piazza Rossa e la Sukharevka fu di aiuto: i *červonec* erano impiegati perlopiù nella Sukharevka, mentre le grandi industrie ricevevano i *sovznak* dai dipartimenti governativi e li usavano per pagare i propri operai; inoltre, gran parte del fabbisogno di input industriali avveniva con scambi obbligatori. La gente considerava i *červonec* più come un titolo finanziario, un investimento, che come un mezzo di pagamento: commercianti e consumatori li acquistavano con i *sovznak* risparmiati e li vendevano quando necessario. Questa strategia aveva senso, perché il valore dei *sovznak* – emessi in quantità sempre maggiori – continuava a scendere. All'inizio, inoltre, le banconote *červonec* erano di grosso taglio e la quantità di emissione era limitata in modo che mantenessero potere d'acquisto.

Ciò che accadde in seguito fu probabilmente inevitabile ma, allo stesso tempo, una vera fortuna: lo Stato iniziò ad accettare *červonec* per il pagamento delle tasse. Questo indicava che la moneta bancaria, anziché quella emessa dal Tesoro, si imponeva anche nell'economia della Piazza Rossa. Gli uffici governativi ricevevano volentieri *červonec* come pagamenti e li utilizzavano per comprare beni e servizi: la moneta bancaria cessò ben presto di servire da strumento finanziario e divenne un mezzo di pagamento.

I *červonec* si svalutarono leggermente, ma nel complesso mantennero la maggior parte del loro potere d'acquisto. La NEP funzionava: tanto l'economia della Piazza Rossa quanto quella della Sukharevka crescevano; i commerci e gli scambi in valuta si stavano diffondendo anche nella Piazza Rossa: le imprese avevano bisogno di sempre più denaro e, naturalmente, scelsero la valuta più stabile, ossia i *červonec*. E dato che le imprese pagavano più tasse, lo Stato doveva stampare meno *sovznak*: nella Russia bolscevica la moneta bancaria stava vincendo.

Nel 1924 la leadership bolscevica era pronta a riformare la moneta ancora una volta.

Il trionfo della banca

Era giunto il momento di scegliere tra i *červonec* e i *sovznak*, tra la moneta bancaria e i token del Tesoro. Nessuna sorpresa: la leadership sovietica decise di fare della moneta bancaria la valuta principale. Il *sovznak* era morto: la valuta emessa dal Tesoro era diventata sussidiaria dei *červonec*. Questo significava che, quando si trattava di creare denaro, la banca guidava e il Tesoro si accodava: dunque adesso la politica monetaria della Russia sovietica era gestita dalla Banca di Stato. Da questa soluzione trassero beneficio tanto l'economia della Piazza Rossa quanto quella della Sukharevka, poiché la stabilità della moneta agevolò la crescita di entrambe: il commercio tra le regioni agricole e quelle industrializzate si svolgeva con meno difficoltà; gli agricoltori producevano cibo e gli industriali manufatti.

Inoltre, l'economia russa si stava integrando nell'economia mondiale. La maggior parte dei partner commerciali della Russia bolscevica seguiva il Gold Standard: *de facto*, la Russia ora aveva un sistema simile, con una valuta che aveva un tasso di scambio fisso con l'oro e con la maggior parte delle valute dei suoi partner commerciali. I *červonec* erano cambiati sul mercato mondiale come il dollaro statunitense e la sterlina inglese. Le aziende e gli imprenditori occidentali tornarono in Russia, comprese persone del calibro di Armand Hammer.

Jurovskij e Sokol'nikov avevano compiuto un'impresa veramente notevole: avevano realizzato una riforma monetaria di successo e avevano capovolto la legge di Gresham; nella Russia bolscevica, tra tutti i posti immaginabili, la moneta buona aveva, letteralmente, scacciato quella cattiva.

Per qualche tempo i riformatori vennero celebrati, tanto in patria quanto all'estero. La gloria, più precisamente, durò fino all'avvento di Stalin. A quel punto Sokol'nikov e Jurovskij furono prima emarginati, poi processati come traditori e, infine, giustiziati. Naturalmente.

Il contabile supremo

Ma c'è un ultimo colpo di scena – un atto finale dei bolscevichi che mostra ancora una volta come in culture diverse, in tempi diversi, sotto diversi regimi – ma in modi analoghi – Stati e nazioni collaborano con le banche per raggiungere i loro obiettivi, comprando beni e servizi con le promesse di pagamento delle banche.

Dopo il trionfo dei *červonec*, la Gosbank non aveva soltanto il potere di emettere denaro, ma era anche l'autorità che registrava sul proprio libro contabile tutte le transazioni di una certa dimensione, esattamente come l'onnipotente Gosplan pianificava l'economia sovietica e l'onnipresente Gossnab, alla fine, allocava i beni.

Ogni entità economica russa – aziende manifatturiere, produttori di beni di prima necessità, fornitori di servizi, associazioni di cittadini – aveva due conti presso la Gosbank, che potremmo definire il «conto Sukharevka» e il «conto Piazza Rossa». Il primo era un conto corrente dove si depositava e ritirava contante, in genere per pagare i salari e per effettuare transazioni di minore entità. Il secondo era il cosiddetto conto di compensazione, che veniva utilizzato per compensare i debiti e i crediti del titolare del conto. La banca verificava ogni importante transazione proposta dal titolare del conto: se soddisfatta, registrava gli effetti monetari dell'operazione come un debito o un credito (cioè il debito di qualcun altro) e poi lo compensava. Il conto di compensazione rispecchiava la posizione finanziaria di ciascuna istituzione presente in Russia, quanto doveva e quanto le era dovuto.

Questo, naturalmente, dava alla banca un enorme potere. La leadership bolscevica si rese conto che con questo potere era in grado di fare qualcosa di analogo a quanto avevano fatto il Senato veneziano all'inizio del XVII secolo e, poco più tardi nello stesso secolo, il Parlamento britannico: poteva usare la banca per creare denaro dal debito pubblico a beneficio dello Stato.

In Russia fu anche troppo facile. Nel 1925 il Tesoro decise di emettere un prestito pubblico per la ricostruzione economica e costrinse le aziende a sottoscriverlo dal loro conto corrente, dove tenevano il proprio denaro, anziché dal loro conto di compensazione, dove la banca liquidava debiti e crediti. Poiché nessuna azienda aveva sul proprio conto corrente una somma sufficiente per pagare il Tesoro, la Banca di Stato accettò di prestare loro il denaro per acquistare il prestito, utilizzando le obbligazioni come garanzia collaterale. Questa ingegnosa operazione si svolgeva in cinque semplici passi.

1. L'impresa sottoscriveva la propria quota di obbligazioni dal Tesoro, ma non la pagava immediatamente.
2. L'impresa depositava le obbligazioni con la banca come garanzia collaterale per un prestito.
3. La banca emetteva moneta nuova che depositava nel conto corrente della compagnia.
4. La compagnia pagava il Tesoro per le obbligazioni.
5. Quando la compagnia aveva accumulato una sufficiente quantità di denaro contante ripagava il prestito alla Gosbank.

Geniale. L'intero processo aveva lo scopo di permettere alla banca di trasformare – a beneficio dello Stato – il debito pubblico in moneta sonante.

Insomma, i bolscevichi avevano chiuso il cerchio. Non soltanto non avevano ucciso e sepolto la moneta ma avevano fatto in modo che la moneta buona scacciasse quella cattiva *e* avevano fondato un sistema bancario che creava denaro dal debito pubblico a beneficio dello Stato usando strumenti e metodi perfezionati dai sistemi capitalistici occidentali. Davvero un'ironia.

Rudolf Hilferding aveva criticato il capitalismo occidentale perché permetteva alle banche di accumulare troppo potere. Poi Lenin aveva trasformato le conclusioni di Hilferding in un piano d'azione, e il risultato fu la onnisciente e onnipotente Banca di Stato, una banca che allo stesso tempo registrava ed eseguiva tutte le transazioni che si effettuavano nel Paese *e* creava denaro dal debito pubblico a beneficio dello Stato. *Nessuna* istituzione finanziaria ha mai avuto un simile potere in un Paese capitalista. La storia della relazione tra lo Stato e le banche nella Russia bolscevica riflette per molti aspetti la più ampia storia del trionfo dei bolscevichi in Russia: le fantasie da *émigré* di Lenin divennero una realtà: degradata ed esagerata, ma comunque una realtà.

C'è una grande ironia nel sistema bancario bolscevico: non solo fu mutuato dal capitalismo, ma rispetto a quel sistema fu ancora più invasivo e potente.

In debito

I sette episodi di *Moneta e promesse* – che descrivono le relazioni tra sette Stati e molte banche, in diversi periodi storici – non sono gli unici casi in cui le banche e gli Stati hanno collaborato tra di loro; ma danno un'idea del complesso sistema di interdipendenza che si è sviluppato nel mondo moderno e contemporaneo. Gli Stati presi in considerazione sono diversi l'uno dall'altro: due repubbliche aristocratiche, un sistema parlamentare, un impero centralizzato, una repubblica federale, una dittatura bolscevica. Le banche che abbiamo studiato sono altrettanto diverse l'una dall'altra: enti di beneficenza, imprese a scopo di lucro, agenzie di Stato. Ma in tutti questi casi, in ciascun negoziato e transazione, Stati e banche si sono scambiati debiti, traendo vicendevolmente profitto dallo scambio: lo Stato fornisce più beni pubblici, e le banche aumentano utili e potere, il potere di creare moneta. Questa è l'alchimia della banca, il lavoro misterioso di *Lady Debt*.

Questa alchimia – questa magia – e il continuo scambio di debiti continuano ancora oggi.

I debiti delle banche sono valuta nazionale e formano la parte predominante della moneta circolante. Il debito pubblico è una parte molto importante degli asset delle banche; e così le fortune del debito pubblico pesano sul sistema bancario e sulla valuta nazionale. Oggi, il potere d'acquisto di ogni attore nella società – ogni individuo, ogni organizzazione e lo stesso Stato – è, di fatto, debito bancario.

Per secoli tutto era abbastanza semplice: la moneta era una creatura dello Stato. Quando la moneta era fatta da monete, lo Stato governava le due funzioni fondamentali della moneta: misura del valore e mezzo di pagamento. Era lo Stato che coniava le monete e ne stabiliva d'autorità il prezzo. Ma con il tempo i poteri sulla moneta si sono separati: lo Stato ha mantenuto il controllo sulla scelta della misura del valore, ma le banche gestiscono in larga misura i mezzi di pagamento. Le due funzioni fondamentali della moneta hanno finito per essere governate da due diverse entità i cui interessi sono intrecciati e i destini strettamente collegati. Ed è per questo che, per esempio, gli Stati intervengono per salvare le banche in crisi, perché i debiti delle banche *sono* la valuta delle nazioni. Come abbiamo visto, e come dimostrano le recenti crisi finanziarie, lo scambio di debiti tra le banche e gli Stati presenta tanti pericoli quante opportunità. Lady Debt è una padrona volubile e severa.

Nel raccontare questa straordinaria storia in maniera sintetica, con i suoi alti e bassi, cercando di tracciare le connessioni tra lo sviluppo delle banche e della moneta bancaria, nonché di comprendere il rapporto tra le banche e il destino delle nazioni, sono stato influenzato e ispirato dalla mia esperienza di banchiere, dalle mie letture e dalle ricerche che ho effettuato negli archivi per anni, ma anche da alcuni grandi insegnanti.

Uno dei miei primi maestri fu Giovanni Sartori, il celebre politologo italiano. Un giorno, quando da giovane laureato mi perfezionavo da lui all'Università di Firenze, Sartori mi invitò ad andarlo a trovare a casa. Era noto per la lingua tagliente, ma per i suoi studenti era anche un maestro incredibile. Io non avevo idea di cosa aspettarmi, se una lavata di capo o una discussione su qualche aspetto teorico-concettuale dei sistemi democratici, uno degli argomenti preferiti. Appena arrivato mi fece accomodare e iniziò la conversazione. «Ho pensato,» disse Sartori «che forse lei non ha la personalità adatta per la carriera universitaria in Italia.» Per farmi entrare in un'università avrebbe dovuto trovarmi una posizione in un ateneo minore dove avrei fatto ricerca per qualche cattedratico prima di avere l'opportunità di dedicarmi al mio proprio lavoro. «Non credo che questo percorso faccia per lei» concluse. Difficile dargli torto. «Bene,» aggiunse infine «ho deciso che lei deve andare a Yale.»

E così mi spedì a Yale, dove ho studiato con intellettuali che hanno contribuito significativamente allo sviluppo delle scienze sociali: Doug Rae, Joe La Palombara, Ed Lindblom e il grande Robert Dahl.

Robert Dahl è stato uno dei padri della scienza politica contemporanea, un teorico della democrazia e dei rapporti di potere nei sistemi politici, autore di *A Preface to Democratic Theory* (1956) e di *Polyarchy: Participation and Opposition* (1971). Era un uomo straordinario, un autentico bramino bostoniano, brillante e affascinante. Noi studenti avevamo un soprannome per i professori come lui che dominavano le Università Ivy League: li chiamavamo *greyhounds* (cioè «levrieri»). Quando ero alla ricerca di un argomento su cui scrivere la mia tesi di dottorato, Dahl mi consigliò di parlare con un altro *greyhound*, James Tobin.

Allora Tobin era all'apice della carriera: Sterling Professor di economia, consulente del Tesoro degli Stati Uniti e della Federal Reserve, direttore della Cowles Foundation for Research in Economics all'Università di Yale. Parlai con Tobin, che mi diede una copia fotostatica di un suo articolo del 1963 intitolato *Commercial Banks as Creators of «Money»*.[1] Questo argomento, mi disse, avrebbe potuto rivelarsi interessante per una tesi di dottorato. Soprattutto: cosa significa questo per lo Stato e il sistema politico? Allora non avevo la minima idea di che cosa stesse parlando e scelsi un altro argomento. Non ho mai finito il dottorato; in realtà l'avevo appena iniziato quando lasciai l'università per l'industria prima, e la finanza poi, e non mi sono mai voltato indietro.

Oggi mi rendo conto che le idee di Sartori sull'importanza dei concetti e la necessità di precisione terminologica, le idee di Dahl su democrazia e potere, e le intuizioni di Tobin sulle banche che creano moneta, mi hanno aiutato a farmi un'idea delle relazioni tra le banche e lo Stato, e sull'importanza di sapere cosa intendiamo quando parliamo di «debito» e di «moneta». Questo libro è, forse, la tesi di dottorato che non ho scritto, più altri cinquant'anni di letture ed esperienze.

Letture che continuano. Recentemente mi sono imbattuto in Ralph George Hawtrey, uno dei cosiddetti Apostoli di Cambridge e intimo di John Maynard Keynes. Hawtrey, brillante matematico, lavorò al Tesoro inglese per tutta la vita. E scrisse. Nel 1919 pubblicò *Currency and Credit* che, secondo la recensione di Keynes su «The Economic Journal», «è uno dei più profondi e originali trattati sulla teoria della moneta usciti da molti anni a questa parte».[2] Keynes aveva ragione: è un libro splendido, originale, scritto in uno stile che si può solo sperare di riuscire a imitare. È sufficiente l'inizio per rendersene conto: «La moneta è uno di quei concetti che, come un cucchiaino o un ombrello, ma diversamente da un terremoto o un fiorellino, sono definiti dalla loro funzione e da l'uso che ne facciamo».[3] Se tutti i libri di finanza fossero scritti con la stessa elegante chiarezza! Hawtrey fa luce sulla funzione e sull'uso della moneta, «i mezzi, stabiliti dalla legge (o dai costumi), per il pagamento dei debiti», e nel suo testo ritorna ripetutamente sul ruolo della moneta usando ancora l'ombrello per spiegare cosa intende:

> Un fabbricante di ombrelli potrebbe pagare i salari indebitandosi con i suoi operai, ma perché i suoi operai possano *spendere* i salari, il debito deve essere messo su spalle diverse da quelle del fabbricante di ombrelli, perché egli può dare loro solo ombrelli.
> La soluzione di questa difficoltà sta nell'intervento di qualcuno che *traffica in debiti*. Il fabbricante di ombrelli può cedere a questo «trafficante di debiti» i debiti che gli sono dovuti per gli ombrelli che ha venduto, e in cambio il «negoziatore di debiti» può assumersi la responsabilità dei debiti del fabbricante di ombrelli nei confronti dei suoi operai. Se ogni creditore cedesse i propri diritti nei confronti dei suoi debitori al trafficante di debiti, la compensazione dei debiti reciproci sarebbe enormemente facilitata.
> Un trafficante di debiti o crediti è un *banchiere*. I debiti dell'intera comunità possono essere estinti mediante trasferimenti nei libri contabili del banchiere o mediante la consegna di documenti, come le banconote, che rappresentano le

> obbligazioni del banchiere. Finché i banchieri mantengono la propria solvibilità, le loro obbligazioni forniscono un mezzo perfettamente adeguato per l'estinzione dei debiti, perché un debito può essere cancellato da un altro debito esattamente come può essere estinto da un pagamento in denaro.

La complessa e intima relazione tra Stati e banche che ho cercato di descrivere in questo libro è delineata e riassunta in queste poche frasi di Hawtrey. Infatti, metaforicamente, che altro sono gli Stati se non fabbricanti di ombrelli? E che altro è un banchiere se non un trafficante di debiti, sempre alleato dei fabbricanti di ombrelli?

Moneta e promesse è senza dubbio la mia *apologia pro vita sua*. Ma anche il riconoscimento dei molti debiti verso tutti coloro con cui ho studiato e lavorato e che mi hanno aiutato a capire il continuo scambio di debiti tra banche e Stati. Non sono più un banchiere, ma sono sempre in debito – come tutti – come individuo e cittadino.

Note

Le traduzioni italiane di testi stranieri presenti nel libro sono tutte riviste dall'autore.

Lady Debt

1 REINHART, CARMEN M. – ROGOFF, KENNETH S., *Banking Crises: An Equal Opportunity Menace*, «National Bureau of Economics Research», nber.org, dicembre 2008 (consultabile all'indirizzo www.nber.org/papers/w14587).
2 DEFOE, DANIEL, *Robinson Crusoe*, Rizzoli, Milano 1976.
3 GRAEBER, DAVID, *Debt: the first 5.000 years*, Melville House, New York 2011 (trad. it. *Debito: i primi 5000 anni*, traduzione di L. Larcher e A. Prunetti, Il saggiatore, Milano 2012).

Capitolo secondo – Notizie da Rialto

1 MANN, THOMAS, *La morte a Venezia*, in *Romanzi brevi*, Mondadori, Milano 1977, p. 163.
2 Ivi, p. 168.
3 SHAKESPEARE, WILLIAM, *Il mercante di Venezia*, Atto III, scena I.
4 MALIPIERO, DOMENICO, *Annali Veneti dall'anno 1457-1500*, Vieusseux, Firenze 1843.
5 COTTON, ROBERT, *A Speech Touching the Alteration of*

Coin, in William Arthur Shaw (a cura di), *Select Tracts and Documents Illustrative of English Monetary History 1626-1730*, Wilsons and Milne, London 1896.

6 MANN, *La morte a Venezia*, cit., p. 154.

Capitolo terzo – I tally inglesi: promesse documentali

1 RUSKIN, JOHN, *Unto this Last*, John Wiley & Son, Londra 1866 (ed. it. *Fino all'ultimo: quattro saggi di socialismo cristiano*, Marcovalerio, Torino 2010).

2 Il 29 settembre.

Capitolo quarto – Monete in affitto: il banco buono è il banco che non paga

1 GALIANI, FERDINANDO, *Della moneta*, Laterza, Bari 1915, p. 272.

2 GUNN, PETER, *Naples, a Palimpsest*, Chapman and Hall, Londra 1961 (trad. it. *Napoli, un palinsesto*, Marotta, Napoli 1971).

3 NIETZSCHE, FRIEDRICH, *Al di là del bene e del male*, in *Opere di Friedrich Nietzsche*, vol. VI, tomo II, Adelphi, Milano 1972, p. 34.

4 GALIANI, *Della moneta*, cit., p. 272.

Capitolo quinto – L'empia arte del cambio: l'Ecu de Marc

1 TRILLING, LIONEL, *Art and Fortune*, «Partisan Review», dicembre 1948.

2 SKEAT, WALTER W., *An Etymological Dictionary of the English*, Clarendon Press, Oxford 1888.

3 Nota anche come «Fiera di Saint Jean».

4 DRELICHMAN, MAURICIO – VOTH, HANS-JOACHIM, *Lending to the Borrower from Hell: Debt, Taxes, and Default in*

the Age Of Philip II, Princeton University Press, Princeton-Oxford 2014.
5 Da qui il nome di *inland*.

Capitolo sesto – Sogni americani: e pluribus unum

1 AUDEN, WYSTAN H., *On the Circuit*, 1965.
2 KNIGHT, SARAH KEMBLE, *The Private Journal of a Journey from Boston to New York: in the Year 1704*, F.H. Little, Albany 1865.
3 Misura di capacità per cereali pari a 36,37 litri in Gran Bretagna e a 35,24 litri in America.

Capitolo settimo – La moneta bolscevica: creata dal capitalismo

1 LENIN, VLADIMIR I., *Opere complete*, vol. XXVI, Editori Riuniti, Roma 1966, p. 92 (edizione in lingua originale del 1917).
2 VOLKOGONOV, DIMITRY, *Lenin, a New Biography*, Free Press, New York 1994.
3 SERVICE, ROBERT, *Lenin: A Biography*, Macmillan, London 2000 (ed. it. *Lenin. L'uomo, il leader, il mito*, Mondadori, Milano 2001).
4 HILLIS, FAITH, *Utopia's Discontents. Russian Emigres and the Quest for Freedom, 1830s-1930s*, Oxford University Press, Oxford 2021.
5 MARX, KARL, *La guerra civile in Francia*, Editori Riuniti, Roma 1977, p. 23.
6 HILFERDING, RUDOLF, *Il capitale finanziario*, Mimesis, Milano 2011, p. 487.
7 TROTSKIJ, LEV, *Storia della rivoluzione russa*, 3 voll., F.lli Treves, Milano 1936-1938; Garzanti, Milano 1939, II ed. 1946-1947.
8 MARX, KARL, *Sulla questione ebraica*, Bompiani, Milano 2007, pp. 98-99.

9 MARX, KARL, *Manoscritti economico-filosofici del 1844*, Feltrinelli, Milano 2018, p. 129.
10 KRUPSKAYA, NADEZHDA, *Memories of Lenin*, Panther Books, Stafford 1970 (ed. it. KRUPSKAJA, NADEŽDA, *La mia vita con Lenin*, Editori Riuniti, Roma 1956).
11 In russo, *Novaja Ekonomičeskaja Politika*.
12 CARR, EDWARD H., *The Bolshevik Revolution 1917-1923*, Macmillan, London 1950 (ed. it. *La rivoluzione bolscevica 1917-1923*, Einaudi, Torino 1964).

In debito

1 TOBIN, JAMES, *Commercial Banks as Creators of «Money»*, in *Cowles Foundation Discussion Papers* n. 159, Yale University, New Haven 1963.
2 KEYNES, JOHN M., *Reviewed Work: Currency and Credit*, in «The Economic Journal», 30, 119, 1920, pp. 362-365.
3 HAWTREY, RALPH G., *Currency and Credit*, Longmans, Green & Co., London 1919.

Bibliografia

Capitolo primo – Promesse pisane

BALDASSARRI, MONICA, *Zecca e monete del Comune di Pisa. Dalle origini alla Seconda Repubblica*, 1, Felici Editori, Pisa 2010.

BALDUCCI PEGOLOTTI, FRANCESCO, *La pratica della mercatura*, The Medieval Academy of America, Cambridge (MA) 1936.

BATTISTONI, MARTA, *L'Opera del Duomo di Pisa: il patrimonio e la sua gestione nei secoli XII-XV*, Pacini Editore, Pisa 2013.

BAUTIER, ROBERT-HENRI, *Commerce méditerranéen et banquiers italiens au Moyen Âge*, Routledge, Abingdon-on-Thames 1992.

CIPOLLA, CARLO MARIA, *Studi di storia della moneta: i movimenti dei cambi in Italia dal secolo XIII al XV*, Università di Pavia, Pavia 1948.

CIPOLLA, CARLO MARIA, *Money, Prices, and Civilization in the Mediterranean World: Fifth to Seventeenth Century*, Gordian Press, New York 1967 (ed. it. *Moneta e civiltà mediterranea*, Neri Pozza, Vicenza 1957).

CIPOLLA, CARLO MARIA, *The Monetary Policy of Fourteenth Century Florence*, University of California Press, Berkeley (CA) 1982 (ed. it. *Il fiorino e il quattrino: la politica monetaria a Firenze nel Trecento*, il Mulino, Bologna 1982).

COTRUGLI, BENEDETTO, *The Book of the Art of Trade*, edited by Carlo Carraro and Giovanni Favero, Palgrave Macmillan, London 2017 (ed. it. *Il libro dell'arte di mercatura*, Guerini Next, Milano 2022).

DAL BORGO, FLAMINIO, *Raccolta di scelti diplomi pisani*, Pisa 1655.

DE ROOVER, RAYMOND, *The Medici Bank*, New York University Press, New York 1948.

DEVLIN, KEITH, *Finding Fibonacci: The Quest to Rediscover the Forgotten Mathematical Genius Who Changed the World*, Princeton University Press, Princeton (NJ) 2017.

FLANDREAU, MARC, *Le système monétaire international: 1400-2000*, in *La Casa di San Giorgio: il potere del credito*, Società ligure di storia patria, Genova 2004.

GINATEMPO, MARIA, *Prima del debito. Finanziamento della spesa pubblica e gestione del deficit nelle grandi città toscane*, Olschki, Firenze 2000.

GOETZMANN, WILLIAM N., *Fibonacci and the Financial Revolution*, in «NBER. National Bureau of Economic Research», working paper 10352, marzo 2004.

GOETZMANN, WILLIAM N., *Money Changes Everything: How Finance Made Civilization Possible*, Princeton University Press, Princeton (NJ) 2017.

HERLIHY, DAVID, *Pisa in the early Renaissance*, Yale University Press, New Haven (CT) 1958 (ed. it. *Pisa nel duecento*, Nistri-Lischi, Pisa 1973).

JENKINSON, CHARLES, conte di Liverpool, *A Treatise on the Coins of the Realm in a Letter to the King*, Oxford University Press, Oxford 1805.

KIYOTAKI, NOBUHIRO – MOORE, JOHN, *Evil Is the Root of All Money*, in «American Economic Review», 92, 2002.

LITTA, POMPEO, *Famiglie celebri italiane*, Luciano Basadonna, Milano 1866-1871.

LOPEZ, ROBERT – RAYMOND, IRVING, *Medieval Trade in the Mediterranean World*, Columbia University Press, New York 1955.

LOPEZ, ROBERT, *The Dawn of Modern Banking*, Yale University Press, New Haven (CT) 1979.

MAYHEW, NICHOLAS, *Money in England from the Middle Ages to the Nineteenth Century*, in Robartus J. van der Spek – Bas van Leeuwen (a cura di) *Money, Currency and Crisis. In*

Search of Trust, 2000 BC to AD 2000, Routledge, London and New York 2018.

MELIS, FEDERIGO, *Note di Storia della Banca pisana nel Trecento*, Società Storica Pisana, Pisa 1955.

O'BRIEN, GEORGE, *An Essay on Mediaeval Economic Teaching*, Longmans Green and Company, London 1920.

PAPA D'AMICO, LUCIO, *Titoli di credito di antichi mercanti italiani*, in «Annali del Credito della Previdenza», Tipografia Eredi Botta, Roma 1885.

PAYSON USHER, ABBOTT, *The Origins of Banking: The Primitive Bank of Deposit, 1200-1600*, in «Economic History Review», 4, 1934.

PISANO, RAFFAELE – BUSSOTTI, PAOLO, *Fibonacci and the Abacus Schools in Italy: Mathematical Conceptual Streams – Education and Its Changing Relationship with Society*, in «Almagest», novembre 2015.

REDISH, ANGELA, *Bimetallism: An Economic and Historical Analysis*, Cambridge University Press, Cambridge 2000.

RENOUARD, YVES, *Les hommes d'affaires italiens au Moyen Age*, A. Colin, Paris 1949 (ed. it. *Gli uomini d'affari italiani del Medioevo*, Rizzoli, Milano 1973).

RODOLICO, NICCOLÒ, *Il sistema monetario e le classi sociali nel Medioevo*, in «*Rivista italiana di sociologia*», 8, 1904.

ROSSI-SABATINI, GIUSEPPE, *L'espansione di Pisa nel Mediterraneo fino alla Meloria*, Sansoni, Firenze 1935.

SAPORI, ARMANDO, *La cultura del mercante medievale italiano*, in «*Rivista di Storia economica*», II, 1937.

SAPORI, ARMANDO, *Studi di storia economica medievale*, Sansoni, Firenze 1946.

SAPORI, ARMANDO, *Libro giallo della Compagnia dei Covoni*, Istituto editoriale Cisalpino, Milano 1970.

SARGENT, THOMAS J. – VELDE, FRANÇOIS R., *The Big Problem of Small Change*, Princeton University Press, Princeton (NJ) 2003.

SHAW, WILLIAM ARTHUR, *The History of Currency: 1252-1894*, Wilsons and Milne, London 1895.

SILVA, PIETRO, *Intorno all'industria e al commercio della lana in Pisa*, in «*Studi storici*», 14, 1910.
TANGHERONI, MARCO, *Politica, commercio e agricoltura a Pisa nel Trecento*, Edizioni Plus, Università di Pisa, Pisa 2002.
ULIVI, ELISABETTA, *Masters, Questions and Challenges in the Abacus Schools*, in «Archive for History of Exact Sciences», 69, 2015.
VANNI, FRANCA MARIA, *Pisa gloriosa: Le monete della zecca di Pisa*, CLD Libri, Pisa 2010.
VIOLANTE, CINZIO, *Economia, società, istituzioni a Pisa nel Medioevo*, Dedalo, Bari 1980.
VOLPE, GIOACCHINO, *Studi sulle istituzioni comunali a Pisa, Città e contado, consoli e podestà, secoli XII-XIII*, Sansoni, Firenze 1970.

Capitolo secondo – Notizie da Rialto

La maggior parte dei documenti originali sul Banco Giro si trovano oggi presso l'Archivio di Stato di Venezia (ASV). Si trovano in due diverse collezioni: *Senato, Delibere, Banco Giro* e *Senato, Delibere, Zecca*. Il registro dei primi sei mesi di attività del Banco è in *Senato, Delibere, Banco Giro*. Alcuni documenti si trovano anche presso la Fondazione Querini Stampalia di Venezia. Tra questi, l'elenco completo dei debiti, dei crediti e delle monete del Banco Giro per i primi dieci anni di attività.

BELTRAME, CARLO – MORIN, MARCO, *I cannoni di Venezia. Artiglierie della Serenissima da fortezze e relitti*, All'Insegna del Giglio, Firenze 2014.
BESTA, FABIO, *Bilanci pubblici generali della Repubblica di Venezia*, Visentini, Venezia 1912.
CANDIANI, GUIDO, *I vascelli della Serenissima. Guerra, politica e costruzioni navali a Venezia in età moderna, 1650-1720*, Istituto Veneto di Scienze, Lettere ed Arti, Venezia 2004.
CESSI, ROBERTO, *Il problema bancario a Venezia nel secolo XIV*,

in «Atti della R. Accademia delle Scienze di Torino», 52, 1916.

CESSI, ROBERTO, *Studi sulla moneta veneziana. La coniazione del ducato aureo*, in «Economia», 2, 1, 1924.

CHAMBERS, DAVID – PULLAN, BRIAN (a cura di), *Venice. A Documentary History, 1450-1630*, University of Toronto Press, Toronto 2004.

CIPOLLA, CARLO MARIA, *Guns and Sails in the Early phase of European Expansion 1400–1700*, Collins, London 1965.

COSTANTINI, GIROLAMO, *Delle monete in senso pratico, e morale. Ragionamento diviso in sette capitoli*, Simone Occhi, Venezia 1751.

COTTON, ROBERT, *A Speech Touching the Alteration of Coin*, in William Arthur Shaw (a cura di), *Select Tracts and Documents Illustrative of English Monetary History 1626–1730*, Wilsons and Milne, London 1896.

DE ROOVER, RAYMOND, *Cambium ad Venetias. Contribution to the History of Foreign Exchange*, in Id., *Business, Banking, and Economic Thought in Late Medieval and Early Modern Europe*, a cura di Julius Kirshner, University of Chicago Press, Chicago 1974.

DE ROOVER, RAYMOND, *New Interpretation of the History of Banking*, in Id., *Business, Banking, and Economic Thought in Late Medieval and Early Modern Europe*, cit.

DUNBAR, CHARLES, *The Bank of Venice*, in «The Quarterly Journal of Economics», VI, aprile 1892.

EINAUDI, LUIGI, *Teoria della moneta immaginaria da Carlo Magno alla Rivoluzione francese*, in «Rivista di storia economica», 1, 1936.

EINAUDI, LUIGI, *The Medieval Practice of Managed Currencies*, in Arthur David Gayer (a cura di), *The Lessons of Monetary Experience. Essays in Honour of Irving Fisher*, Farrar & Rinehart, New York 1937.

ERRERA, ALBERTO, *Storia dell'economia politica negli stati della Repubblica Veneta*, Antonelli, Venezia 1877.

FERRARA, FRANCESCO – LAMPERTICO, FRANCESCO, *Gli antichi*

banchi di Venezia. Il credito, Fondazione culturale Lauro Chiazzese della Cassa di Risparmio, Palermo 1970.

GOETZMANN, WILLIAM N., *Money Changes Everything: How Finance Made Civilization Possible*, Princeton University Press, Princeton (NJ) 2017.

INCLIMONA, ETTORE, *Le origini del Banco Giro*, in «Giornale degli economisti», 46, febbraio 1913.

LANE, FREDERIC, *Venice and History*, Johns Hopkins University Press, Baltimore (MD) 1966.

LANE, FREDERIC – MUELLER, REINHOLD C., *Money and Banking in Medieval and Renaissance Venice*, Johns Hopkins University Press, Baltimore (MD) 2020.

LATTES, ELIA, *La Libertà delle Banche a Venezia dal secolo XIII al XVII secondo i documenti inediti del R. Archivio dei Frari*, Valentiner e Mues, Milano 1869.

LONDONIO, C.G., *Dei banchi pubblici e privati*, in «Giornale dell'I.R. Istituto Lombardo di scienze, lettere ed arti», 1843.

LUZZATTO, GINO, *L'oro e l'argento nello politica monetaria veneziana dei secoli XIII e XIV*, in «Rivista storica italiana», 54, 1937.

LUZZATTO, GINO, *Studi di storia economica veneziana*, Cedam, Padova 1954.

MALIPIERO, DOMENICO, *Annali Veneti dall'anno 1457-1500*, Vieusseux, Firenze 1843.

MANDICH, GIULIO, *Formule monetarie veneziane del periodo 1619-1650*, in *Studi in onore di Armando Saponi*, Istituto editoriale Cisalpino, Milano 1957.

MARANINI, GIUSEPPE, *La costituzione di Venezia: dalle origini alla serrata del Maggior Consiglio*, La Nuova Italia, Firenze 1927.

MORRIS, JAN, *The World of Venice*, Harcourt Brace, San Diego (CA) 1993.

MUELLER, REINHOLD C., *Bank Money in Venice, to the Mid-Fifteenth Century*, in Vera Barbagli Bagnoli (a cura di), *La moneta nell'economia europea. Secoli XIII-XVIII*, Le Monnier, Firenze 1981.

PEZZOLO, LUCIANO, *Il fisco dei veneziani. Finanza pubblica ed economia tra XV e XVII secolo*, Cierre Edizioni, Verona 2003.

PEZZOLO, LUCIANO, *Bonds and Government Debts in Italian City States, 1250-1650*, in William N. Goetzmann – K. Geert Rouwenhorst (a cura di), *The Origins of Value. The Financial Innovations that Created Modern Capital Markets*, Oxford University Press, Oxford 2005.

PIERGIOVANNI, VITO (a cura di), *The Growth of the Bank as an Institution and the Development of Money-Business Law*, in *Comparative Studies in Continental and Anglo-American Legal History*, vol. 12, Dunckler and Humblot, Berlin 1993.

RICHARDS, JOHN (a cura di), *Precious Metals in the Later Medieval and Early Modern Worlds*, Carolina Academic Press, Durham (NC) 1983.

SORESINA, AMADEO, *Il Banco Giro di Venezia*, Fratelli Visentini, Venezia 1889.

STAHL, ALAN M., *Zecca. La Zecca di Venezia nell'età medioevale*, Il veltro, Roma 2008.

TUCCI, UGO, *Il Banco della Piazza di Rialto, prima banca pubblica veneziana*, in Id., *Mercanti, navi, monete nel Cinquecento veneziano*, il Mulino, Bologna 1981.

TUCCI, UGO, *Convertibilità e copertura metallica della moneta del Banco Giro veneziano*, in *Credito, banche e investimenti. Secoli XIII–XX*, Le Monnier, Firenze 1981.

USHER, ABBOTT PAYSON, *The Early History of Deposit Banking in Mediterranean Europe*, in «*Harvard Economic Studies*», 75, 1943.

Capitolo terzo – I tally inglesi: promesse documentali

Pochi dei tally emessi dallo Scacchiere sopravvivono. Trentanove tally, che vanno dal completo al frammentario, si trovano nei caveau della Banca d'Inghilterra. Alcuni di essi sono legati al primo scambio tra la Banca d'Inghilterra e lo Scacchiere nel luglio-agosto 1694. Questi tally furono esaminati da D.L. Evans prima del 1950. Il primo scambio fu registrato a pagina 1 del *General Cash Book*, 17 luglio 1694-17 gennaio 1695, Adm. 42/2.

ASHTON, ROBERT, *The Crown and the Money Market*, The Clarendon Press, Oxford 1960.

CARRUTHERS, BRUCE, *City of Capital. Politics and Markets in the English Financial Revolution*, Princeton University Press, Princeton (NJ) 1996.

CHANDAMAN, C.D., *The English Public Revenue, 1660-1688*, Oxford University Press, Oxford 1975.

CLAPHAM, JOHN, *The Bank of England. A History*, vol. 1, Cambridge University Press, Cambridge 1970.

DEININGER, WILLIAM, *Calculating Values*, Harvard University Press, Cambridge (MA) 2018.

DESAN, CHRISTINE, *Making Money: Coin, Currency, and the Coming of Capitalism*, Oxford University Press, Oxford 2014.

DICKSON, P.G.M., *The Financial Revolution in England: A Study in the Development of Public Credit, 1688-1756*, Macmillan, London 1967.

FEAVEARYEAR, ALBERT EDGAR, *The Pound Sterling. A History of English Money*, Clarendon Press, Oxford 1963.

FRYDE, EDMUND B., *Materials for the study of Edward III's credit operations, 1327-1348*, in «Bulletin of the Institute of Historical Research», XXIII, 67, 1950.

FRYDE, EDMUND B., *William de la Poole. Merchant and King's Banker (d.1366)*, Hambledon Continuum, London 1988.

GIUSEPPI, JOHN, *The Bank of England. A History from Its Foundation in 1694*, H. Regnery Company, Chicago 1966.

GODFREY, MICHAEL – PATERSON, WILLIAM, *A Brief Account of the Intended Bank of England*, Randal Taylor, London 1694.

GRAY, JOHN, *The Social System. A Treatise on the Principle of Exchange*, William Tait, Edinburgh 1831.

HARGREAVES, ERIC L., *The National Debt*, Frank Cass & Co. Ltd., London 1966.

KEITH HORSEFIELD, J., *British Monetary Experiments 1650-1710*, Garland, New York 1983.

JENKINSON, HILARY, *Exchequer Tallies*, in «Archaeologia, or Miscellaneous Tracts relating to Antiquity», 62, 1911.

JENKINSON, HILARY, *Medieval Tallies, Public and Private*, in «Archaeologia, or Miscellaneous Tracts relating to Antiquity», 75, 1925.

KING, MERVYN, *The End of Alchemy. Money, Banking and the Future of the Global Economy*, Little, Brown Book Group, Boston 2016 (ed. it. *La fine dell'alchimia. Il futuro dell'economia globale*, il Saggaitore, Milano 2017).

KLEER, RICHARD, *Money, Politics and Power. Banking and Public Finance in Wartime England, 1694-96*, Routledge, London 2017.

LAW, JOHN, *Money and Trade Considered. With a Proposal for Supplying the Nation with Money*, R&A Foulis, Glasgow 1750.

LEVENSON, THOMAS, *Money for Nothing*, Random House, New York 2020.

MILEVSKY, MOSHE A., *King William's Tontine. Why the Retirement Annuity of the Future Should Resemble its Past*, Cambridge University Press, Cambridge 2015.

MOORE, TONY, *«Score it upon my Taille». The Use (and Abuse) of Tallies by the Medieval Exchequer*, in «Reading Medieval Studies», 39, 2013.

MURPHY, ANNE, *The Origins of English Financial Markets: Investment and Speculation before the South Sea Bubble*, Cambridge University Press, Cambridge 2009.

NICHOLSON, COLIN, *Writing and the Rise of Finance: Capital Satires of the Early Eighteenth Century*, Cambridge University Press, New York 1994.

POWELL, ELLIS T., *The Evolution of the Money Market. 1385-1915*, Frank Cass, London 1966.

RICHARDS, RICHARD D., *The Early History of Banking in England*, P.S. King & Son, London 1929.

ROGERS, THOROLD, *The First Nine Years of the Bank of England*, P.S. King Publisher, London 1885.

SAYERS, RICHARD S., *Modern Banking*, Clarendon Press, Oxford 1964 (ed. it. *L'attivita bancaria moderna*, Cassa di Risparmio, Milano 1971).

STASAVAGE, DAVID, *Public Debt and the Birth of the Democratic State*, Cambridge University Press, Cambridge 1970.
ROGERS, JAMES STEVENS, *The Early History of the Law of Bills and Notes*, Cambridge University Press, Cambridge 1995.
TEMIN, PETER – VOTH, HANS-JOACHIM, *Prometheus Shackled. Goldsmith Banks and England's Financial Revolution after 1700*, Oxford University Press, Oxford 2013.
VON PHILIPPOVICH, EUGEN, *History of the Bank of England and its Financial Services to the State*, US National Monetary Commission, Washington 1911.
WENNERLIND, CARL, *Casualties of Credit, The English Financial Revolution, 1620-1720*, Harvard University Press, Cambridge (MA) 2011.
WILLARD, JAMES F., *An Early Exchequer Tally*, in «Bulletin of the John Rylands Library», 7, 2, 1923.

Capitolo quarto – Monete in affitto: il banco buono è il banco che non paga

Tra il Cinquecento e il Settecento gli enti bancari di Napoli erano sette. Lentamente si fusero; poi, nel 1808, sotto il dominio napoleonico, furono unificati in uno solo, il Banco di Napoli, che oggi fa parte di Intesa Sanpaolo, la più grande banca commerciale italiana. Anche gli archivi degli enti furono riuniti in un unico archivio. Questi archivi sono unici perché unico è stato il denaro «creato» dalle banche di beneficenza: il pegno, che poi circolava. Ogni volta che il pegno passava di mano, il cambiamento del creditore bancario veniva annotato nei registri. Una volta restituiti i pegni alla banca dal creditore ed estinto il debito bancario, gli stessi venivano archiviati. I registri e i pegni ci permettono di ricomporre la maggior parte delle attività della banca. Mi sono affidato ai registri di quattro dei sette enti di beneficenza bancaria: Banco della Pietà, Banco dei Poveri, Banco di San Eligio, Banco di San Giacomo.

AVALLONE, PAOLA, *Prestare ai poveri. Il credito su pegno e i Monti di Pietà in area Mediterranea (secoli XV-XIX)*, Scienze e Lettere, Roma 2007.

AVALLONE, PAOLA – SALVEMINI, RAFFAELLA, *Between Charity and Credit: The Evolution of the Neapolitan Banking System (Sixteenth–Seventeenth Century)*, in Lilia Costabile – Larry Neal (a cura di), *Financial Innovation and Resilience*, Palgrave Macmillan, London 2018).

BALLETTA, FRANCESCO, *La circolazione della moneta fiduciaria a Napoli nel Seicento e nel Settecento, 1587-1805*, Edizioni Scientifiche Italiane, Napoli 2009.

BALLETTA, FRANCESCO – BALLETTA, LUIGI – NAPPI, EDUARDO, *The Investments of the Neapolitan Public Banks. A Long Run View (1587–1806)*, in Lilia Costabile – Larry Neal (a cura di), *Financial Innovation and Resilience*, cit.

BIANCHINI, LODOVICO, *Della storia delle finanze del Regno di Napoli*, Stamperia Reale, Napoli 1859.

CALABRIA, ANTONIO, *The Cost of Empire. The Finances of the Kingdom of Naples in the Time of Spanish Rule*, Cambridge University Press, Cambridge 1991.

CALAPIETRA, RAFFAELE, *Problemi monetari negli scrittori napoletani del Seicento*, Accademia Nazionale dei Lincei, Roma 1973.

CONIGLIO, GIUSEPPE, *Declino del Viceregno di Napoli (1599-1689)*, Giannini Editore, Napoli 1991.

COSTABILE, LILIA – NEAL, LARRY (a cura di), *Financial Innovation and Resilience: A Comparative Perspective on the Public Banks of Naples (1462-1808)*, Palgrave Macmillan, London 2018.

DEMARCO, DOMENICO – NAPPI, EDUARDO, *Nuovi documenti sulle origini e sui titoli del Banco di Napoli*, in «Revue Internationale d'Histoire de la Banque», 31, 1987.

DE SIMONE, ROCCO LUIGI, *La fede di credito*, Borrelli, Napoli 1922.

DE STEFANO, MARIO, *Banchi e vicende monetarie nel Regno di Napoli. 1600-1625*, Il Tirreno, Livorno 1940.

FILANGIERI, RICCARDO, *I Banchi di Napoli dalle origini alla costituzione del Banco delle Due Sicilie (1539-1808)*, Tipografia degli Artigianelli, Napoli 1940.

GALIANI, FERDINANDO, *Della moneta*, Raimondi, Napoli 1751.

GIARRANI, GIUSEPPE, *Il carattere bancario e l'evoluzione strutturale dei primigenii monti di pietà: riflessi della tecnica bancaria antica su quella moderna*, Giuffrè, Milano 1957.

MASTROFINI, MARCO, *Le usure*, Vincenzo Poggioli, Roma 1831.

MUZZARELLI, MARIA GIUSEPPINA – CARBONI, MAURO (a cura di), *I conti dei Monti. Teoria e pratica amministrativa nei Monti di pietà fra Medioevo ed Età Moderna*, Marsilio, Venezia 2008.

ROCCO, MICHELE, *De' Banchi di Napoli e della loro ragione*, F.lli Raimondi, Napoli 1785.

SANTARELLI, UMBERTO, *«Maxima fuit Florentiae altercatio»: l'usura e i «Montes»*, in *Banchi pubblici, banchi privati e monti di pietà nell'Europa preindustriale. Amministrazione, tecniche operative e ruoli economici*, Società ligure di storia patria, Genova 1990.

SERAO, MATILDE, *Il ventre di Napoli*, Treves, Milano 1884.

SPEAR, RICHARD – SOHM, PHILIP, *Painting for Profit: The Economic Lives of Seventeenth-Century Italian Painters*, Yale University Press, New Haven (CT) 2010.

TORTORA, EUGENIO, *Raccolta di documenti storici, statistici, leggi e regole concernenti il Banco di Napoli*, Francesco Giannini, Napoli 1882.

TORTORA, EUGENIO, *Nuovi documenti per la storia del Banco di Napoli*, A. Bellisario, Napoli 1890.

TURBOLO, GIOVANNI DONATO, *Discorso sopra le monete del Regno di Napoli*, s.e., Napoli 1629.

VELDE, FRANÇOIS R., *Neapolitan Banks in the Context of Early Modern Public Banks*, in Lilia Costabile – Larry Neal (a cura di), *Financial Innovation and Resilience*, cit.

Capitolo quinto – L'empia arte del cambio: l'Ecu de Marc

BISSCHOP, WILLEM R., *The Rise of the London Money Market*, Routledge, London 1910.

BOYER-XAMBEU, MARIE-THÉRÈSE – DELEPLACE, GHISLAIN – GILLARD, LUCIEN, *Private Money and Public Currencies: The Sixteenth Century Challenge*, M.E. Sharpe, New York 1994 (ed. it. *Banchieri e principi: moneta e credito nell'Europa del Cinquecento*, Einaudi, Torino 1991).

CANNAN, EDWIN, *The Paper Pound of 1797-1821. A reprint of the Bullion Report*, P.S. King & Son, London 1925.

CHILOSI, DAVID – VOLCKART, OLIVER, *Good or Bad Money? Debasement, Society and the State in the Late Middle Ages*, London School of Economics, London 2010.

CONYERS, READ, *Queen Elizabeth's Seizure of the Duke of Alva's Pay-Ships*, in «The Journal of Modern History», 5, 4, 1933.

CUNEO, CARLO, *Memorie sopra l'antico Debito Pubblico, mutui, compere e banca di S. Giorgio in Genova*, Stamperia dei Sordi Muti, Genova 1842.

DU PUY DE LA SERRA, JACQUES, *Trattato delle lettere di cambio delle più celebri piazze d'Europa*, SAR, Firenze 1718.

DANG, TRI VI – GORTON, GARY – HOLMSTRÖM, BENGT, *Ignorance, Debt and Financial Crises*, working paper, 2020.

DA SILVA, JOSÉ GENTIL, *Marchandises et finances: Lettres de Lisbonne, 1563-1578*, SEVPEN, Paris 1961.

DA SILVA, JOSÉ GENTIL, *Banque et crédit en Italie au XVIIe siècle*, Klincksieck, Paris 1969.

DAVANZATI, BERNARDO, *Notizia de Cambi, Scisma d'Inghilterra con altre Operette del Sig. Bernardo Davanzati*, Nuova stamperia del Maffi e Landi, Firenze 1638.

DE ROOVER, RAYMOND, *Gresham on Foreign Exchange*, Harvard University Press, Cambridge (MA) 1949.

DE ROOVER, RAYMOND, *L'évolution de la lettre de change. XIVe-XVIIIe siècles*, Armand Colin, Paris 1953.

DE ROOVER, RAYMOND, *Cambium ad Venetias: Contribution to the History of Foreign Exchange*, in Id., *Business, Banking, and Economic Thought in Late Medieval and Early Modern Europe*, a cura di Julius Kirshner, University of Chicago Press, Chicago 1974.

GLASSMAN, DEBRA – REDISH, ANGELA, *Currency Depreciation in Early Modern England and France*, in «Explorations in Economic History», 25, 1, 1988.

GORTON, GARY, *Private Money Production Without Banks*, in «NBER Working Paper Series», working paper 26663, 2020.

HARRIS, ROBIN, *Dubrovnik: A History*, Saqi Books, London 2006 (ed. it. *Storia e vita di Ragusa-Dubrovnik, la piccola Repubblica adriatica*, Santi Quaranta, Treviso 2008).

HAWTREY, RALPH GEORGE, *Bretton Woods. For Better or Worse*, Longmans, London 1946.

IACONO, GIUSEPPE – FURONE, SALVATORE ENNIO, *Les marchands banquiers florentins et l'architecture à Lyon au XVIe siècle*, Publisud, Paris 1999.

JENKINSON, CHARLES, conte di Liverpool, *A Treatise on the Coins of the Realm in a Letter to the King*, Oxford University Press, Oxford 1805.

KELLY, PATRICK, *The Universal Cambist, and Commercial Instructor*, Lackington, Allen and Co., London 1811.

KINDLEBERGER, CHARLES, *Spenders and Hoarders. The World Distribution of Spanish American Silver 1550-1750*, Institute of Southeast Asian Studies, Singapore 1989.

LAPEYRE, HENRI, *Simón Ruiz et les «asientos» de Philippe II*, Armand Colin, Paris 1953.

LAPEYRE, HENRI, *Simón Ruiz en Medina del Campo. 1525-1597*, Cámara de Comercio e Industria de Valladolid, Valladolid 1971.

LIXALDIUS, FRANCISCUS, *Le register*, Kiessling, Brussels 1902.

MANDICH, GIULIO, *Le pacte de Ricorsa et la marché italien des changes au XVIIe siècle*, Editions de l'École des Hautes Études en Sciences Sociales, Paris 1953.

MARSILIO, CLAUDIO, *Exchange Fairs and the Money Market in Early Modern Italy (1630-1650)*, Città del silenzio, Genova 2018.

MATRINGE, NADIA, *La Banque en Renaissance. Les Salviati et la place de Lyon. Au milieu du XVIe siècle*, Presses Universitaires De Rennes, Rennes 2016.

MELIS, FEDERIGO, *Uno spiraglio di luce sul finanziamento del primo viaggio di Giovanni da Verrazzano*, in *Giornate commemorative. Greve in Chianti: 21-22 ottobre 1961*, Olschki, Firenze 1970.

MOSHENSKYI, SERGII, *History of the Weksel*, Xlibris, Bloomington 2008.

MOSHER STUARD, SUSAN, *A State of Deference. Ragusa-Dubrovnik in the Medieval Centuries*, Penn State University Press, University Park, Pennsylvania (PA) 1992.

MULDREW, CRAIG – KING, STEVEN, *Cash, Wages, and the Economy of Makeshifts in England, 1650-1800*, Palgrave Macmillan, London 2018.

NISHIMURA, SHIZUYA, *The Decline of Inland Bills of Exchange in the London Money Market 1855-1913*, Cambridge University Press, Cambridge 1971.

NOARO, GIUSEPPE CANDIDO, *La teoria dei cambi esteri di Bernardo Davanzati*, L'italiana, Roma 1920.

PARKER, GEOFFREY, *The Army of Flanders and the Spanish Road 1567-1659: The Logistics of Spanish Victory and Defeat in the Low Countries' Wars*, Cambridge University Press, Cambridge 1975.

PÉREZ PASTOR, CRISTÓBAL, *La Imprenta en Medina del Campo*, Sucesores de Rivadeneyra, Madrid 1895.

PERI, GIOVAN DOMENICO, *Il Negotiante*, Giacomo Herz, Venezia 1682.

ROGERS, JAMES STEVEN, *The Early History of the Law of Bills and Notes: A Study of the Origins of Anglo-American Commercial Law*, Cambridge University Press, Cambridge 1995.

SCACCIA, SIGISMONDO, *Tractatus de commerciis, et cambio*, Jacopo Mascardi per Andrea Brugiotti, Roma 1619.

SHAW, WILLIAM ARTHUR, *The History of Currency, 1252-1894*, Wilsons & Milne, London 1895.

SIEVEKING, HEINRICH, *Studio sulle finanze Genovesi nel*

Medioevo e in particolare sulla casa di S. Giorgio, Atti della Società ligure di storia patria, Genova 1907.

SMAIL, JOHN, *Merchants, Markets and Manufacture*, Palgrave Macmillan, London 1999.

THORNTON, HENRY, *An Enquiry into the Nature and Effects of the Paper Credit of Great Britain*, George Allen & Unwin Ltd, London 1802.

TOGNETTI, SERGIO, *I gondi di Lione. Una banca d'affari fiorentina nella Francia del primo Cinquecento*, Olschki, Firenze 2013.

TOOKE, THOMAS – NEWMARCH, WILLIAM, *A History of Prices and of the State of Circulation from 1793 to 1837*, Longman, London 1838.

TRIVELLATO, FRANCESCA, *The Promise and Perils of Credit. What a Forgotten Legend about Jews and Finance Tells Us about the Making of European Commercial Society*, Princeton University Press, Princeton (NJ) 2019.

TUFTE, ED, *Seeing with Fresh Eyes: Meaning, Space, Data, Truth*, Graphics Press, Cheshire (CT) 2020.

WEBER, MAX, *Economy and Society,* University of California Press, Berkeley (CA) 1978 (ed. it. *Economia e società. L'economia, gli ordinamenti e i poteri sociali*, a cura di Massimo Palma, Donzelli, Roma 2019).

XU, JIN, *Empire of Silver: A New Monetary History of China*, Yale University Press, New Haven (CT) 2017.

Capitolo sesto – Sogni americani: e pluribus unum

Gli archivi della Banca del Nordamerica sono ora presso la Historical Society of Pennsylvania a Philadelphia. Purtroppo rimangono pochi documenti relativi al primo anno di attività: alcuni diari, alcuni libri mastri e un'analisi dello stato della banca per i primi tre mesi dalla fondazione. Questi offrono una (piccola) finestra sui rapporti tra il Congresso continentale e la banca.

La maggior parte dei documenti su Robert Morris come sovrintendente delle Finanze provengono da *The Papers of Robert Morris*, a cura di James Ferguson, John Catanzariti, Elisabeth Nuxoll, Mary Gallagher, pubblicato dalla University of Pittsburgh Press.

ANDERSON, WILLIAM, *The Price of Liberty. The Public Debt of the American Revolution*, University of Virginia Press, Charlottesville (VA) 1983.

ARROYO BAYLEY, RAFAEL, *The National Loans of the United States, from July 4, 1776, to June 30, 1880*, US Department of the Treasury Government Printing Office, Washington (DC) 1882.

BAXTER, WILLIAM, *The House of Hancock: Business in Boston, 1724-1775*, Harvard University Press, Cambridge 1945.

BUTLER, JOHN P., *Index of Papers of Continental Congress*, National Archives and Records Service, Washington (DC) 1978.

CAROTHERS, NEIL, *Fractional Money. A History of the Small Coins and Fractional Paper Currency of the United States*, Bowers & Merena Galleries, New York 1990.

CARSTENS, ROBERT H. – FLESHER, DALE L., *Accounts of the Commissioners of the Continental Congress*, in «Accounting Historians Notebook», 10, 1, 1987.

DE KNIGHT, WILLIAM F., *History of the Currency of The Country and of the Loans of the United States, from the Earliest Period to June 30, 1900*, US Department of the Treasury Government Printing Office, Washington (DC) 1900.

DEL MAR, ALEXANDER, *The History of Money in America: From the Earliest Times to the Establishment of the Constitution*, Cambridge Encyclopedia Company, New York 1900.

DOWNING, NED W., *Transatlantic Paper and the Emergence of the American Capital Market*, in William Goetzmann – Geert Rouwenhorst (a cura di), *The Origins of Value. The Financial Innovations that Created Modern Capital Markets*, Oxford University Press, Oxford 2005.

DOWNING, NED W., *The Revolutionary Beginning of the Ame-*

rican Stock Market, Museum of American Finance, New York 2010.

FELT, JOSEPH, *An Historical Account of Massachusetts Currency*, Perkins and Marvin, Boston 1839.

FERGUSON, JAMES, *The Power of the Purse: A History of American Public Finance, 1776-1790*, University of North Carolina Press, Chapel Hill 1968.

FERGUSON, JAMES – CATANZARITI, JOHN – NUXOLL, ELISABETH – GALLAGHER, MARY, *The Papers of Robert Morris*, vol. 1, University of Pittsburgh Press, Pittsburgh 1973-1999.

FOULKE, ROY A., *The Sinews of American Commerce*, Dun & Bradstreet, New York 1941.

GOETZMANN, WILLIAM – ROUWENHORST, GEERT (a cura di), *The Origins of Value. The Financial Innovations that Created* Modern Capital Markets, Oxford University Press, Oxford 2005.

GOLDBERG, DROR, *Why Did Massachusetts Invent Modern Currency?*, working paper, Texas A&M University, 2007.

GOUGE, WILLIAM M., *A Short History of Paper-Money and Banking in the United States*, Augustus M. Kelley, New York 1833.

HOLDT CARROLL, CHARLES, *Organization of Debt into Currency*, Van Nostrand Reinhold, New York 1964.

«Journal of Continental Congress», resoconti dei lavori quotidiani del Congresso, Library of Congress, 1774-1789.

KNIGHT, SARAH KEMBLE, *The Private Journal of a Journey from Boston to New York: in the Year 1704*, F.H. Little, Albany 1865.

KIRSCH, MICHAEL ANTHONY, *The Challenge of Credit Supply: American Problems and Solutions, 1650-1950*, Vernon Press, Wilmington (DE) 2015.

LEWIS, LAWRENCE, *History of the Bank of North America, The First Bank Chartered in the United States*, T.B. Lippincott & co., Philadelphia 1882.

LÜTHY, HERBERT, *La Banque protestante de la révocation de l'édit de Nantes à la Révolution*, SEVPEN, Paris 1959 e 1961.

MADSON, CATHY, *The Economy of Early America. Historical*

Perspectives and New Directions, Penn State University Press, University Park, Pennsylvania (PA), 2011.

McFarland Davis, Andrew, *Currency and Banking in the Province of the Massachusetts-Bay*, The Macmillan Co., New York 1900.

McFarland Davis, Andrew (a cura di), *Colonial Currency Reprints, 1682-1751*, John Wilson and Son, Boston 1910.

Morris, Anne Cary (a cura di), *The Diary and Letters of Gouverneur Morris*, Charles Scribner's Sons, New York 1888.

Nettles, Curtis, *The Money Supply of the American Colonies Before 1720*, University of Wisconsin, Madison 1934.

Perkins, Edwin J., *American Public Finance and Financial Services, 1700-1815*, Ohio State University Press, Columbus (OH) 1994.

Rappaport, George David, *Stability and Change in Revolutionary Pennsylvania. Banking, Politics, and Social Structure*, Penn State University Press, University Park, Pennsylvania (PA) 1996.

Schaeper, Thomas, *France and America in the Revolutionary Era*, Berghahn Books, New York-Oxford 1995.

Sparks, Jared, *The Life of Governor Morris. With a Selection from His Correspondence and Miscellaneous Papers*, Gray & Bowen, Boston (MA) 1832.

The Papers of Benjamin Franklin, Yale University, New Haven (CT) 1954-in corso.

Capitolo settimo – La moneta bolscevica: creata dal capitalismo

Arnold, Arthur, *Banks, Credit and Money in Soviet Russia*, Columbia University Press, New York 1937.

Axelrod, Alexandre, *L'oeuvre économique des Soviets*, J. Povolozky, Paris 1920.

Ball, Alan, *Russia's Last Capitalists. The Nepmen, 1921-1929*, University of California Press, Berkeley (CA) 1990.

Banerji, Arup, *Merchants and Markets in Revolutionary Russia, 1917-30*, Palgrave Macmillan, London 1997.

BUKHARIN, NIKOLAĬ IVANOVICH, *Economics of the Transformation Period*, Bergman, New York 1971 (ed. it. BUCHARIN, NIKOLAJ IVANOVIČ, *Economia del periodo di transizione* [1920], Jaca Book, Milano 1987).

BUKHARIN, NIKOLAĬ IVANOVICH – PREOBRAZHENSKY, EVGENII A., *The ABC of Communism*, The Communist Party of Great Britain, London 1922 [reprint by Merlin Press, London, 2007] [ed. it. BUCHARIN, NIKOLAJ IVANOVIČ – PREOBRAŽENSKIJ, EVGENIJ ALEKSEEVIČ, *ABC del comunismo: sviluppo e decadenza del capitalismo* [1919], Samonà e Savelli, Roma 1971 (riproduzione in facsimile dell'edizione Prometeo, Milano 1948)].

COLOMBINO, EMILIO, *Tre mesi nella Russia dei Soviet: relazione di E. Colombino ai metallurgici d'Italia*, Società Editrice Avanti, Milano 1921.

DAVIES, ROBERT W., *The Development of the Soviet Budgetary System*, Cambridge University Press, Cambridge 1958.

GARVY, GEORGE, *Money, Financial Flows, and Credit in the Soviet Union*, Ballinger Publishing Company, Cambridge (MA) 1977.

GATRALL, JEFFERSON J.A. – GREENFIELD, DOUGLAS, *Alter Icons. The Russian Icon and Modernity*, Penn State University Press, University Park, Pennsylvania (PA) 2010.

GOODE, WILLIAM THOMAS, *Bolshevism at Work*, Allen & Unwin, London 1920 (ed. it. *Il bolscevismo all'opera*, Società Editrice Avanti, Milano 1920).

GORINOV, MIKHAIL M. (a cura di), *The Preobrazhensky Papers. Archival Documents and Materials Revolution*, vol. I: 1886-1920, Hay Haymarket Books, Chicago 2014.

GOT'E, IURII VLADIMIROVICH, *Time of Troubles*, Princeton University Press, Princeton (NJ) 1988.

HESSLER, JULIE, *A Social History of Soviet Trade*, Princeton University Press, Princeton (NJ) 2004.

HILFERDING, RUDOLF, *Finanzkapital*, Routledge, London 2006 (ed. it. *Il capitale finanziario* [1923], introduzione di Emiliano Brancaccio e Luigi Cavallaro, Mimesis, Milano 2011).

HUBBARD, LEONARD E., *Soviet Money and Finance*, Macmillan, London 1936.

KATZENELLENBAUM, S.S., *Russian Currency and Banking, 1914-1924*, P.S. King & Son Ltd, London 1925.

KHODJAKOV, MIKHAIL V., *Money of the Russian revolution: 1917-1920*, Cambridge Scholars Publishing, Newcastle upon Tyne 2014.

KRUPSKAYA, NADEZHDA, *Memories of Lenin*, Panther Books, Stafford 1970 (ed. it. KRUPSKAJA, NADEŽDA, *La mia vita con Lenin*, Editori Riuniti, Roma 1956).

LA BRY, RAUL, *L'industrie russe et la révolution*, Payot, Paris 1919.

LEMAIRE, GUSTAVE, *Le système bancaire de la Russie soviétique*, Arthur Rousseau, Paris 1929.

LENIN, VLADIMIR, *Imperialism, The Highest Stage of Capitalism*, Pluto Press, London 1996 (ed. it. *L'Imperialismo, fase suprema del capitalismo* [1917], in Id., *Opere*, vol. 22, Editori Riuniti, Roma 1966).

LENIN, VLADIMIR, *The Development of Capitalism in Russia*, University Press of the Pacific, Honolulu 2004 (ed. it. *Lo sviluppo del capitalismo in Russia* [1899], in Id., *Opere*, vol. 3, Editori Riuniti, Roma 1956).

LIH, LARS T., *Bread and Authority in Russia, 1914-1921*, University of California Press, Oakland (CA) 1990.

MALLE, SILVANA, *The Economic Organization of War Communism 1918-1921*, Cambridge University Press, Cambridge 1985.

MARX, KARL, *A Contribution to the Critique of Political Economy*, C.H. Kerr, Chicago 1904 (ed. it. *Introduzione alla critica dell'economia politica* [1857], Editori Riuniti, Roma 1994).

MARX, KARL, *Capital*, Penguin Books, London 1992 (ed. it. *Il capitale* [1867-1910], Newton Compton Editori, Roma 2016).

MARX, KARL – LENIN, VLADIMIR, *The Civil war in France. The Paris Commune*, International Publishers, New York 1940.

OBOLENSKY-OSINSKY, V., *How We Got Control of the State Bank*, in «Ekonomicheskaia zhizn'», 1, 1918.

PASVOLOSKY, LEO, *The Economics of Communism: With Special Reference to Russia's Experiment*, Macmillan, New York 1921.

PREOBRAŽENSKIJ, EVGENIJ ALEKSEEVIČ, *From N.E.P. to Socialism. A Glance into the Future of Russia and Europe*, New Park Publications, London 1973 (ed. it. *Dalla* NEP *al socialismo* [1924], Jaca Book, Milano 1971).

PREOBRAZHENSKY, EVGENII A., *Paper Money in the Epoch of Proletarian Dictatorship*, Brill, Leiden 2014.

SERGE, VICTOR, *Year One of the Russian Revolution* [1930], Hay Haymarket Books, Chicago 2015 (ed. it. *L'anno primo della rivoluzione russa*, Einaudi, Torino 1967).

SMITH, STEPHEN A., *Red Petrograd: Revolution in the Factories, 1917-1918*, Cambridge University Press, Cambridge 1983.

SOKOLNIKOV, GREGORY, *Loan for Economic Reconstruction*, in *Soviet Policy in Public Finance*, Stanford University Press, Redwood City (CA) 1931.

SOKOLOFF, BORIS, *Les Bolchéviks jugés par eux-mêmes: documents des Soviets de 1919*, Éditions franco-slave, Paris 1919 (ed. it. *I bolscevichi giudicati da loro stessi. Documenti dei Soviet del 1919*, Libreria russa Slovo, Roma 1921).

TROTSKY, LEON, *On Lenin*, George G. Harrap & co Ltd, London 1971.

VOLKOGONOV, DIMITRY, *Lenin, a New Biography*, Free Press, New York 1994.

WEBER, MAX, *The Russian Revolutions*, Polity Press, Oxford 1995.

WILSON, EDMUND, *To the Finland Station: A Study in the Acting and Writing of History*, Farrar, Strauss, Giroux, New York 1971 (ed. it. *Stazione Finlandia*, Rizzoli, Milano 1971).

WOODRUFF, DAVID, *Money Unmade*, Cornell University Press, Ithaca (NY) 1999.

YUROVSKY, YAKOV, *Currency Problems and Policy of the Soviet Union*, Leonard Parsons, London 1923.

YUROVSKY, YAKOV, in JASNY, NAUM, *Soviet Economists of the Twenties: Names to be Remembered*, Cambridge University Press, Cambridge 2008.

Crediti fotografici

1. Foto Hulton Archive/Getty Images
2. Science History Images/Alamy Stock Photo
3. Biblioteca Nazionale Centrale di Firenze
4. *Liber abaci* di Girolamo Tagliente (1515)
5. Biblioteca Civica Berio
6. Christophel Fine Art/Universal Images Group via Getty Images
7. Foto DeAgostini/Getty Images
8. Immagine fornita dall'autore
9. Ministero della Cultura – Archivio di Stato di Venezia, n. 404/2023
10. Album/Alamy Stock Photo
11. Digital Image Library/Alamy Stock Photo
12. Foto Culture Club/Getty Images
13. Science Museum Group
14. UtCon Collection/Alamy Stock Photo
15. Bastone da conteggi (*tally*), diciassettesimo secolo © Bank of England
16. Foto The Print Collector/Getty Images
17. ADM42/2 f.3, per gentile concessione del Bank of England Archive
18. Foto Fine Art Images/Heritage Images/Getty Images
19. ACTIVE MUSEUM/ACTIVE ART/Alamy Stock Photo
20. Jimlop collection/Alamy Stock Photo
21. World History Archive/Alamy Stock Photo
23. Foto Kean Collection/Getty Images
24. Immagine fornita dall'autore
25. Immagine fornita dall'autore
26. IanDagnall Computing/Alamy Stock Photo
27. Immagine fornita dall'autore
28. Immagine fornita dall'autore
29. Album/Alamy Stock Photo
30. Immagine fornita dall'autore
31. Immagine fornita dall'autore
32. Immagine fornita dall'autore
33. Foto Prisma/UIG/Getty Images
34. Foto DEA/R. MERLO/De Agostini via Getty Images
35. Immagine fornita dall'autore

36. Foto Ashmolean Museum/Heritage Images/Getty Images
37. Foto Prisma/Universal Images Group via Getty Images
38. Foto DeAgostini/Getty Images
39. Foto Sepia Times/Universal Images Group via Getty Images
40. Library of Congress, Geography and Map Division
41. Ned Downing, *First IPO*
42. American Philosophical Society
43. Immagine fornita dall'autore
44. Foto DeAgostini/Getty Images
45. Foto Stock Montdage/Getty Images
46. Immagine fornita dall'autore
47. PRISMA ARCHIVO/Alamy Stock Photo
48. Ned Downing, *First IPO*
49. Ned Downing, *First IPO*
50. Foto Stock Montage/Stock Montage/Getty Images
51. Everett Collection Historical/Alamy Stock Photo
52. Shawshots/Alamy Stock Photo
54. Foto Prisma/UIG/Getty Images
55. Foto Samuel Hopwood/Getty Images
56. Immagine fornita dall'autore
57. Pavel Sytilin/Alamy Stock Photo
58. mikle15/Alamy Stock Photo

Indice dei nomi

Indice

Finito di stampare nel mese di aprile 2024
presso Grafica Veneta S.p.A. – Via Malcanton, 2 – Trebaseleghe (PD)

Printed in Italy